"十二五"职业教育国家规划教材
经全国职业教育教材审定委员会审定

全国旅游专业规划教材

旅游心理原理与实务

LÜYOU XINLI YUANLI YU SHIWU

（第4版）

麻益军 芦爱英 编著

北京·旅游教育出版社

责任编辑:郭珍宏

图书在版编目(CIP)数据

旅游心理原理与实务/麻益军,芦爱英编著.—北京:旅游教育出版社,2005.1(2025.1重印)

(全国旅游专业规划教材)

ISBN 978-7-5637-1240-3

Ⅰ.旅… Ⅱ.①麻…②芦… Ⅲ.旅游心理学 Ⅳ.F590

中国版本图书馆 CIP 数据核字(2004)第 123790 号

"十二五"职业教育国家规划教材
经全国职业教育教材审定委员会审定
全国旅游专业规划教材

旅游心理原理与实务
(第 4 版)
麻益军 芦爱英 编著

出版单位	旅游教育出版社
地　　址	北京市朝阳区定福庄南里 1 号
邮　　编	100024
发行电话	(010)65778403　65728372　65767462(传真)
本社网址	www.tepcb.com
E-mail	tepfx@163.com
印刷单位	唐山玺诚印务有限公司
经销单位	新华书店
开　　本	787 毫米×960 毫米　1/16
印　　张	15.5
字　　数	244 千字
版　　次	2015 年 1 月第 4 版
印　　次	2025 年 1 月第 6 次印刷
定　　价	29.00 元

(图书如有装订差错请与发行部联系)

前　言

旅游心理学作为一门新兴的学科，其内容体系的取向问题一直是任课教师和学者们争论较多的一个问题。第一种观点认为，该学科的基本原理来自心理学，其学科体系应以心理学的原理为主线来构筑。持这种观点编写的教材，体系、章节的联系较为清楚，但总有人认为这是"用心理学的'鞋'，去套旅游的'脚'"。第二种观点认为，该学科是一门旅游专业课，应使用旅游学的基本原理去构筑学科体系，以提高其专业性。但这种尝试较难，这类教材让人感觉章节多而学科体系不够清楚。

本书强调了教材建设要服务于课程建设的问题。本教材致力于为旅游职业心理课程教学服务。"旅游职业心理"是以旅游从业人员的职业心理为主线，来研究与旅游现象有关的人的心理活动及其规律的课程，课程目标为培养从事旅游企业工作所必须的心理方面的职业能力。本教材模块内容与课程学习目标的对应关系见下表：

教材模块	模块学习目标	具体学习目标	学习情境
消费心理	基于营销策划工作过程，会分析旅游者的共性和个性心理需要	1.明确课程学习的目的、内容和方法 2.能回答人为什么需要旅游的原因 3.会分析旅游活动中的心理过程 4.会分析旅游活动中的人格特征	情境1 情境2 情境3 情境4
服务心理	基于旅游服务工作过程，会运用心理服务技能，满足旅游者心理需要	1.会运用心理服务的基本技能和投诉处理方法 2.具体会酒店心理服务技能 3.具体会导游心理服务技能	情境5 情境6 情境7
管理心理	基于旅游企业管理过程，会运用心理策略，增进团队沟通与员工心理保健的能力	1.会运用团队中人际交往与沟通的策略 2.会运用员工心理的激励与保健的策略	情境8 情境9

本教材和课程多年来以打造国家规划教材和国家级精品课程为目标，在实践中教学改革已全面展开，课程设计、教学内容、教学方法和评价方式等方面都已经较为成熟，并达到了相当水平。本次再版是在第3版国家规划教材的基础上进行

定稿,并形成了以下特色:

(1)主线独特。以旅游职业心理培养为主线,重构"旅游心理学"的课程体系,形成渐次复杂的学习情境设计思路。教材主线鲜明,逻辑框架清晰,体系完整,集心理学理论与旅游学科理论于一身,很好地反映了该领域的共性与特性。

(2)紧扣教学。以行业适用为基础,紧扣教学需要。理论知识以够用为度,并不停留在一般心理学的理论框架内,而是在此基础上,从旅游业的特点出发,以提高旅游从业人员心理素质为主线进行研究。理论阐述简洁、清晰,难易程度适当,贴近教学的需要,能很好结合学生特点、专业特点及就业方向,增强实用性,适合学生学习。与此同时,为了便于教师的课程教学,专门建立了内容丰富、理念先进的课程教学资源包,内容包括:课程标准、电子课件、电子教案、试题库、案例及分析库、心理测验题库和说课录像等,操作性和针对性强。

(3)前瞻、实用。拥有较为丰富的信息,避免了部分教材在理论、方法和信息上的滞后现象。在内容的安排上注重围绕课程目标体现本学科和课程教学研究的前沿理论,如职业意识、职业心理、心理健康、课程标准、情境教学及项目化等。进行了"基于工作过程系统化"的课程改革:课程设计指向工作需要,内容选择以职业心理素养养成为依据,教学内容注重实践体系与理论体系的相互支持和配合,强调教、学、做、用一体化,每个学习情境、任务都是一项具体的行动化学习任务。编写体例上以方便教师教学和学生学习为宗旨。

本书既可作为旅游院校的教学教材,又可用作旅游企业员工的培训教材;另外,也可作为广大旅游工作者的参考书。

全书内容分成四部分共9章。第一部分为旅游心理学概述,即第1章内容;第二部分为旅游者心理,包括第2、3、4章内容;第三部分为旅游服务心理,包括第5、6、7章内容;第四部分为旅游企业的管理心理,包括第8、9章内容。第1、2、3、4、8、9章及教学资源包,由浙江金华职业技术学院麻益军老师执笔编写和制作;第5、6、7章,由浙江旅游职业学院芦爱英老师执笔编写。麻益军负责全书的审改和总纂。

麻益军

2015年于金华

目　录

第1章　旅游心理学概述 (1)
引　言 (1)
学习目标 (1)
第一节　旅游心理学的产生和发展 (1)
一、旅游心理学是心理学的一门应用性学科 (1)
二、旅游心理学的形成和发展 (2)
第二节　旅游心理学的研究对象和内容 (4)
一、旅游心理学的研究对象 (4)
二、旅游心理学的研究内容 (5)
第三节　研究旅游心理学的意义和方法 (6)
一、研究旅游心理学的意义 (6)
二、研究旅游心理学的方法 (8)
第四节　旅游心理学的理论基础 (9)
一、普通心理学 (9)
二、社会心理学 (10)
三、管理心理学 (10)
四、旅游学科及其他相关的基础学科 (10)
案例分享1-1 (13)
思考与练习 (15)

第2章　旅游者的动机与态度 (16)
引　言 (16)
学习目标 (16)
第一节　旅游动机的产生 (16)
一、旅游动机的功能 (16)

二、旅游动机的分类 ……………………………………………… (17)
　　三、产生旅游动机的内部条件 …………………………………… (19)
　　四、影响旅游动机的外部条件 …………………………………… (26)
第二节　旅游者的态度 …………………………………………………… (27)
　　一、态度概述 ……………………………………………………… (27)
　　二、影响旅游者态度的因素 ……………………………………… (31)
　　三、旅游偏好和旅游决策的形成 ………………………………… (36)
案例分享 2-1 ……………………………………………………………… (36)
案例分享 2-2 ……………………………………………………………… (37)
心理测验 2-1 ……………………………………………………………… (38)
心理测验 2-2 ……………………………………………………………… (40)
思考与练习 ………………………………………………………………… (43)

第3章　旅游活动中的心理过程 ………………………………… (44)

引　言 ……………………………………………………………………… (44)
学习目标 …………………………………………………………………… (44)
第一节　旅游者的知觉过程 ……………………………………………… (44)
　　一、旅游知觉的特征 ……………………………………………… (45)
　　二、旅游知觉的类型 ……………………………………………… (47)
　　三、旅游中的错觉 ………………………………………………… (49)
　　四、旅游中的社会知觉 …………………………………………… (51)
　　五、对旅游条件的知觉 …………………………………………… (54)
　　六、旅游者的风险知觉 …………………………………………… (55)
第二节　旅游者的学习过程 ……………………………………………… (57)
　　一、旅游者学习的作用 …………………………………………… (57)
　　二、旅游者学习的内容 …………………………………………… (57)
　　三、旅游者学习的过程 …………………………………………… (58)
第三节　旅游者的情绪情感过程 ………………………………………… (61)
　　一、情绪情感概述 ………………………………………………… (61)
　　二、旅游者的情绪情感 …………………………………………… (69)
第四节　旅游者的意志过程 ……………………………………………… (70)
　　一、意志概述 ……………………………………………………… (70)
　　二、旅游者心理活动的一般过程 ………………………………… (71)
第五节　旅游者的审美心理过程 ………………………………………… (72)
　　一、审美的心理因素 ……………………………………………… (72)

二、"距离说"与旅游审美 …………………………………………… (77)
　案例分享 3-1 ……………………………………………………………… (80)
　心理测验 3-1 ……………………………………………………………… (82)
　心理测验 3-2 ……………………………………………………………… (84)
　思考与练习 ………………………………………………………………… (87)

第 4 章　旅游者的人格与特征 …………………………………………… (88)
　引　言 ……………………………………………………………………… (88)
　学习目标 …………………………………………………………………… (88)
　第一节　旅游者的人格 …………………………………………………… (88)
　　一、人格理论 ……………………………………………………………… (89)
　　二、人格特征 ……………………………………………………………… (91)
　　三、影响人格形成的因素 ………………………………………………… (95)
　　四、旅游者的人格类型 …………………………………………………… (96)
　　五、人格与旅游行为 ……………………………………………………… (99)
　第二节　旅游者的特征心理 ……………………………………………… (101)
　　一、旅游者的性别心理 …………………………………………………… (101)
　　二、旅游者的年龄心理 …………………………………………………… (103)
　　三、旅游者的职业心理 …………………………………………………… (103)
　　四、旅游者的地域心理 …………………………………………………… (104)
　案例分享 4-1 ……………………………………………………………… (105)
　案例分享 4-2 ……………………………………………………………… (106)
　心理测验 4-1 ……………………………………………………………… (106)
　心理测验 4-2 ……………………………………………………………… (108)
　思考与练习 ………………………………………………………………… (109)

第 5 章　旅游服务心理的实用原理 ……………………………………… (111)
　引　言 ……………………………………………………………………… (111)
　学习目标 …………………………………………………………………… (111)
　第一节　旅游服务的双重性 ……………………………………………… (111)
　　一、旅游者的"三求"心理 ……………………………………………… (111)
　　二、人际交往的双重性 …………………………………………………… (112)
　　三、旅游服务的双重性 …………………………………………………… (113)
　第二节　旅游心理服务的要诀 …………………………………………… (113)
　　一、让客人觉得你和蔼可亲 ……………………………………………… (114)
　　二、做客人的一面"好镜子" …………………………………………… (116)

第三节　客人投诉心理 …………………………………………（117）
    一、引起投诉的原因 ……………………………………………（117）
    二、投诉的心理分析 ……………………………………………（118）
    三、投诉的处理方法 ……………………………………………（119）
    四、投诉的预防措施 ……………………………………………（121）
  案例分享5-1 ……………………………………………………（125）
  思考与练习 ………………………………………………………（125）

第6章　酒店服务心理 …………………………………………（126）
  引　言 ……………………………………………………………（126）
  学习目标 …………………………………………………………（126）
  第一节　酒店从业人员的基本心理要求 …………………………（126）
    一、对客人的心理分析 …………………………………………（126）
    二、酒店从业人员的职业意识 …………………………………（129）
    三、对酒店从业人员的基本心理要求 …………………………（132）
  第二节　酒店各环节的服务心理 …………………………………（133）
    一、前厅服务心理 ………………………………………………（133）
    二、客房服务心理 ………………………………………………（136）
    三、餐饮服务心理 ………………………………………………（138）
    四、商场服务心理 ………………………………………………（141）
    五、康乐服务心理 ………………………………………………（144）
  案例分享6-1 ……………………………………………………（145）
  案例分享6-2 ……………………………………………………（146）
  案例分享6-3 ……………………………………………………（147）
  案例分享6-4 ……………………………………………………（148）
  案例分享6-5 ……………………………………………………（148）
  案例分享6-6 ……………………………………………………（149）
  心理测验6-1 ……………………………………………………（150）
  思考与练习 ………………………………………………………（150）

第7章　导游服务心理 …………………………………………（152）
  引　言 ……………………………………………………………（152）
  学习目标 …………………………………………………………（152）
  第一节　导游人员的基本心理要求 ………………………………（152）
    一、仪表、气质与服务心理 ……………………………………（152）
    二、性格、情感与服务热情 ……………………………………（154）

三、意志、能力与服务水平 …………………………………………… (157)
　第二节　游客在旅游过程中的心理活动分析及服务 ……………………… (159)
　　一、旅游者在旅游初始阶段的一般心理特征及服务 ………………… (159)
　　二、旅游者在旅游中间阶段的一般心理特征及服务 ………………… (161)
　　三、旅游者在旅游终结阶段的一般心理特征及服务 ………………… (163)
　案例分享7-1 …………………………………………………………………… (164)
　案例分享7-2 …………………………………………………………………… (165)
　心理测验7-1 …………………………………………………………………… (165)
　思考与练习 ……………………………………………………………………… (168)

第8章　旅游企业的团队心理 ………………………………………………… (169)
　引　言 …………………………………………………………………………… (169)
　学习目标 ………………………………………………………………………… (169)
　第一节　旅游企业团队概述 …………………………………………………… (169)
　　一、旅游企业团队的含义 ……………………………………………… (169)
　　二、旅游企业团队的类型与特征 ……………………………………… (170)
　　三、影响旅游企业团队效能的因素 …………………………………… (171)
　第二节　旅游企业团队的心理建设 …………………………………………… (172)
　　一、旅游企业团队的角色心理 ………………………………………… (172)
　　二、旅游企业团队的人际关系 ………………………………………… (174)
　　三、旅游企业团队精神的培养 ………………………………………… (179)
　第三节　旅游企业团队的沟通技巧 …………………………………………… (187)
　　一、沟通概述 …………………………………………………………… (187)
　　二、言语沟通技巧 ……………………………………………………… (189)
　　三、倾听技巧 …………………………………………………………… (189)
　　四、非语言沟通技巧 …………………………………………………… (190)
　　五、人际冲突中的沟通技巧 …………………………………………… (191)
　案例分享8-1 …………………………………………………………………… (193)
　案例分享8-2 …………………………………………………………………… (194)
　心理测验8-1 …………………………………………………………………… (195)
　心理测验8-2 …………………………………………………………………… (201)
　思考与练习 ……………………………………………………………………… (202)

第9章　旅游企业员工的心理及保健 ………………………………………… (203)
　引　言 …………………………………………………………………………… (203)
　学习目标 ………………………………………………………………………… (203)

第一节　旅游企业员工的动机与激励 …………………………………（203）
　　一、员工动机的基本理论 …………………………………………（203）
　　二、员工激励的方式与途径 ………………………………………（206）
第二节　旅游企业员工压力的来源与缓解 …………………………（208）
　　一、员工压力的来源 ………………………………………………（208）
　　二、员工职业枯竭的识别 …………………………………………（212）
　　三、员工帮助计划的实施 …………………………………………（214）
第三节　旅游企业员工的健康标准与心理保健 ……………………（217）
　　一、员工的健康标准 ………………………………………………（217）
　　二、员工的心理保健 ………………………………………………（219）
　　三、员工的心理治疗 ………………………………………………（221）
　　四、员工的职业选择 ………………………………………………（221）
案例分享9-1 …………………………………………………………（226）
心理测验9-1 …………………………………………………………（226）
心理测验9-2 …………………………………………………………（230）
心理测验9-3 …………………………………………………………（231）
心理测验9-4 …………………………………………………………（235）
思考与练习 ……………………………………………………………（237）

主要参考书目 …………………………………………………………（238）

第1章

旅游心理学概述

引　言

什么是心理学？其实在我们的生活、工作、学习中就充满着心理学的知识，等着你去了解。心理学作为一门成熟的科学，有着太多的过去、现在和未来的故事。旅游心理学是心理学的一门应用性学科，也是一门贴近我们的职业和生活的课程。本章将会回答你：为什么学、学什么和怎么学的问题。

学习目标

1. 能明确课程学习的目的、内容和方法。
2. 能了解心理学的过去、现在与未来及与本课程的关系。
3. 能明白职业心理素养对人生的意义。

第一节　旅游心理学的产生和发展

一、旅游心理学是心理学的一门应用性学科

旅游心理学是一门新兴的心理学的应用性学科。它是把心理学的原理和相关研究成果及研究方法运用到旅游业而产生的。因此，我们有必要先来了解一下其母学科——心理学。

（一）心理学的概念

心理学中的"心"，习惯上指思维器官和思想情感等，是人的灵魂所在。人所特有的"心"究竟在何处，是一个自古以来就众说纷纭、莫衷一是，但又充满神秘色彩的问题。其中最早提出也最有说服力的观点是"心在心脏"。这种观点曾盛行了几千年之久。表示心理现象的字也多带有"心"字旁，如思想、意念、恋、愁等；一些成语也带有这种色彩，如我们常用"沁人心脾"来形容美好的诗文、乐曲等，给人以清新、爽朗的感觉，还有"心不在焉""心中有数"等；又因为心脏在胸腔中与腹部相连，所以有"胸有成竹""满腹经纶""推心置腹"等成语。

赞同这种观点的古人认为:心位于向体内各处输送温暖血液的源头,即始终保持跳动的心脏。传说中的"扁鹊换心"就是当时的真实写照。直到近代,"心在心脏"说才逐渐销声匿迹,确立了"心在脑中"之说。

理,指条理、准则、规律。

心理,是指人的头脑反映客观现实的过程,泛指人的思想、感情等内心活动,即关于人的思想、情感活动的规律。

心理学,是研究人的心理现象发生、发展及其规律的科学。

(二)心理学的研究对象

人的心理现象是极其复杂的,为了研究方便起见,一般都把心理现象分为两个方面:心理过程和个性心理。简言之,心理学是研究心理过程和个性心理规律的科学。

本书从第2章开始就根据心理现象的基本理论来研究旅游者的心理,所以有必要对心理现象的内容作初步的介绍,为以后章节的学习做好准备(见图1-1)。

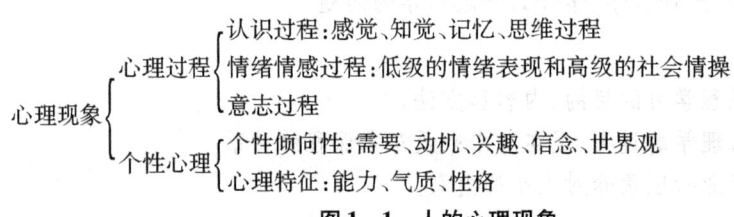

图1-1 人的心理现象

心理过程和个性心理这两个方面是密切联系的。首先,个性心理是在人的长期心理活动过程中形成和发展起来的,同时也在当前心理活动过程中表现出来。如人的认识能力,就是在长期认识过程中形成和发展的,而且也只有在当前认识某种事物的过程中,才能表现出认识能力的强弱。其次,历史上已经形成的个性心理,对本人当前的心理过程和结果又有深刻的影响。如能力、性格都直接影响到个人对事物认识过程的效果。所以,要全面深入了解人的心理,就必须把心理过程和个性心理结合起来进行研究。

二、旅游心理学的形成和发展

旅游心理学形成的条件:一方面,心理学的发展为旅游心理学的形成和发展提供了理论和方法;另一方面,商品经济的发展,尤其是旅游业自身的发展,对旅游心理学的形成和发展提出了客观要求。

旅游和人们的心理活动密不可分,人们从事旅游活动是在心理活动的驱使下进行的。现代旅游对旅游业提出了更高的要求。从旅游者的需要来看,人们已不仅仅满足于沿袭已久的服务项目,而是不断地追求新的刺激。从旅游者的数量和质量来看,旅游者的人数不断增多,国际旅游者的人数也在逐年增多,而且,旅游者的文化程度不断提高,旅游经验不断丰富。因此,旅游者对旅游业的要求也越来越高。从旅游业内部来看,竞争日益激烈,不进则退。现代旅游的这些特点要求旅游业必须研究旅游活动中人的心理因素,满足旅游者的需要,处理好旅游活动中的各种关系,提供优质服务,以质量取胜。

现代旅游的新特点,迫使人们对旅游和旅游业工作规律的理论进行全方位的、深入的研究,于是旅游心理学作为一门研究人在旅游活动中心理活动及其规律的学科便应运而生。旅游心理学产生于20世纪70年代末,最早散见于一些学者在报纸上发表的关于旅游中的心理学问题研究的文章。1981年,美国CBI公司出版了由佛罗里达中心大学老迪克·波普旅游研究所所长小爱德华·J.梅奥和商业管理学院副院长兰斯·P.贾维斯编著的《旅游心理学》。该书第一次从行为科学角度考察旅游和旅游业,从心理学角度分析研究旅游者的旅游行为,揭开了旅游心理学研究的序幕。日本等一些国家的学者也相继开展了旅游心理学的研究。目前,旅游心理学在我国正处于开创时期。20世纪80年代初以来,我国旅游心理学的专家、学者在这一领域勤奋工作、不断探索,先后有一些教材问世。这些教材在吸收、借鉴国外理论的同时,注意结合中国国情和我国旅游业的实际,为我国旅游心理学的发展奠定了基础。

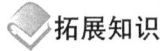拓展知识

心理学的过去、现在与未来

心理学是一门既古老又年轻的科学。说它古老,是因为它大约有2 400年的历史。在公元前4世纪,古希腊哲学家亚里士多德就著有《论灵魂》一书,还有柏拉图提出的有关记忆理论的"蜡版假说"。后来的苏格拉底及17世纪的笛卡儿等许许多多的哲学家,都有心理学方面的论述。中国春秋战国时代孟子的"性善论"、荀子的"性恶论"等都是对人的本性的探索。可见人类在其发展的历史中从未中止过对自身心理的探索。那时,心理学属于哲学范畴,研究心理学的都是些哲学家和医生。说它年轻,是因为心理学真正成为一门独立的学科,只有120多年的时间。其标志是1879年德国哲学家、心理学家威廉·冯特在莱比锡大学创建的世界上第一个心理学的实验室,用自然科学的实验方法研究心理学,才使心理学从哲学中分化出来,成为一门独立的实验科学。

100多年来,心理学研究取得了很大的进展,人们对自身心理活动的规律已经有了较深的认识,并且能够利用心理活动的规律去指导实践活动,心理对人类来说

已不再是神秘而不可捉摸了。至今，心理学已形成了一个由主干学科和众多分支学科所构成的庞大体系。

心理学的主干学科有普通心理学、发展心理学和应用心理学等，分支学科大概有百余个，并且随着实践的发展，还会出现更多。心理学的巨大的实践价值，越来越受到人们的欢迎和国际社会的重视。

中国科学院学部委员、前心理研究所所长、中国心理学会理事长、已故的著名心理学家潘菽曾说过："最近的过去是物理学的发展时期，现在是生物科学开始大发展的时期，再过一段时间以后应该是心理科学开始大发展的时期。"人的心理是行为的先导，它每时每刻都在影响着人们的生产、生活。随着社会的进步、经济的发展、科学技术的提高，越来越多的人意识到心理对人的行为影响的重要性。曾有科学家预言，在21世纪，心理学将成为科学的先锋。

200多年前的产业革命兴起了机械化，使人类从繁重的体力劳动中解放出来；半个多世纪前出现的电脑，代替了人脑所不擅长的部分重要的脑力劳动，诸如记忆、逻辑运算等，成为人脑的重要延伸；当今正在兴起的生物工程，诸如遗传基因密码的破译、克隆技术与迁移技术的应用、癌症等疑难杂症的不断攻克等，使人类正在实现对自身生理认识的彻底解放；而人类要实现最高境界的解放，达到心理需要的满足，就需要通过发展心理学来完成。

第二节　旅游心理学的研究对象和内容

一、旅游心理学的研究对象

旅游行为，是旅游者在其一系列心理活动的支配下产生的异地探险、调换环境、改变生活体验和认识世界的行为，是旅游心理的外部表现。研究旅游行为必须研究旅游心理。旅游心理学，是研究与旅游现象有关的人的心理活动及其规律的学科。对旅游心理学的研究，起步于旅游消费心理学，其对象局限于旅游者。现代旅游心理学研究的广度和深度都有了很大提高。

与旅游现象有关的人员，主要有现实的和潜在的旅游者以及旅游业的从业人员。他们在旅游活动中的心理活动既有不同，又有密切联系。旅游者与旅游从业人员，旅游者与旅游景点、设施，旅游者与旅游者，从业人员与从业人员之间，在旅游活动中无时无刻不在发生着关系。这些关系的发生、发展取决于各自的心理活动。旅游业要以优质服务取胜，就必须研究旅游者的心理。旅游者的心理趋向决定着旅游业的发展方向，掌握不好旅游者心理就无法广开客源，旅游业赖以生存的基础就会发生动摇。旅游业从业人员是旅游接待的主力军。他们的心理状态、心理素质直接影响到服务质量,而服务质量又关系到旅游业的生存和发展。研究从业人员心理,利用其心理活动规律和心理学等行为科学原理对职工进行管理、培训,就可以很好地开发利用人力资源,使现有的人力、物力资源有机结合,发挥出整体效益。

二、旅游心理学的研究内容

从旅游心理学的研究范围来看,旅游者或旅游业从业人员的决策、行为及人际关系,受内因和外因两个方面因素的影响。其中内因包括生理和心理两个方面。生理方面表现为年龄、性别、身体健康等因素;心理方面则表现为心理过程、心理状态、个性心理等因素。外因是指相关的自然环境因素和社会环境因素。

影响旅游决策的因素可参考图1-2。

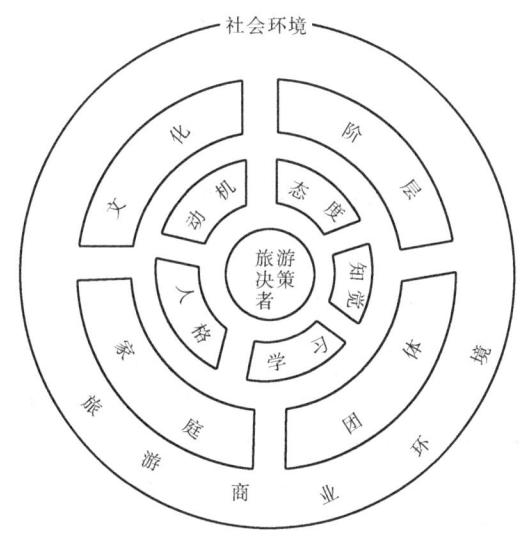

图1-2 影响旅游决策的因素

旅游心理学研究的具体内容,主要包括以下几个方面:

(1)认识研究旅游心理学的意义,掌握好旅游心理学的基础理论,是研究旅游心理学的基本前提。

(2)研究旅游者的心理。旅游者是旅游行为的决策者,是旅游活动的主体,因此,他们是旅游服务的主要对象。了解旅游者心理活动的规律、特点,掌握研究旅游者心理的方法,才能更好地为旅游者服务。该内容的研究较少涉及旅游者的生理因素和自然环境、社会环境因素等,主要定位于对旅游者的心理因素的研究上。进行旅游心理学研究的目的,在于突出原理的系统性和学科的针对性。

(3)研究旅游经营过程中的服务心理。旅游服务是旅游业的灵魂,服务质量关系旅游业的兴衰成败。在饭店服务、导游服务和旅游商品服务等方面,要想提高服务质量,除须研究旅游者心理外,还要研究旅游从业人员心理及二者的关系,为旅游者提供情感化、个性化、针对性的服务。

(4)研究旅游企业管理中的管理心理。旅游心理学研究如何在管理工作中遵循人的心理和行为的特点而采取有效的措施,根据员工的不同心理特点,开发人力资源,研究如何调节和控制个体行为、群体行为及领导行为。

 **特别提示**

旅游心理学的研究对象、范围和内容之间不能相混淆

旅游心理学的研究对象是与旅游现象有关的人的心理活动及其规律。现代旅游心理学研究的广度和深度已有了很大提高,从旅游心理学的研究范围来看,包括旅游者或旅游业从业人员的决策、行为及人际关系,从旅游心理学的研究内容来看,一般包括旅游者的心理、旅游经营过程中的服务心理和旅游企业管理中的管理心理三个方面。

第三节 研究旅游心理学的意义和方法

一、研究旅游心理学的意义

以北京奥运会和上海世博会的成功举办为标志,一个大国的伟大复兴进程又翻开了崭新一页。开放的中国正前所未有地被世界所关注的同时,中国的旅游业又进入了一个新的大飞跃时期。旅游业的飞速发展,也对旅游心理学的研究提出了越来越高的要求,研究旅游心理学任重而道远。研究旅游心理学的意义具体有以下几个方面:

(一)有助于提高旅游服务质量,进而提高人们的生活质量

随着社会的发展,人类从重视生理需要的满足转向重视心理需要的满足,旅游业的发展正是适应了这种转变,成为现代文明的产物。旅游产品是旅游吸引物和服务的组合,这个产品旅游者是带不走的,但可以铭刻在记忆中。要想提高服务质量,首先就要了解服务对象的心理,掌握旅游者的心理活动及其规律。旅游者一般都不只是为了满足于低层次的需要,出门旅游也是为了满足获得尊重、友谊等高层次的需要。而这些需要的满足,就不只是优美景点、豪华设备、美味佳肴所能奏效的了。旅游者更看重的是服务质量,是富有人情味的接待,是友谊、尊重、理解和美感交织在一起的一种人生享受。通过对旅游者心理活动的分析研究,可总结出一些带有普遍性的东西,为旅游工作者透过现象,深入地了解旅游者,更好地满足其需要提供了理论依据,以减少工作的盲目性,增强针对性。

研究旅游心理学,不但要着眼于知识的具体运用,以达到"知己知彼"、有的放矢,还要有大旅游的概念。将着眼点放在帮助旅游者构建其美好经历上,真正帮助

其实现通过"旅游促进生活质量提高"的目标(世界旅游组织1980年口号),才是旅游心理学的最大意义之所在。

(二)有助于提高旅游企业的经营和管理水平,进而促进旅游事业的发展

近年来,我国旅游事业飞速发展,尤其在硬件方面进步明显,已经接近甚至赶上了世界发达国家水平,但在软件方面我们依旧与旅游先进国家存在一定差距,究其原因就是我们的旅游服务落后,经营管理水平低。这已成为制约我国旅游事业发展的瓶颈。

旅游业是在竞争中发展的,现代旅游业面临着更加激烈的市场竞争。旅游业的竞争其实就是客源的竞争,这种竞争是全面的,不仅有技术、环境上的竞争,更重要的是在经营方针和策略上的竞争。旅游心理学的研究可以帮助我们运用心理学等行为科学原理,去分析旅游者的心理趋势,了解其需要和变化,有针对性地开展旅游宣传,吸引游客,不断调整经营方针和策略,在了解旅游者心理趋势的基础上,进行科学的预测和决策。

现代旅游业要求从业人员具有现代化的素质。提高员工的素质,最根本的就是要提高心理素质,包括对他人和对自己的心理活动的认识、理解和把握。旅游心理学对解决旅游服务人员服务意识等方面的问题具有重要作用,能有效地帮助旅游服务人员正确认识服务的对象,正确处理客我关系,提高文化和业务水平;能使旅游从业人员增强对生活和事业的信心,促进沟通,提高工作效率;能全面提高职工的素质,使他们积极主动、富有创造性地去完成旅游服务工作,以强健的、完善的心理素质去迎接四海宾朋。

旅游心理学可通过对旅游企业的管理心理进行详尽的分析,给人力资源的开发、团队精神的培养、凝聚力工程和领导科学提供有益的启示。

(三)有利于科学、合理地开发旅游资源和安排旅游设施

旅游设施和旅游资源是支持旅游业生存和发展的"硬件"系统,是旅游业存在的前提条件。但是,旅游资源要变为现实的旅游产品,其前提就是要为广大旅游者所接受。要做到这一点就需要遵循和利用旅游心理学的知识。成功的旅游产品在其"硬件"建设上都十分注重旅游者的心理因素,使旅游者在旅游活动中从心理上得到极大满足:现代化的旅游饭店为给旅游者创造方便、恬静、舒适的生活环境,在设施安排上充分考虑到旅游者的生理、心理特点,以吸引旅游者;现代化的旅游交通设施完全是在认识到旅游者需要安全、快速和舒适的心理特点时得到改进和发展的;旅游景点的开发首先要考虑它能否对旅游者有吸引力。

现代科技为旅游业提供了技术保证,使旅游业的现代化程度日益提高,但这并不能保证其一切都是合理的、科学的。旅游设施的安排和旅游资源的开发一定要考虑旅游者的心理活动规律,否则就会事倍功半,浪费人力物力,甚至破坏旅游资源,使设施、资源发挥不出应有的效益。旅游心理学可为此提供理论基础。

此外,研究旅游心理学还有利于建设与完善旅游学科体系,以解答在旅游理论构建过程中必须解答的问题。如人们为什么外出旅游?对这一旅游学科中的根本性理论问题,到目前为止并没有一个满意的解答。心理学和社会学应该提供一个更令人满意的答案。

 特别提示

研究旅游心理学的意义可以分为宏观与微观两个方面。宏观方面的意义主要在于提高人们的生活质量和促进旅游事业的发展,而微观方面的意义在于提高从业人员(即学习者)的职业素养。

二、研究旅游心理学的方法

旅游心理学是一门应用性学科,它的研究对象是旅游活动中活生生的人。这一特点要求我们一方面要掌握心理学的理论基础,因为旅游心理学是心理学的分支学科,是以心理学、行为科学等理论为指导的;另一方面,还要研究旅游这种社会现象以及旅游业的工作特点,熟悉旅游业务。总之,研究现代旅游心理学的前提条件,是既要借助于心理学的基础理论,又要深入旅游实践活动。

心理学是一门边缘学科,其研究方法往往兼有自然科学和社会科学两个方面的特点。旅游心理学是心理学的分支学科,其研究方法也具有此类特点。由于旅游心理学的主要研究对象是旅游者,而旅游者是一个特殊群体,其特点表现为空间上的流动性、时间上的短暂性与构成上的复杂性,因此在研究方法上又与普通心理学有不同之处,可重点采用以下一些基本方法进行。

(一)观察法

观察法,是指在自然情况下,有计划、有目的、有系统地直接观察被研究者的外部表现,了解其心理活动,进而分析其心理活动规律的一种方法。观察法应在自然条件下进行,研究者不应去控制或改变有关条件。否则,被试者行为表现的客观性将受到影响。观察法的优点在于能保持被观察者心理及行为的自然性和客观性,所得材料客观可靠;缺点是由于研究者处于被动地位,只能消极地等待其所需要的现象发生,对所观察到的现象不易做定量分析。

(二)案例研究法

案例研究法,是指研究者深入旅游业,对旅游企业、旅游者以及旅游工作人员进行全面的、较长时间的、连续的观察了解和调查、研究其心理发展的全过程,在掌握各方面情况的基础上进行分析整理,得出结果。使用案例研究法得到的结果,对教学、科研以及指导旅游实际工作都有很大意义,它可以使人们通过典型案例了解旅游活动中人的心理、行为及其发展规律。

(三)实验法

实验法,是指有目的地严格控制或创设一定的条件,人为地引起某种心理现象产生,从而对它进行分析研究的方法。实验法有两种形式:实验室实验法和自然实验法。

实验室实验法,是在专门的实验室内借助于各种仪器来进行的,得到的结果一般较精确,但操作起来难度较大,使用较少;自然实验法,是由研究者有目的地创造一些条件,在比较自然的条件下进行的,兼有观察法和实验室实验法的优点,使用较多。

(四)调查法

调查法,是指对那些不可能深入了解的心理现象,通过调查、访问、谈话、问卷等方法搜集有关资料,间接了解被试者心理和行为的一种方法。调查法主要包括谈话法、问卷法、材料分析法等。

(五)测量法

测量法,是指使用测量工具,对具有某一属性的对象给出可资比较的数值的方法。心理学的研究成果表明,通过一些心理测试量表,可以测试出被试者有关的心理品质。这种方法被称为心理测试,是测量法中的一种重要方法。这一方法往往用在对旅游从业人员的心理测试上,用以研究员工的心理品质与服务行为的关系,对研究旅游管理心理具有积极作用。

第四节 旅游心理学的理论基础

心理学为旅游心理学的研究提供了最基本的理论和方法。掌握好心理学的基础知识,是研究旅游心理学的重要前提。本节对与旅游心理学直接相关的理论基础,以及其他相关的基础学科作简要介绍,目的是让大家对旅游心理学的理论基础有个系统、初步的了解,为以后各章的研究学习做准备。

一、普通心理学

普通心理学是心理学的主干分支学科。它以一般正常人的心理现象及其基本规律作为研究对象。普通心理学把个人身上所发生的心理现象分成心理动力、心理过程、心理状态和心理特征四个方面。

(1)心理动力,主要包括动机、需要、兴趣和世界观等心理成分。

(2)心理过程,主要包括认知、情感和意志等心理活动。

(3)心理状态,主要包括在睡眠、觉醒或注意状态下展开的心理活动。

(4) 心理特征,主要包括能力、气质和性格。

以上四个方面的划分虽然各自具有一定的独立性,但主要还是为了研究的方便,所以要更重视它们彼此之间的密切联系与相互作用。

二、社会心理学

社会心理学,是研究人的社会或文化行为发生、发展、变化过程及规律的一门科学。按照周晓虹的观点,人的社会行为主要有三个特征:一是社会行为是对各种社会刺激的反应,同时它又可以成为对他人的社会刺激;二是社会行为既包括人的内在心理现象也包括外在的行为表现;三是社会行为的主体既包括个体也包括由这些个体组成的群体。①

社会心理学主要研究的内容包括:社会化、社会认知、社会动机、社会沟通、社会态度、人际关系等。

三、管理心理学

管理心理学诞生在20世纪20年代,其诞生的标志是1924年至1932年间在美国芝加哥西方电器公司的霍桑工厂进行的"霍桑试验"。早期的核心理论之一就是人际关系学说。管理心理学的研究对象是企业中的人的心理规律,其研究目的是如何调动人的积极性,以达到最大的工作绩效。管理心理学的迅速发展使企业管理进入一个新阶段,企业管理由以"物"为中心转变为以"人"为中心;以"纪律"为中心转变为以"行为"为中心;以"监督"为中心转变为以"动机激发"为中心;以"独裁式"管理为中心转变为以"参与式"管理为中心。管理心理学研究的内容是企业中具体的社会、心理现象,包括个体心理、群体心理、组织心理和领导心理四个方面。

四、旅游学科及其他相关的基础学科

旅游本身是受社会各种因素制约的,旅游活动中人的心理复杂多样,也是受社会各种因素影响的。旅游心理学的学科性质决定了其相关理论基础是相当广泛的。除普通心理学、社会心理学、管理心理学以及旅游学科等旅游心理学的直接理论基础外,还有社会学、人类学、经济学、历史学等,都可称为其相关基础学科。

---

① 周晓虹.社会心理学.上海:上海人民出版社,1997.

 拓展知识

现代心理学的发展

"心理学有着漫长的过去,但只有短暂的历史。"最早的实验心理学家之一艾宾浩斯(Ebbinghaus Hermann,1850—1909)这样写道。

(一)构造主义

构造主义(Structuralism)学派的奠基人为冯特(W. Wundt,1832—1920),著名的代表人物为铁钦纳(E. B. Titchener,1867—1927)。冯特被认为是现代心理学的奠基人,他建立的世界上第一个心理学实验室,标志着心理学脱离哲学的怀抱,开始走向科学的道路。

这一学派主张心理学应该研究人们的意识经验,并把人的经验分为感觉、意象和精神状态三种元素,所有复杂的心理现象都是由这些元素构成的。在研究方法上,构造主义强调内省的方法,在他们看来,意识经验是人们的直接经验,要了解它,只有依靠试验者对自己经验的观察和描述。

冯特的主要贡献:

(1)1874年出版《生理心理学原理》,集心理学与生理学之大成,犹如心理学的独立宣言。

(2)建立心理实验室。采用系统的科学实验方法,以突破性的构想来探究人的心之结构,主要的方法为内省法。

(3)首创系统的实验法,使科学特征中所强调的客观性、验证性、系统性三大标准,在心理学中得以体现。

(二)机能主义

机能主义(Functionalism)学派的创始人是美国心理学家詹姆斯(William James,1842—1910)、杜威(John Dewey,1859—1952)、安吉尔(James,Angell,1869—1949)。

这一学派的基本主张是心理学的目的是研究个体适应环境时的心理或意识的功能,而不应该像结构主义那样,只求分析意识之元素。机能主义认为意识不是个别心理元素的集合,而是川流不息的过程,意识的作用就是使有机体适应环境。

机能主义的这一观点推动了美国心理学面向实际生活的过程,使之比较重视心理学在教育领域和其他领域的应用。

(三)行为主义

行为主义(Behaviorism)学派的创始人是美国心理学家华生(John B. Watson,1878—1958)于1913年创立。行为主义不但反对结构主义的心理结构与意识元素的观念,而且根本就不同意结构主义与功能主义将意识作为心理学研究的主题。

1. 激进行为主义(Radical Behaviorism)的华生

主要强调四点：

(1)强调科学心理学研究的都应该是能够由别人客观观察和测量的外显行为。

(2)构成行为基础的是个体的反应，多种个体的反应构成了可知行为的整体。

(3)个体行为不是与生俱来的，不是由遗传决定的，而是受环境影响而被动学习的。

(4)经由对动物或儿童实验所得到的行为原理原则，即可推论、解释一般人的同类行为。

2. 新行为主义(New behaviorism)的斯金纳(B. Skinner,1904—1990)

行为主义发展到20世纪30年代以后，有些学者不再坚持"客观的客观"的原则，接受意识成为心理学研究的主题之一的理念。

3. 认知—行为主义(Cognitive Behaviorism)的托尔曼(E. C. Tolman, 1886—1959)

有著名白鼠的三路迷津实验。托尔曼认为，白鼠在迷津中经过到处游走之后，已学到了整个迷津的认知图(Cognitive Map)。这使得它在迷津中的行为是目的导向的，而不像操作性条件反射理论所说的是反应导向的。

(四)格式塔心理学(Gestalt Psychology)

格式塔心理学派由德国心理学家魏特海(Max. Wertheimer, 1880—1943)于1912年在法兰克福大学创立。

这一学派先反对结构主义的心理元素观，后又反对行为主义的集多个反应而成整体行为的观念。格式塔心理学强调，知觉经验虽来自外在刺激，各个刺激可能是分离零散的，但人的知觉却是有组织的。集知觉而成意识时多加了一层心理组织，所以整体大于部分之和。

格式塔心理学在知觉方面的研究，对心理学有极大的贡献。例如，图形认知、似动现象等。

(五)精神分析心理学(Phychoanalysis)

精神分析心理学派由奥地利精神医学家弗洛伊德(Sigmund Freud,1856—1939)于1896年创立，是现代心理学中影响最大的理论之一，也是影响人类文化最大的理论之一。主要观点有以下几点。

1. 人格动力论(Personality Dynamics)

人格的一切社会性行为都根源于心灵深处的某些动机、本能等，提出了潜意识、生本能、死本能等概念。

2. 人格结构观(Personality Structure)

本我(Id)：本能需要的满足，遵循快乐原则。

自我(Ego)：遵循现实原则。

超我(Super Ego):遵循理想原则。

3. 人格发展观(Personality Development)

以口腔期、肛门期、性器期、潜伏期、性征期以及认同、恋母情结等概念解释个体心理发展的历程。

精神分析的研究方法主要是通过自由联想揭示无意识内容,使病人恢复童年期的记忆和情绪状态,通过释梦,揭露无意识的伪装,了解象征符号的真实含义;通过对治疗者的移情,了解病人生活中主要事件的线索,并导出适合的情感出路,使病人认出无意识动机冲动,提高自知力。

案例分享1-1

少见多怪——谈心理的来源

从前,有一个人,从来没有见过骆驼,也根本不知道有骆驼这种动物。有一天,他偶然看见一头背上长着两个很大的肉疙瘩的牲口,觉得非常奇怪,不禁大声叫道:"啊哟,大家都来看呐!瞧这匹马,它的背肿得多高呀!"其实,那就是骆驼。骆驼本身并没有什么好奇怪的,只不过这人没见过。这个故事出自东汉牟融所著的《理惑论》,因为少见,所以多怪。成语"少见多怪"便由此而来。

这则故事告诉人们,实践是心理的源泉。人的心理意识,只是外界事物作用于人的感觉器官的结果。如果没有独立于人的心理之外的客观世界,没有外界的刺激,也就不能产生心理。人的心理,归根结底来自客观事物,来源于人们的实践。

以儿童的心理发展为例,新生儿从母体中并未带来什么心理意识,只是出生以后,不断地从周围现实获得信息,才逐渐形成了自己的心理。例如,新生儿出生后,就开始了同外部世界的接触。当他感到饥饿、口渴、太热或太冷时,就会不自觉地哭叫,以促使妈妈或其他成人采取行动,来满足他的需要。婴儿在与成人这种最初级的交往过程中,就不自觉地获得了最初的生活经验。以后随着时间的推移,随着生活实践的多样化和复杂化,他的心理意识也日益丰富多彩。由于他的生活实践、社会阅历与别人不同,就决定了他的心理意识有着自己的特点,从而形成了他个人所特有的主观世界。但是,构成这个人的个性的最本质的要素,都有其社会根源。人的心理内容处处表现出客观现实在人脑中的影响,处处表现为客观现实在人脑中的反映。例如,儿童的语言,都是从成年人和与他在一块玩耍的小伙伴那里学来的。儿童的游戏,如用竹竿当马骑,把椅子、凳子凑成一辆车驾驶,喂布娃娃吃奶,用积木搭房子等,都不是凭空想象出来的,都是对成年人生活的模仿。成年人对待孩子的态度也在孩子的性格中得到反映。例如，不管孩子的要求合理与否，你都事事依从他，他就易养成娇气、任性的性格。你事事替他做好，不让他负一点照管自己的责任，他就易养成依赖、懒惰的性格。善于教育孩子的父母，总是让孩子知道哪些事该做、哪些事不该做，养成他们良好的个性品质。凡此种种，都是人人可以观察到的事实。这些事实都足以说明人的心理的社会根源。假如儿童从一生下就没有机会与外界相接触，他的大脑受不到适当的信息刺激，他的心理发展就会陷于停滞。科学家们曾经发现许多被野兽喂养的孩子，由于脱离了人类社会，没有参与人类的实践活动而不具备人的心理意识。印度狼孩的故事就是这方面的典型。1920年，印度牧师辛格在加尔各答西南一个小城附近，从狼窝里救出了两个小女孩。大的约8岁，小的约2岁。她们用四肢行走，用两手和膝盖着地歇息，只舔食流质的东西，吃扔在地板上的生肉，从不吃人手里拿着的肉。她们怕光，夜间视觉敏锐。每到深夜就号叫，并竭力寻找出路，以便逃回丛林。总之，一切都是狼的习性。辛格对她们悉心照料并施以教育，想恢复她们的人性，可是效果甚微。小女孩因很难适应人类的生存环境而不久死去。大女孩2年后才学会站立，4年后学会了6个单词，8年后学会直立行走。尽管大女孩卡玛拉是人生的孩子，具备产生人的心理的物质条件——人脑，但由于她从小生活在动物的世界，没有参与人的社会实践活动，因此，她就没有人的心理。经过辛格多年的教育和训练，17岁的卡玛拉才只有相当于4岁正常儿童的心理发展水平。

如果一个正常的人中途离开人的客观现实后将会怎样？这里有两个生动的事例。其一，《鲁滨孙漂流记》中的主人公鲁滨孙，真实姓名叫亚历山大·塞尔柯克。他青年时当过海员，后被英国海军雇为领海员。一天他与船长发生争执，便愤然离船，登上了距太平洋南美洲海岸40公里处的马萨捷尔岛。5年后，他终于被救出荒岛。他的救命恩人英国宝贝号军舰舰长沃地士·罗吉斯在日记中写道："塞尔柯克的英语忘得这样厉害，以致在我们将他扶上船后，他已不能正常表达自己的意思了。他说话时，几乎把所有英语单词的词尾都吞掉了。他看到人时怕得要命，老是想方设法找个僻静无人的地方躲起来。"同塞尔柯克相类似的是我国的刘连仁。在抗日战争期间，他被日本帝国主义者掠去日本当矿工。他不堪日本矿主的奴役，逃往北海道深山，过了12年茹毛饮血的穴居野人生活。1958年回国时，他的语言表达十分困难，听不懂也不会说，没有正常人的心理状态。

这两例事实告诉我们，一个人只有生活在人类社会里，过着人类社会的生活方式，才能有人类的正常心理。如果中途离开人类社会，时间久了，他那原已形成的人的正常心理，也都会失常。这再次证明，人的社会生活和实践是人的心理的重要源泉。

　　以上事例还告诉人们,人的心理不是单有头脑就能产生的,更不是天然的产物,只有受到适当的环境影响时,人脑才能发挥它的作用,产生心理。外界有怎样的影响,人脑就对这影响做出怎样的答复。同时,随着社会实践活动的发展,人们的心理活动也不断发展。人们社会实践活动的内容越丰富,心理活动就越复杂,从而认识世界的能力就越强。本章所讲的成语故事中的那个人,之所以闹出"少见多怪"的笑话,就是因为其社会实践活动的内容贫乏,局限了他对外界事物的认识。如果你想提高自己对外界正确认识的能力,就必须积极参加各种社会实践活动,不断丰富自己的心理活动内容。否则,你也许也会闹出被称为"少见多怪"的笑话来。

(资料来源:张锦萌.成语典故中的心理学.郑州:河南教育出版社,1989.)

思考题

1.心理的重要来源是什么?
2.心理产生和发挥作用的条件是什么?
3.造成"少见多怪"现象的原因是什么?

 思考与练习

1.旅游心理学研究的主要问题有哪些?
2.如何理解心理学的实质?
3.普通心理学对心理现象是如何划分的?
4.举出一个你亲身体验过的"生活中的心理学"的例子。
5.课外阅读一本心理学方面的书,写一篇读后感。

第2章

旅游者的动机与态度

引　言

　　心理学把心理现象划分为心理过程和个性心理两个方面,进而又将个性心理分为个性倾向性和心理特征两个方面(见图1-1)。

　　本章所研究的是旅游者的个性倾向性(也称心理动力)问题。个性倾向性包括需要、动机、兴趣、信念和世界观等。个性倾向性决定着一个人对事物的态度和积极性。不同的人生活中有不同的要求,这是需要上的差异。有的人喜欢文艺,有的人喜欢数学,这是兴趣上的差异。同样做一件事,有的人出于这个原因,有的人出于另一个原因,这是动机上的差异。这个人坚信这个道理,那个人又坚信另一个道理,这是信念上的差异。人们以不同的立场、观点看待事物,这是世界观的差异。心理学把人们在需要、动机、兴趣、信念和世界观等方面的不同表现叫作个性倾向性。它是个性的重要组成部分,对其他心理活动起着支配、控制作用。

　　本章将告诉你人为什么要旅游的原因和旅游者态度的形成过程。

学习目标

1. 能根据需要理论解释旅游动机产生的内在原因。
2. 能根据态度的影响因素把握旅游决策的形成过程。

第一节　旅游动机的产生

　　人们为什么要旅游是旅游心理学首先要回答的一个基本问题,研究旅游动机自然也就成为研究旅游者心理的起点。本节将告诉你:旅游动机是什么和如何产生的,其中旅游动机产生的内部条件(需要理论)是重点。

一、旅游动机的功能

　　一般意义上的动机,是指引起和维持个体活动,并使其活动朝向某一目标的心理过程或内部动力。所谓旅游动机,是指直接引发、维持个体旅游行为,并将行为导向旅游目标的心理动力。

旅游动机具有以下三方面的功能：

1. 激活功能

旅游动机对人们旅游行为的产生具有激活作用。人们在潜意识中有时会出现外出旅游的需要、欲望，但在多数情况下不会轻易产生具体的旅游行为。在一定条件下，当这些需要、欲望达到一定的程度时，就会产生旅游动机。旅游动机才是引起旅游行为的根本原因和动力。

2. 指向功能

强烈的旅游动机总与明确的旅游目标并存。旅游动机表明了人们想去旅游的欲望、倾向。强烈的旅游动机会进一步转化为旅游偏好，即对具体的旅游目标产生肯定的、积极的态度，为旅游决策做好心理上的准备。

3. 强化功能

旅游动机对旅游行为的过程起维持和调整作用。旅游动机自产生之时起，就贯穿于旅游活动的全过程，只要动机不消失，活动就不会停止。它是一种无形的力量，维持着旅游活动的进行，调整着活动的方向。

二、旅游动机的分类

人们外出旅游的动机常常是多种多样的。这一方面是因为人们的需要是复杂多样的，另一方面也因为旅游本身就是一种复杂的、综合性的社会活动。所以对旅游动机的分类也就多种多样。

（一）按人们需要的层次性分类

1. 放松动机

放松动机，以解除紧张感、压迫感、消除疲劳为目的。

2. 刺激动机

刺激动机，以寻求新的感觉、新的刺激，形成新的思想为目的。

3. 关系动机

关系动机，以建立友谊、情感、商务伙伴等关系，或解除人际烦扰为目的。

4. 发展动机

发展动机，以得到新的知识、技能、阅历、尊重，提高个人声望和魅力为目的。

5. 实现动机

实现动机，以丰富、改变、创造人的精神素质、价值为目的。

（二）按常见的旅游目的分类

1. 健康、娱乐型动机

健康、娱乐型动机，表现为在紧张的生活和工作之余，为了放松、休养、娱乐而产生的旅游动机。

2. 好奇探索型动机

好奇探索型动机，主要特点是要求旅游对象和旅游活动具有新异性、知识性和一定程度的探险性。如哥伦布、麦哲伦的探险旅游。

3. 审美型动机

审美动机，是指旅游者为满足自己的审美需要而产生的外出旅游动机，这是一种高层次的精神方面的需求。如徐霞客、李白、杜甫、苏轼等的士人漫旅。

4. 社会交往型动机

社会交往型动机，以发展人际关系、公共关系为目的。其特点是旅游者要求旅游中的人际关系友好、亲切、热情和得到关心。如探访旅游、公务旅游等动机。

5. 宗教信仰型动机

宗教信仰型动机，主要是为了满足自己的精神需要，寻求精神上的寄托而产生的旅游动机。如玄奘、鉴真的宗教旅游。

6. 尽心尽责型动机

尽心尽责型动机，如外出旅游是为了让父母、妻子、儿女和其他亲人或恩人得到快乐而产生的旅游动机。

7. 商务型动机

商务型动机的旅游，表现则更为普遍。

(三) 按旅游动机在行为中的作用分类

按旅游动机在行为中的作用大小，可分为主导动机和辅助动机。比如，外国旅游者的主导动机，是文化方面的动机；华侨、港澳台同胞的主导动机，是交际方面的动机；国内旅游者的长线旅游，主要是出自于文化方面的动机；短线旅游，主要是出自于健康动机；商人、公务员等的旅游，主要出自于业务方面的动机等。

这种分类方法，也可以根据特定旅游者群体来具体测定，按重要性均值从高到低排序进行分类。如某次测定的结果表明存在以下主要动机：发现新地方和新事物、逃避城市生活的喧嚣、追求精神上的放松、体验清静的气氛、增长知识、与朋友度过快乐时光、同其他人交朋友、获得感情上的归属、发挥自我想象、向自我能力挑战、在运动中发挥体能和技巧、发展密切的友谊。排在前几位的就属主导动机，其他的即为辅助动机(见表2-1)。

表2-1 约翰·托马斯列举的旅游动机

教育和文化方面的动机	(1) 观察别的国家人民是怎样生活、工作和娱乐的
	(2) 浏览特别的风景名胜
	(3) 更多地了解新鲜事物
	(4) 参加一些特殊活动

续表

疗养和娱乐方面的动机	(5)摆脱每天的例行公事
	(6)过一下轻松愉快的生活
	(7)体验某种特异性或浪漫生活
宗族上的动机	(8)访问自己的祖籍或出生地
	(9)到家属或朋友曾经去过的地方
其他	(10)气候(例如为了避寒)
	(11)健康(需要阳光、干燥的气候等)
	(12)体育活动(游泳、滑冰、钓鱼或航海等)
	(13)经济方面(低廉的费用开支)
	(14)冒险活动(到新地方去,接触新朋友,取得新经历)
	(15)取得一种胜人一筹的本事
	(16)适应性(不落人后)
	(17)考察历史(古代庙宇遗迹,现代历史)
	(18)了解世界的愿望

(资料来源:约翰·A.托马斯.是什么促使人们旅游.旅行代理人协会旅游新闻,1964:64-65.)

 特别提示

　　旅游动机是一个复杂的心理现象,可以有多种不同的分类方法,其中按需要的层次性和旅游的目的性分类最为常见。不同的分类方法能从不同的角度体现旅游动机的内涵与外延,以便于在应用中分析出特定旅游者的主导旅游动机。掌握多种旅游动机的分类方法有利于更精确地分析主导旅游动机。

三、产生旅游动机的内部条件

　　从动机与需要的关系看,需要是产生动机的内在的根本原因,而一种需要演化为某种动机则受到环境因素的影响。动机是在需要的基础上产生的,但只有需要并不一定能产生动机。动机的产生至少应该具备两个条件:一是要有需要的存在,且被强化到一定程度;二是要有满足需要的条件存在。旅游动机的产生是研究旅游者心理的起点。

(一)需要的概念和特征

　　需要是一个人对生理和社会的要求的反映,或是个体缺乏某种东西时的一种主观状态。就需要的生理机制来看,是由于缺乏某种东西且达到一定程度,造成生理或心理平衡的破坏,为了恢复平衡就会产生调节的需要。生理平衡的破坏,是由于生命体内部刺激引起的失调。如口渴时就会产生喝水的需要,劳累时就会产生休息的需要。心理平衡的破坏,是由于生命体外部刺激引起的失调。如愤懑时会产生发泄的需要,孤独时会产生交往的需要。需要既有生理需要和社会需要之分,也有物质需要和精神需要之分。

需要的特征主要表现为以下几个方面:

1. 指向性

需要总是表现为对一定事物的欲望或追求,没有对象的需要是不存在的。换言之,需要总是和满足需要的目标联系在一起。如当人们产生旅游需要时,往往表现为对某种旅游产品或服务的指向。

2. 社会性

人具体需要什么,如何满足自己的需要,是受到社会经济发展水平、个人在社会关系中所处的地位和所受教育程度,以及个人生活实践经验所制约的。这一社会性,同时也反映出需要具有选择性和历史制约性。

3. 周期性

需要不会因满足而终止,一般都具有周而复始的周期性特点。研究发现,需要的不断重复出现,是需要形成和发展的重要条件。

4. 发展性

人的需要从不因一次或多次满足而终结。人的一种需要在得到满足以后,便会重新出现这种需要或产生新的需要,永远呈现出动态的发展过程。需要的发展性特征,充分体现了人类永不满足、永远进取和积极创造美好未来的伟大精神。

5. 差异性

人的需要由于受职业、年龄、性别、个性、经验、环境等诸多因素的影响,表现出差异性的特点。

需要还有紧张性、驱动性、层次性等特点。正因为需要具有以上各种特点,所以需要虽然是一种内心状态,但仍然可以被人们间接地认识。

旅游需要是人的一般需要在旅游过程中的反映。现代社会生活节奏日益加快,人们的精神也日趋紧张。与此同时,人们又感到生活中缺少了什么,需摆脱紧张,补偿所缺乏的东西。这种客观需要必然反映到人的大脑,形成主观反映,进而产生旅游需要。旅游需要常表现在健康、文化、交际、地位、声望、求实、求新、求奇、求美、求知、访古、寻亲、认祖归宗等方面。

(二)主要的需要理论

有关需要的理论不少,这里主要介绍一下马斯洛的需要观和需要的单一性与复杂性等理论。

1. 马斯洛的需要观

美国学者马斯洛在1943年所著的《调动人的积极性理论》一书中,提出了他的需求层次理论。他的需要观具有重要而普遍的意义,在以后的半个多世纪一直被人们所重视。其主要贡献在于:一是将需要的内容科学地划分为五个层次;二是提示了这五个层次之间的相互关系。

马斯洛将需要的内容划分为生理需要、安全需要、社交需要、尊重需要和自我实现需要(见图2-1)。

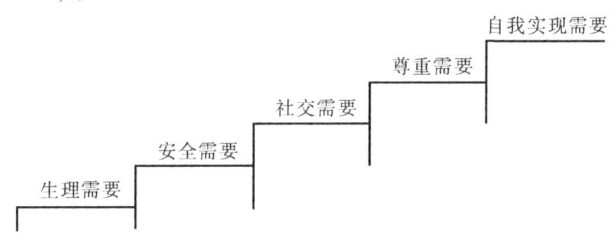

图2-1　需要层次

(1)生理需要。马斯洛曾说:"对于一个处于极端饥饿状态的人来说,除了食物没有别的兴趣……充饥成为独一无二的目标。"生理需要是人类最原始、最基本的需要。这类需要得不到满足,人的生存就成为问题。人类只有解决了生存问题,才能考虑从事其他活动。

(2)安全需要。当人的生理需要得到满足后,继而出现的是与安全有关的需要。安全需要包括生活得到保证、稳定、避免失业的威胁、年老生病时的福利保障以及社会法律对生命财产安全的保护等。安全需要得不到满足,也就谈不上更高层次的需要。然而,马斯洛没有注意到或是不愿承认这样一个事实,人们为了探索一些未知的事物,有时甚至冒生命危险。旅游活动中一些人的探索需要有时也会超出安全需要,比如跳伞、登山等活动,明知有受伤或死亡的危险,还是有人乐此不疲。

(3)社交需要。社交需要包括爱和归属两个层面。爱的需要,是指人都希望在异性之间、亲友之间、同事之间等人际关系中保持融洽、友谊与忠诚。归属需要,是指人们都有一种归属于某个集团或群体的需求,希望成为其中的一员并得到相互关心和照顾。

(4)尊重需要。人们都希望自己有被认可的社会地位,有着对名望、利益的欲望,也有通过自己的努力得到社会承认的欲望,这就构成了人的尊重需要。尊重需要的满足可使人感到充满自信,对未来充满信心,对社会充满热情,使人感觉到自身的价值。人们正是为了获得更多尊重的需要,才去受教育,去发展事业,去旅游等。这些方面的成就往往就是其尊重需要得到满足的重要标志。

(5)自我实现需要。这是一种要求挖掘自身潜能、实现自己理想和抱负、充分发挥自己全部能力的需要。人的潜力不同,自我实现的途径也不同。马斯洛承认能满足这种需要的人只占少数。

马斯洛认为,上述五种需要是按顺序逐级递升的。一般说来,当一级需要获得基本满足之后,追求上一级的需要就形成了驱动行为的动力。但是,这种递升不是机械的,并不是某种需要100%得到了满足后高一层次的需要才会出现。人与人之间的差异很大,即使同一个人也会因不同情况而定,有时即使较低层次的需要未被满足,较高层次的需要也会出现。对一般人来说,其基本需要未被充分满足,必然会影响到高层次需要的实现。

马斯洛的需要层次论把人的需要按由低到高的顺序划分为五大类,并提出每一时期均有一种占主导地位的优势需要,有助于我们研究旅游需要。当然,该理论也未必能完全解释所有旅游者的旅游需要。

马斯洛的五个层次需要之间的相互依赖与相互重叠的发展关系,如图2-2所示。

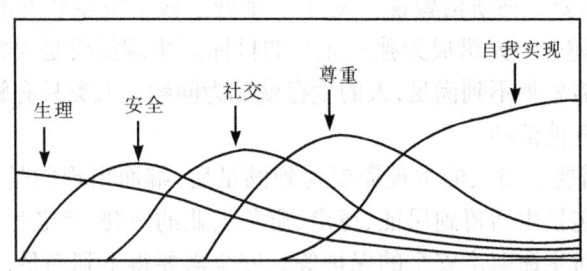

图2-2 五个层次需要的心理发展关系

2. 需要的单一性、复杂性及好奇心

人的需要既有单一性,也有复杂性。持单一性需要观点的人认为,人们在生活中总是寻求平衡、和谐、相同、可预见性和没有冲突。任何非单一性都会产生心理紧张,进而设法防止这种由于意外产生的威胁。按照单一性理论,旅游者在旅游过程中会尽量寻找理想的旅游目的地及可提供标准化旅游设施和服务的旅游企业。比如,他们会选择一些著名的旅游点去旅游,还会选择那些知名度高并能提供标准化服务的旅游饭店。因为标准化的旅游服务使旅游者能够预见,投入什么样的花费会带来什么样的享受。这种观点具有其合理性的一面,对旅游业饭店、景点、交通等设施和服务的标准化建设具有指导意义。

持复杂性需要观点的人认为,需要产生的实质是人们追求新奇、变化、出乎意料和不可预见性等。人们之所以产生追求复杂性的需要,是因为这些复杂性的东西本身就能给人带来满足。追求复杂性需要的旅游者,总是希望得到与他在家所习惯的和他在以前旅游中所经历过的不相同的东西。所以人们一般总是选择到从未去过的地方旅游,以满足复杂性需要。这就要求旅游业的景观设计和服务形式要不拘一格,来吸引旅客。

复杂性观点也较好地提示了人类的好奇心问题。好奇心是指:"人类和其他一些高等动物在面对新奇、陌生、怪诞或复杂刺激时,所产生的一种趋近、探索和操弄,以求明白、理解和掌握的心理倾向。"引起好奇心的刺激,要具备"新奇性"和"复杂性"这两个条件或二者之一。它们是决定吸引力的基本因素。好奇心表现在人类感知器官上的特点,是对有差别的、变化的刺激感知敏锐,而对单调的、持续不变的刺激感知越来越迟钝,也就是感知心理学上所说的"适应"。"不识庐山真面目,只缘身在此山中","居鲍鱼之肆,久而不闻其臭;在芝兰之室,久而不闻其香",所谓"凡人羡仙境,仙人慕凡尘",都是这个道理。幼儿的好奇心表现为对周围环境的探索和操弄,而成年人的好奇心则通常以旅游的方式表现出来。总之,人为什么要旅游,一个根本原因,就是为了满足好奇心、探索欲,它的满足能给人带来深层次的快乐,是维护、健全和发展人类心灵所必需的。

我们认为,单一性过多会使人产生厌倦,复杂性太多又会使人过分紧张,以至恐惧,故理想的方式是选择二者的平衡。所以,解决的办法是缺少哪一种需要,就弥补哪一种,以此来达到人们心理的平衡(见图2-3)。

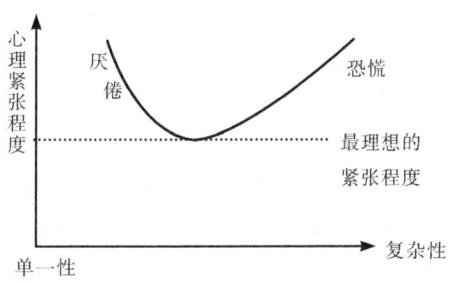

图2-3 单一性—复杂性和心理紧张

比如,人们在家庭生活和工作中的单一性、可预见性以及不变性,必须用一定程度的复杂性、不可预见性、新奇性和变化性加以平衡。旅游就为寻求摆脱厌倦的人们提供了一种较为理想的刺激,使人们得以变换环境、改变生活节奏。反之,对有些人来说,即使在旅游度假期间,其所寻求的也只是休息和放松,因此,只要在湖滨或海边晒晒太阳、看看风景或听听音乐就满足了。

此外,早在马斯洛等人的理论之前,马克思就把人类需要的物质对象,划分为生产资料和生活资料,并进一步将生活资料细分为生存资料、享受资料和发展资料。这也为今天我们研究"义务教育""旅游消费"等需要问题,提供了一定理论基础。

(三)需要在旅游动机中的具体表现

人们对旅游的需要,有其较深刻的心理原因。吕勤、郝春东等学者认为:"从心理学角度看旅游,可以把旅游理解为一种'特殊的生活方式',一种'不同于人们日常生活的生活方式'。具体而言,旅游是人们为了寻求补偿或者寻求解脱,到别处去过一种'日常生活之外的生活'。"

1. 从现代人日常生活中所缺少的方面分析,旅游者存在寻求补偿的动机

寻求补偿动机,是指通过旅游使自己在日常生活中所缺乏的那些满足感得到补偿。这些满足感主要表现于新鲜感、亲切感和自豪感等。

(1) 通过旅游来扩展和更新自己的生活,从而得到新鲜感。人们在日常生活中,日复一日地过着同样的生活,难免感到单调乏味,缺少新鲜感。新鲜感的含义要比新奇感丰富得多,它是包含着惊奇、喜悦、清新和振奋等多种成分的满足感。富有新鲜感的生活是生机勃勃、趣味盎然的生活。追求新鲜感是人的天性,是一种最具普遍性的旅游动机。

(2) 通过旅游来寻求广义的人类之爱,从而得到亲切感。激烈的竞争使现代的人际关系变得复杂,变得不那么单纯了。在日常生活中,人们为了个人的利益尔虞我诈,压抑了自己的真情,现代科学技术又给人们带来一种冷冰冰、硬邦邦的环境,因而普遍地缺少了亲切感。亲切感最重要的来源,是人与人之间的真诚相爱。这里所说的"爱",是指广义的爱。在隐藏于人们内心深处的种种需要中,十分重要的一种,就是对人与人之间以互相关心、互相理解和互相尊重为要素的爱的需要。爱的体验是心理健康所不可或缺的营养素。

随着市场经济的发展、竞争意识的增强,传统的人情观念逐渐变得淡薄了。虽然冲破传统的人情世故有利于经济和社会的发展,但也将有可能造成一些"心的沙漠"和"爱的荒原"。这种人情方面的失落也会使人们产生寻求补偿动机。同时,"社会上的高新技术越多,就越是需要创造有深厚感情的环境,用人的柔性来平衡技术的刚性"。接待是旅游业中最富有人性的因素,它决定了旅游业的前途,要通过旅游接待,使游客获得亲切感。因为人们外出旅游的重要原因之一,就是寻求广义的爱的补偿性满足。

(3) 通过旅游来提高自我评价,从而获得自豪感。生活是一台戏,人们不满足于仅仅作为观众,都希望登上舞台展示一番自己的风采。旅游正是为人们在日常生活之外充分表现自己提供了一座"大舞台"。人们不仅要表现自己,而且要突出自己。通常人们都觉得自己被淹没在芸芸众生之中,旅游使他们享受到贵宾或者"要人"的待遇,使他们因为终于有了"脱颖而出"的体验而得到了极大的补偿。

旅游还为人们的充实提高创造了条件。中国自古以来就有"读万卷书,行万里路"促使人成长的说法。旅游使人们走出狭小的空间,"仰观宇宙之大,俯察品类之繁",达到一种超凡脱俗的境界。这也是一种自豪感的补偿。

2. 从现代人日常生活中所多余的方面分析,旅游者存在寻求解脱动机

寻求解脱动机,是指人们要借助于旅游,从日常生活的精神紧张中解脱出来。现代文明越发展,越使人感到人与自然之间和人与人之间的距离变得更远。弗洛姆认为:人类最深切的需要,就是克服分离,找回和谐。就我国的情况来看,旅游一般还是被看作"锦上添花",而没有被当作是对现实生活的一种必要选择。随着市场竞争的日趋激烈和生活节奏的日益加快以及社会的进步,为了寻求解脱而选择外出旅游的人会越来越多,旅游消费将从"奢侈品"逐渐变成人人都不可缺少的"生活必需品"。

3. 从单一性与复杂性需要方面分析,旅游者存在寻求平衡动机

寻求平衡动机,是指旅游者要在变化与稳定、复杂与简单、新奇与熟悉、紧张与轻松等矛盾心理中寻求一种平衡。寻求平衡不仅是要在矛盾心理的两个极端之间找到一个"平衡点",而且是要让两种相反的事物或状态交替出现,从"交替"中得到平衡。外出旅游是日常生活的"中断",旅游作为"日常生活之外的生活"必须与日常生活有明显的差异,但又必须与日常生活有一定的"连续性"。

总之,人们为什么要外出旅游的心理原因是极其复杂的,且因人而异,但其中最为重要的原因就是寻求补偿动机、寻求解脱动机和寻求平衡动机。

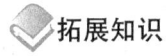 拓展知识

现代旅游者需要的特点

1. 更注重精神需要

人们求知、求美、求新的需要日益增强。旅游产品是立体的、形象的百科全书,旅游活动能很好地满足人们这方面的需要。正因如此,旅游逐渐成为一种重要的生活方式。

2. 更注重个性化需要

旅游者已不满足于大众化的产品,希望能按自己的喜好、意愿来完成旅游活动,对探索未知事物具有浓厚的兴趣。同时,旅游者对冒险和发生不测的心理承受力增强,需要增强刺激的强度,喜欢购买体现个性的旅游产品。

3. 旅游休闲成为工作的延伸

现代社会讲究效率,人们即使有足够的假日,也希望能使旅游休闲与工作兼顾。旅游休闲成为工作的延伸。随着"会议旅游""科考旅游""公务旅游"等旅游

方式的出现,已不能用简单的时空概念来判断是在旅游、休闲还是在工作。

四、影响旅游动机的外部条件

(一)经济因素

经济因素能告诉我们哪些人有能力去旅游,哪些人可能去旅游,但并不能说明一个人有了足够的钱就必然会去旅游。如日本在1991年的人均国民收入有2.0185万美元,出国旅游是完全可能的,然而,日本的海外观光者只占日本总人口的8.6%。

(二)时间因素

所谓休闲,就是用个人从工作岗位、家庭、社会义务中解脱出来的时间,为了休息、消遣,或为了培养与谋生无关的智能,以及为了自发地参加社会活动和自由发挥创造力,随心所欲活动的总称。休闲时间包括业余时间、周末时间和一段集中的短暂假期。休闲活动,是人们为了向外界表现自己、享受运动创造的美感和愉悦的活动。

旅游和休闲的区别在于,只有离开居住地到异地一段时间,并以观光、度假、健身、娱乐、探亲访友为主要目的的休闲活动,才是旅游活动。可见旅游活动比休闲活动的概念范畴要小得多,也可将旅游活动理解为是休闲活动的一种特殊形式。

时间对旅游消费行为的影响往往大于金钱,其缘由是每个人所支配的时间是固定不变的,旅游行为发生在闲暇时间内。闲暇时间是保持身心平衡的因素。人们自由安排的时间不是工作之外的全部时间,它只是其中的一部分。一个人闲暇时间的多少是因人、因家庭、因经济条件而异的。旅游是在一定的时间和空间内进行的,没有时间,旅游就不可能发生,但有了时间,人们也未必去旅游。

时间对旅游的影响,不仅指没有时间人们不可能去旅游,还包括时间的压力对人的旅游消费行为的影响。在一个经济发达的社会里,时间是一种很珍贵的资源。人们深受埋头苦干、勤奋工作的道德观念的影响,不愿意将时间花费在无用的、不出成果的事情上。在平时,他们样样都不舍得割舍,把生活的步子加快到疯狂的程度。在度过他的"空闲"时间时,他像平时一样,也要有所收获。他们外出旅游时,也要像往常那样充分利用每一秒钟。在旅游活动中许多旅游者选择飞机作为交通工具,乘坐汽车观赏沿途风光,从一地匆匆赶到另一地度假、游览,都是为了节约时间,要在限定的时间内结束计划中的一切活动。所以时间压力也在影响着人们对旅游活动的众多选择。

(三)社会因素

旅游作为现代人的一种生活方式,不可能脱离社会背景而单独存在。社会条件,主要指一个国家或地区的经济状况、文化因素以及社会风气等。

1. 旅游业的整体发展水平

一个国家的旅游发达程度,同这个国家或地区的经济水平成正比。只有当整个国家或地区的经济发达时,才有足够的实力改善和建设旅游设施、开发旅游资源、促进交通运输业的发展,从而提高旅游综合吸引力和接待能力,激发人们的旅游兴趣和愿望。

2. 团体、家庭和社会风气

团体或社会压力会影响人们的旅游动机。比如单位集体组织的旅游活动,或是奖励旅游行为等,对个体参加旅游活动都有一定的吸引力,使人们不自觉地产生旅游愿望,并进而产生旅游行为。

家庭是一个人最基本最重要的所属群体,它对人们的旅游消费行为产生直接和长远的影响。这些影响主要表现为家庭的结构及其周期。

社会风气也能影响人们的旅游动机。同事、朋友、邻居的旅游行为和旅游经历,往往能够相互感染,或者形成相互攀比心理,使人们产生同样外出旅游的冲动,形成一种效仿旅游行为。

总之,旅游动机产生的根本原因是"需要"的存在。这种需要的构成,一部分是人们的低级生理需要(如精神放松、呼吸新鲜空气等);另一部分是人们好奇心的增强,即复杂性需要的不断增多;还有一部分是人们的审美需要(如距离美);再有一部分是高级的社会需要(如人际关系、获得尊重和自我实现等)。影响旅游动机的外因,与自身具备的经济条件和时间条件、家庭人员的需要、周围亚文化旅游风气和习惯的影响、生产力发展水平,特别是旅游业的总体发展水平等有关。

第二节 旅游者的态度

态度是个性倾向性的集中体现。某种态度一经形成,就会对人的行为产生极大的影响。旅游者的态度,是旅游者在旅游活动中形成的对旅游商品或服务的肯定或否定心理倾向。积极肯定的态度会推动旅游者完成旅游活动,而消极否定的态度,则会阻碍旅游者完成旅游活动。作为旅游工作者必须关注旅游者的态度,以便进一步提高旅游服务质量,促进旅游业的发展。

一、态度概述

人们评论某个服务员时往往说其态度好或不好;发生争执时又会说:"你这是什么态度!"那么,态度究竟是什么? 它又是如何形成与变化的呢?

(一)态度的构成

态度,是指个人对某一对象所持有的评价与行为倾向。人们对一个对象会做出赞成或反对、肯定或否定的评价,同时还会表现出一种反应的倾向性。这种倾向性就为人们的心理活动提供了准备状态。一个人的态度,会影响他的行为取向。

态度的心理结构主要包括认知、情感和意向三方面的因素。

1. 认知因素

认知因素,是指对人对事的认识、理解和评价,也就是平时所说的印象。认知因素是构成态度的基础。比如,某游客认为杭州是个好地方,环境整洁优美,有秀丽的西湖、悠久的历史,气候湿润宜人,这就是这位游客对杭州的认识、印象和评价。

2. 情感因素

情感因素,是指对人对事的情感判断。这种判断有好与不好两种,诸如喜欢与厌恶、亲近与疏远等。情感因素是构成态度的核心,在态度中起着调节作用。比如,当上述这位游客进一步认为"杭州是个美丽、可爱的城市"时,他的态度中就有了积极的情感成分。

3. 意向因素

意向因素,是指肯定或否定的反应倾向,它具有外显性,制约着人们对某一事物的行为方向。意向因素构成了态度的准备状态。比如,上述的这位游客对杭州产生了积极肯定的情感后,他就会产生向周围人推荐的意向,或自己在心理上积极地做各种准备,一旦外部条件成熟就可能去杭州旅游。

态度的三种因素是缺一不可的,三者协调程度越高则态度越稳定,反之,则不稳定。

态度这种内在的心理体验,不能直接被观察,只能通过人们的语言、表情、动作等进行判断。比如,客人对饭店的服务感到满意,常常表现出温和、友好、礼貌、赞赏等;如果客人不满意,就可能表现出烦躁、易怒等,并且容易制造事端。所以,旅游服务中如果发生客人投诉或产生矛盾、冲突,我们在寻找原因时就不能仅仅把眼光放在当前的具体事件上,很可能这不过是客人不满意态度的一个表现。

(二) 态度的特征

人们的态度常带有以下几个方面的特征:

1. 对象性

态度总是针对某一对象而产生。人们做任何事情,都会基于某种态度,在谈到某一态度时,就会提到态度的对象。

2. 社会性

态度不是先天决定的,而是后天学习来的。态度不是本能行为,虽然本能行为也有倾向性,但那是不学就会的。比如,客人对某饭店的态度,或者是他自己在接受服务过程中通过亲身观察得来的,或者是通过广告宣传、他人评价等间接影响而形成的。

3. 内隐性

态度是一种内在心理倾向。一个人究竟具有什么样的态度,只能通过其外显的行为加以推测。

4. 相对稳定性

人们的态度在结构上、因果关系上有一定的规律性,表现出一定的稳定性。比如,客人在某饭店接受了良好的服务后,感觉很好,从而形成了对这家饭店的肯定的态度。以后当他再有这种需要时,很可能还选择这家饭店。这也就是人们常说的"回头客"。回头客的多少,既反映出饭店服务质量的高低,也反映出客人态度的稳定性。

态度的稳定性是相对的,由于主观和客观因素的多变性,态度是可以改变的。态度的可变性功能有助于人们更好地适应环境,保持一致性。对旅游者来说,有助于在心理上适应新的或困难的处境,使自己不必亲身经历或付出代价而达到态度的改变。在旅游活动中最常见的,就是人们根据他人或社会的奖惩来调整或改变其态度。例如,某人准备到某旅游胜地去度假,当其同事或朋友表示了不同的看法,或看到游客在此地受到不公正对待的报道后,他就很可能改变原来的态度,而取消这次旅游或改变旅游目的地。

5. 价值性

价值观是态度的核心。价值,是指态度对象对人所具有的意义。G. 奥尔波特提出的事物的六种价值有参考意义:一是理论价值,二是实用价值,三是美学价值,四是社会价值,五是权力价值,六是宗教价值。

事物的价值大小取决于事物本身和主观因素两个方面。就事物本身而言,客人对某饭店的态度,主要取决于该饭店能为客人提供什么,如社会价值、实用价值等。就主观因素来看,它受人的需要、兴趣、爱好、动机、性格、信念等因素的制约。所以,由于人们的价值观念不同,对待同一事物会产生不同的态度。为此,对能满足个人需要、迎合个人兴趣爱好、与个人的价值观念相符的事物,人们会产生积极的态度;反之,则会产生消极的态度。

(三) 态度与行为

态度是影响行为的重要因素之一。态度是行为的内在准备状态,因而可以通过态度来预测行为。态度在多数情况下与行为是相一致的,但在某些情况下也会出现不一致。旅游者一般在自己独立决策时,其行为会和态度一致;当某种其他因素对其施加压力或干扰时,态度和行为就会出现不一致的情况。

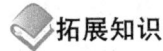 拓展知识

态度的形成过程

人的态度,是在一定社会环境中形成的。刚出生的婴儿,无所谓"态度",在其发育成长过程中不断接触周围事物,从而在大脑中形成了各种印象、看法,获得了相应的情绪体验,于是逐渐形成了对事物的态度。

这里我们着重介绍心理学家 H.C.凯尔曼对态度形成的三阶段说。

1. 服从阶段

服从,是指人们为了获得物质与精神的报酬或避免惩罚而采取的表面顺从的行为。服从阶段的行为不是个体真心愿意的行为,而是一时的顺应环境要求的行为。其目的在于获得奖赏、赞扬、被他人承认,或者为了避免处罚、受到损失等。当环境中奖励或惩罚的可能性消失时,服从阶段的行为和态度就会马上消失。

服从阶段的态度在日常生活中普遍存在。比如,对于学校规定的出早操的要求,刚入学的大学生有些由于没有早起的习惯,刚开始觉得非常别扭,甚至觉得学校多此一举。可是学校的规定必须执行,否则就要受到惩罚,无奈只能出早操。这种不愿早起又不得不早起的行为,就是服从行为。

服从阶段是态度形成的关键阶段,对孩子的教育具有重要的意义。良好的性格、习惯和品德,往往是在服从阶段时就打下了良好的基础。在多数情况下,服从阶段是不可逾越的,尤其是对孩子。

2. 同化阶段

同化阶段与服从阶段的不同之处,就是同化阶段不是在环境的压力下形成或转变的,而是出于个体的自觉或自愿。它的特点是个体不是被迫而是自愿地接受他人的观点、信念,使自己的态度与他人的要求相一致。以大学生出早操为例,某学生坚持了一段时间以后,由于出早操给他的身体和精神都带来了好处,即使不出操不给任何惩罚,他也会主动遵守学校的这一规定。又如一个人想加入某个有吸引力的社会团体,他就会承认该团体的章程,愿意以该团体的规范约束自己的行为,接受团体对他的要求和指导,并以该团体一分子的态度对待工作与生活。

3. 内化阶段

内化阶段,是指个体从内心深处真正相信并接受他人的观点,而彻底转变自己的态度,并自觉以此观点指导自己的思想和行动。在这一阶段,个体把那些新思想、新观点纳入了自己的价值体系,以新态度取代旧态度。一个人的态度只有到了内化阶段,才是稳固的,才真正形成个人的内在心理特征。

态度的形成从服从阶段到同化阶段再到内化阶段,是一个复杂的心理过程。并不是所有的人对所有事物的态度都要完成这个过程。人们对一些事物的态度的

形成可能完成了整个过程,但对另一些事物可能只停留在服从或同化阶段。

二、影响旅游者态度的因素

旅游者态度的改变有两种情况:一种是方向的改变,另一种是强度的改变。比如原来不喜欢某种交通工具,后来变得喜欢了,这是方向的改变;原来对某旅游地有犹豫不决的态度,后来表示坚定不移地要去或不去,这是强度的改变。当然,方向与强度也有关系,从一个极端向另一个极端的转变,既是方向的改变,又是强度的改变。

旅游者态度的改变主要受以下几个因素的影响:

(一)旅游者本身的因素

1. 需要

态度的改变与旅游者当时的需要密切相关,如果能最大限度地满足他当时的需要,则容易使其改变态度。

2. 兴趣

兴趣,是人们力求认识某种事物和从事某种活动的意识倾向。它表现为人们对某种事物、某项活动的选择性态度和积极的情绪反应。兴趣是在需要的基础上,通过社会实践而形成和发展起来的。人的需要多种多样,因人而异,因而人的兴趣也是多种多样、各不相同的。爱打扮的姑娘对服装感兴趣;爱看球的小伙对球赛感兴趣。人的需要改变了,兴趣也随之改变。但需要并不一定表现为兴趣,人有睡眠的需要,这不等于人对睡眠有兴趣。兴趣与好奇心不同,好奇心是天然的、内在的产物,而兴趣是一种具体的心理倾向,它必须具有具体的对象。兴趣是产生态度的前提,是认知过程的保证。当兴趣发展成为从事实际活动的倾向时,就成为爱好,成为一种特殊的动机。不过人对某种活动产生的动机,未必一定能发展成为兴趣。兴趣是人的认识中的一种倾向,而爱好是人的活动中的倾向。多数情况下两者方向一致、对象相同。

兴趣可分为有趣、乐趣、志趣三种。有趣常常是稍纵即逝,一笑了之;乐趣总有些"乘兴而来,兴尽而返",靠客观事物的趣味性诱发而来;志趣则带有目的性和方向性,是最高级的形态,它可以使人如醉如痴,废寝忘食,持之以恒地攀登成功的阶梯。有趣和乐趣统称为情趣,情趣是主体热衷于某种创造性活动的倾向。情趣是志趣的广泛心理基础,比志趣发生的范围广;志趣是某种情趣高度发展的表现,比情趣发生的程度深。

兴趣的品质,表现为人们兴趣的个别差异性:

(1)兴趣的指向性。兴趣总是指向于一定的事物,并且因人而异,在一定程度上反映出一个人的需要、知识水平、信念和世界观。

(2)兴趣的广度。是指兴趣的范围。
(3)兴趣的持久性。是指兴趣维持时间的长短。
(4)兴趣的效能。是指人的兴趣对活动开展所产生的正效应。

兴趣对旅游的作用：
(1)兴趣能促使旅游者做出旅游决策。
(2)兴趣有助于旅游者为未来的旅游活动作准备。
(3)兴趣可以刺激旅游者对某种旅游产品重复购买,或产生长期使用的偏好。
(4)兴趣的个体差异影响旅游者的购买倾向。
(5)兴趣变化促成旅游者购买倾向的变化。

3. 人格

(1)从性格上看,凡是依赖性强、暗示性高或比较随和的人都容易相信权威、崇拜他人,因而容易改变态度。反之,独立性强、自信心高的人则不容易被他人说服,因而不容易改变态度。

(2)从智力水平上看,一般而言,智力水平高的人,由于具有较强的判断能力,能准确分析各种观点,不容易受他人左右;反之,智力水平低的人,难以判断是非,常常人云亦云,因而容易改变态度。

(3)从自尊心上看,自尊心强的人,心理防卫能力较强,不容易接受他人的劝告,因而改变态度也比较难;反之,自尊心弱的人则敏感易变。

其他如受教育程度高和社会地位高的人,要想改变他们的态度也比较难。

（二）原有态度的特点

1. 态度构成要素的一致性

构成态度的三种要素(认知成分、情感成分、意向成分)一致性越强,越不容易改变。如果三者之间直接出现分歧、不一致,则态度的稳定性较差,也就比较容易改变。

2. 态度的强度

态度的强度,是指旅游者对某一旅游对象赞成或非议、喜爱或厌恶的程度。一般来说,旅游者受到的刺激越强烈、越深刻,态度的强度就越大,因而形成的态度越稳固,也越不容易改变。

人们对某一对象的态度强度与态度对象的突出属性有关,而态度对象的突出属性对人的重要程度是因人而异的。任何事物都有许许多多的属性,如形状、外观、价格等,人们对事物的认知,是针对事物的具体属性而言的。不仅如此,对同一个人来说,随着他的需要或目标的改变,其态度对象的突出属性也会发生变化。这里指的需要或目标,就是人们期望通过旅游所获得的主要收获。"收获",在旅游行为和旅游决策中是一个重要的概念,人们正是为了获得某种收获才去旅游的。当然,"收获"的含义是非常广泛的。比如,人们并不是为了西湖本身而来杭州,而是因为西湖对他们确实有某些好处——如在西湖里可以划船,在西湖边可以享受美丽的景色和一流服务,可以游览、娱乐等。同样,人们也并不是为了产品或服务本身才出钱去购买,而是因为这些产品或服务能够让旅游者有所收获。

因此,对于旅游工作者来说,重要的是要按照旅游者所寻求的"收获"去理解旅游者的行为,要能够识别与他们的服务相联系的突出属性。也就是说,要真正提供旅游者所需要的产品和服务。当然,做到这一点也是非常不容易的。因为,一方面如前所述,每一种属性的相对重要性是因人而异的;另一方面,在有些时候,通常被我们看作是非常重要的属性,实际上未必能引起旅游者的特别关注。例如,每个大型航空公司的安全记录都差不多,因此,当人们在选择两个大城市之间的飞机航线时,安全就不是一个突出的属性了,其他因素,如航班时间、舒适程度、价格和飞机类型等,则可能成为突出的属性。

3. 态度的复杂性

态度的复杂性,是指人们所掌握的态度对象的信息量和信息种类的多少。它反映人们对态度对象的认知水平。人们所掌握的态度对象的信息量和信息种类越多,所形成的态度就越复杂。

比如,对于某个特定航空公司的态度就可能很简单,除了起飞时间、直达服务及其他时间方面的便利外,人们往往觉得相互竞争的大航空公司之间差别很小。然而对于整个航空旅行的态度则比对于个别航空公司的态度要复杂得多。对航空旅行的态度涉及速度、方便程度、节约时间、费用、身份、声望、空中服务、行李携带等多方面的问题。对于旅游者来说,最复杂的态度也许是对国外旅游目的地的态度。这些态度至少涉及陌生的饭店、异国风味的食品、外国人、陌生的语言、不同的传统等很多方面。

一般说来,复杂的态度比简单的态度更难以改变。比如,一位旅游者对旅行支票持否定态度,只是因为他并不认为这些旅行支票真的有用,这就属于简单态度。此时,只要向他说明一个人离家在外时丢失钱包是多么不方便,他就会改变态度。然而,一个对于出国旅游持否定态度的人,要改变他的态度倾向就非常难。即使他相信别人所说出国旅行的费用很合理,他可能仍会坚持自己的否定态度,理由是环境陌生、饮食或文化传统不同等。要改变他对出国旅游的否定态度,必须改变其整个态度中的许多成分。这就是复杂态度。态度越复杂,就越难改变。

同样态度形成的因素越复杂,越不容易改变。例如,一个客人对某饭店的否定态度,如果只依据一个事实,那么只要证明这个事实是由纯偶然因素所造成的,客人的态度就可改变过来。但如果态度是建立在很多事实基础上的,那么要改变起来就比较难。

4. 态度的价值性

态度的价值性,是指态度的对象对人的价值和意义的大小。如果态度的对象对旅游者的价值很大，那么对他的影响就会很深刻，因而某种态度一旦形成后就很难改变；反之，态度的对象对旅游者的价值小，则他的态度就容易改变。

5. 态度改变的幅度

要转变一个人的态度取决于他原来的态度如何，如果两者差距太大，往往不仅难以改变，反而会促使其更加坚持原来的态度，甚至持对立的情绪。例如，要让一个恐高症患者或在空难中死里逃生的人乘飞机旅行，几乎是不可能的事。

（三）旅游目标

旅游目标，是人的旅游需要的一种期待，是人的旅游行为所要追求的预期结果在头脑中的超前反映。旅游目标的心理功能有始动功能、导向功能和激励功能。目标作为引发旅游动机的诱因，主要是由目标价值和目标成功概率来决定的。所谓目标价值，是指某一目标对个人的意义。人们在确定或实现自己的需要目标时，常依据自己对目标的估价来决定自己的努力程度。对旅游者而言，目标价值越大，则他对该目标所表现出来的积极性也就越高，该目标的激发力量就越强；反之，激发力量就弱。所谓目标成功概率，是指对目标实现的可能性大小的一种主观估计。一般情况是，目标实现的可能性大，人的信心就会增强，积极性就会提高，目标激发力量就大；反之，就无激发作用。

（四）外界条件对态度改变的影响

除旅游者和态度本身的特点影响态度的改变外，还有以下一些外界条件也能改变旅游者的态度。

1. 旅游产品的改变

旅游产品是旅游者在旅游过程中所购买的各种物质产品和服务的总和。旅游产品的改变，包括产品或服务的形式、质量、价格等方面的改变，它是影响旅游者态度改变的重要因素，必须运用好旅游产品改变的心理策略。从某种意义上讲，根据旅游者的需要不断地更新旅游产品、提高产品的质量、降低成本，增加旅游目标的吸引力是改变旅游者态度的最基本的有效方法。

从我国旅游业的现状看，存在的主要问题是旅游产品种类少、结构简单、交通落后、产业观念相对滞后。因而，旅游者对旅游过程中的交通、住宿、餐饮、景观等方面常常产生不满情绪，在有些时候旅游变成了花钱买罪受。比如，由于交通存在"瓶颈"现象，人们外出旅游时最头痛的就是买票难的问题，特别是旅游旺季的火车票难买，使得许多人退出了旅游者队伍。另外，有些旅游景点的人文景观也难以让旅游者满意。比如，前些年一窝蜂兴起的游乐宫热，现在大多因经营不善而关门歇业了。其实，旅游景点的设立是有一定条件的，包括自然风光条件、消费心理条件等多方面的因素。一个旅游景点的开发建设起码要考虑两个因素：一是资源分布构成，首先必须确定一条旅游线路中缺少什么、需要什么，必须经过考证，而不能随意乱建；二是要看旅游景点的建设是否符合旅游者的消费心理。简单说，旅游者之所以外出旅游,就是要看与当地风光不同的货真价实的人文或自然景观。否则,近的地方能看到的景观,何必大老远地跑到这儿来看呢?目前全民开发旅游的趋势很明显,但总体说来,许多旅游景点的开发建设还比较盲目。

从旅游业角度来看,为满足旅游者的需要,其提供的旅游产品和服务应具备什么特色才能激发人的旅游动机呢?其一,旅游产品必须有吸引力;其二,旅游产品必须具有满足旅游者需要的能力。旅游产品必须有质量,没有名胜古迹、秀丽风光、风土人情、宏伟建筑和优质服务,就难以产生吸引力。一定的数量和齐全的品类,也是满足人们需要的保证。人们外出旅游,都希望能得到他所希望的一切,如果其他旅游产品有限,主产品虽具有相当大的吸引力,但由于进不去、住不下、玩不开、走不动、看不到,也会使人们失望。或产品品类单一,不能满足不同层次、不同水平、不同类型人的需要,该产品也不能对人们的旅游动机起到激励作用。

鉴于这种情况,为了改变旅游者的态度并促进旅游业本身的持续发展,必须更新旅游产品,不断提高旅游产品的质量。

(1) 改善旅游基础设施的建设。旅游基础设施,包括交通、通信、金融、文化娱乐、饭店等旅游接待设施。设施的建设,要跟上时代的发展,要适应日益繁荣的经济环境的要求,运用先进技术,提高服务水平。

(2) 运用先进科学技术简化服务过程。这既节省了时间,又方便了旅游者,有助于旅游者形成更加肯定的态度,或变消极的态度为积极的态度。

(3) 对旅游从业人员进行业务训练,以提高人际交往的能力。比如,美国航空公司对所有雇员进行了"业务分析"的训练,以提高一线员工人际交往的能力和技巧。

(4) 运用价格策略。对一般人来说,旅游服务项目的价格,是一个比较突出、比较敏感的问题。因此,适当运用价格策略,可以使旅游者产生"公平合理"的感觉。例如,在物价上涨的情况下,降低一些产品的价格或保持价格不动,但增加服务的品种和项目,可以收到较好的效果。此外,也可以改变服务的手段和策略,如预订车船票、代办金融信贷等业务,这些都可以改变旅游者的态度。

2. 其他信息的改变

从某种意义上说,旅游者的态度是他们在接受各种信息的基础上形成或改变的。

(1) 信息作用的一致性。旅游者在行动前,会主动搜集各种有关信息。各种信息间的一致性越强,形成的态度越稳固,因而越不容易改变。

(2) 旅游者之间的相互感染。态度具有相互影响的特点。这在作为消费者的游客之间表现得尤为明显。因为旅游者之间的意见交流,不会被认为是出于个人的某种利益,也不会被认为是有劝说其改变态度的目的,因而不存在戒备心理;此外,由于旅游者之间角色身份、目的和利益的相同或相似性,彼此的意见也容易被接受。事实证明,当一个人认为某种意见是来自与他自己利益一致的一方时,就乐于接受这种意见,有时甚至主动征询他人的意见,以作为自己的参考。

(3)团体的规范、习惯力量等压力的影响。旅游者的态度通常是与其所属团体的要求和期望相一致的。这是因为团体的规范和习惯力量,无形中会形成一种压力,影响团体成员的态度。如果个人意见与所属团体内大多数人的意见相一致,他就会感到是一种有力的支持;否则,就会感受到来自团体的压力。

三、旅游偏好和旅游决策的形成

(一)旅游偏好

态度虽然只能间接预示人们的旅游决策和行为,但却能直接体现人们的旅游偏好,而旅游偏好与旅游决策之间又有着直接的紧密联系,这就是我们为什么还要探讨旅游偏好的原因。所谓旅游偏好,是指人们趋向于某一旅游目标的心理倾向。

(二)旅游决策的形成

旅游者是决策者,探索旅游决策形成的心理步骤可以发现,人们的某些内在需要,在一定外部条件作用下可产生旅游动机;在具备旅游动机的前提下,人们面对某些具体的旅游产品,会产生旅游兴趣(认识倾向);在旅游兴趣的作用下,通过对旅游产品的认识、评价,构成旅游态度;旅游态度在一定外界信息的作用下,得到强化或消退;积极、肯定的旅游态度会产生旅游偏好(行为倾向);有了旅游偏好,只要时机恰当,就会形成旅游决策。其过程如下:

①内在需要+外部条件——②旅游动机+旅游产品——③旅游兴趣+旅游目标——④旅游态度+信息——⑤旅游偏好+时机——⑥旅游决策

特别提示

旅游动机与旅游决策的因果关系

有了旅游动机不一定必然会有旅游决策,同一个旅游动机也会有不同的旅游决策,这是因为旅游动机的产生仅是旅游决策形成过程中的一个重要环节。

案例分享 2-1　　**我们就是奔这个来的**

小杨的团队到长沙之后,游客因先去什么地方游览发生了分歧。小杨召开全团会议,希望能求得一个"平衡"。

刘太太先发言,她说:"我们报名时就看中了举世闻名的马王堆,这次就是奔着它来的。我们的意见是,应该先去马王堆出土文物展览馆。"她的话立刻得到一部分游客的响应。

小杨心想:"中心人物"应该是团长欧阳先生,是不是现在刘太太取代欧阳先生了?要不,为什么她第一个发言,又得到其他客人的响应呢?可是又不像,响应她的客人只占全团人数的1/3呀。

李先生第二个发言。他说:"我们是从事教育工作的,此次到长沙就是为了看岳麓书院。它在中国教育史上的地位是人所共知的。听我朋友说过,这个书院很大,所以我们明天应该先去岳麓书院,要不然时间肯定不够。"

李先生的话得到近一半游客的响应。小杨想:新的"中心人物"是李先生?也不像。如果是他,刘太太恐怕不会第一个跳出来说话。

欧阳先生站起来了。他说:"为什么这一次我们带着小孩来长沙?就是为了让他们看看毛主席当年在长沙从事革命活动的地方,让他们受受教育,让他们知道今天的幸福生活来之不易。革命圣地当然应该优先安排……"

欧阳先生话音未落就有人响应:"对,革命圣地当然应该优先安排!""橘子洲头就应该先去!毛主席的词《沁园春·长沙》写的不就是这个地方吗?'独立寒秋,湘江北去,橘子洲头。'……你们说是不是?"

小杨闻到一点"火药味"了。他当机立断,对大家说:"大家的要求我都明白了,现在请大家回房间休息。我和地陪讨论一下,在少走弯路、节省时间的前提下,尽量满足大家的要求。"

思考题

1. 旅游团内的动机斗争对旅游活动有何影响?
2. 导游员应如何正确协调本案例中所出现的动机斗争?

案例分享 2-2   推销员的十项行为要求

1936年,美国心理学家克伦,从心理学的角度提供了推销员的十项行为要求,内容是:

(1)记住宣讲的开场和终结的重要性,要善于揣度和捕捉顾客购买的"心理时刻"。

（2）善于控制面洽的局势,防止使自己陷入辩论的地位,学会以反问代替迎击的艺术。

（3）情绪的激动要有利于引起顾客的购买欲望。

（4）展示样品以增加顾客的兴趣,并保持其注意力的集中。

（5）谈话时用词要专业并具有针对性,避免使用含糊的词句,以使听众产生真实感。

（6）使顾客处于合作的心境之中。

（7）使顾客处在表示同意,而不便说出"不"字的状态。

（8）通过引导,暗示顾客做出正面的答复,使洽谈得以继续,而不至于中辍。

（9）适时地结束售卖词,在顾客表现出购买欲望时及时成交。

（10）要保留再访问或再议的余地,以便日后争取顾客连续购买。

思考题

1. 你同意克伦所提出的推销员十项行为要求吗？
2. 克伦的十项要求依据哪些心理学原理？
3. 找出三项你认为最重要的行为要求。

心理测验 2-1

多样性需要问卷

问卷中有31组表示各种看法的陈述,要求被调查人在每组陈述中注明A或B是自己最同意的看法。选择"A"越多的人,对多样性的需要越强烈。其中,有些组题的陈述只适用于男性,用字母"M"表示；另一些组题的陈述只适用于女性,用字母"F"表示；对男女都适用的陈述,则用"MF"表示。

1. (MF) A：我喜欢需要经常出差的工作。
   B：我希望找一个有固定地点的工作。
2. (MF) A：清新、寒冷的天气使我精神百倍。
   B：天一冷我就恨不得马上躲进屋里。
3. (M) A：我一般不喜欢例行公事式的工作,尽管有时这是必要的。
   B：我在例行公事的工作中得到某种快乐。
4. (MF) A：我常常希望自己能成为一个登山运动员。
   B：我不明白人们为什么要冒着生命危险去登山。
5. (MF) A：我喜欢闻有些泥土气息的汗味。
   B：所有人体发出的汗味都使我感到厌烦。

6.（MF）A：总是见到那些熟悉的面孔使我感到厌倦。
　　　　B：在日常相处的朋友中间我喜欢与那种令人感到舒适的人密切来往。
7.（MF）A：我喜欢独自一人在一个陌生的城市或城镇到处走走，即使这样做有迷路的危险。
　　　　B：在一个不太熟的地方，我希望有人给我做向导。
8.（F）A：我有时走不同的线路到我常去的地方，这只是为了换换花样。
　　　　B：我设法找到去一个地方最快、最顺利的线路，以后总是走这条线路。
9.（MF）A：要是可能的话，我希望生活在我国历史上那种什么东西都还没有一定之规的时代。
　　　　B：我希望生活在一个人人都很安全、有保障和幸福的理想社会。
10.（MF）A：我有时喜欢干些有点吓人的事情。
　　　　B：明智的人应该避免危险的活动。
11.（F）A：我喜欢品尝从未吃过的食物。
　　　　B：我总是吃我所熟悉的菜，以免遇到失望和不快。
12.（F）A：我有时将车开得很快，因为我觉得这很有意思。
　　　　B：搭乘一个喜欢开快车的人的车，我简直受不了。
13.（M）A：假如我是一个售货员，我愿意搞承包，抽取佣金，如果这样做收入能超过我的工资的话。
　　　　B：假如我是一个售货员，我希望挣固定工资，不想为挣佣金而去冒收入甚微或毫无收入的风险。
14.（MF）A：我觉得与不同意我的观点的人打交道，比与同意我的观点的人打交道更有意思。
　　　　B：我不喜欢与自己观点截然相反的人争辩，因为这种争辩绝不会有任何结果。
15.（MF）A：我喜欢进行事先没有计划、没有规定的线路或时间表的旅行。
　　　　B：我旅行时，喜欢仔细制定好线路和时间表。
16.（F）A：大多数人在人寿保险上花的钱实在太多了。
　　　　B：人寿保险是很重要的事，任何人都少不了它。
17.（MF）A：我很想学习驾驶飞机。
　　　　B：我不想学习驾驶飞机。
18.（MF）A：我很想体验一下被人催眠的滋味。
　　　　B：我不愿意被人催眠。
19.（MF）A：生活中最重要的目标是过得尽可能充实和尽可能多地体验人生。
　　　　B：生活中最重要的目标是寻求安宁和幸福。
20.（MF）A：我很想去试试跳伞。

B:我可不想去尝试从飞机里跳下来的滋味。

21.(MF)A:我喜欢一下子扎进或跳进冰冷的游泳池。

B:我慢慢地走进冷水中,使自己有时间适应水温。

22.(F) A:我喜欢听新奇的、不寻常的音乐。

B:我不喜欢大多数现代音乐的那种新花样和不和谐。

23.(MF)A:我喜欢结交一些因捉摸不定而令人兴奋的朋友。

B:我喜欢结交一些靠得住、摸得准的朋友。

24.(MF)A:度假时,我喜欢在野外住帐篷来换换口味。

B:度假时,我宁愿住在舒适的房间里,睡在床上。

25.(MF)A:我常常从现代绘画不协调的颜色和不规则的图形中发现美感。

B:优秀艺术品的本质在于寓意清晰、图形对称和颜色协调。

26.(F) A:社交场合最大的罪过是令人感到厌烦。

B:社交场合最大的罪过是粗鲁唐突。

27.(F) A:我真希望一天中不要把那么多时间浪费在睡觉上。

B:漫长的一天劳累之后,我期待着晚上能好好休息。

28.(MF)A:我喜欢情感丰富的人,即使他们有些反复无常。

B:我喜欢性格沉稳的人。

29.(MF)A:一幅好的绘画应从感官上给人以震撼和触动。

B:一幅好的绘画应给人以宁静和安全感。

30.(M) A:当我感到心情沮丧时,便通过出去干些新奇的、令人兴奋的事情来恢复精神。

B:当我感到心情沮丧时,便通过放松一下和进行一些能给人安慰的娱乐活动来恢复精神。

31.(MF)A:我希望拥有并驾驶摩托车。

B:驾驶摩托车的人必定有某种下意识地伤害自己的需要。

(资料来源:E.A.柯林,L.普赖斯,I.祖勃.感觉量表的设计.顾问心理学杂志,1964,28:477-482.)

心理测验 2-2

工作生活价值观调查

这份问卷列有60项工作与生活价值观,是从各种不同文化环境中收集来的,用以对自己的价值观体系作一番系统的整理和认识,也可供跨文化交往中不同文化背景的交往者作比较研究。请利用此问卷,完成下列两项任务。

(1)选择0、1、2、3、4、5、6七个数字之一给所列每一项价值观确定等级,以表明其对你的做人准则的重要程度,0 为最不重要,6 为最重要。区分等级的数字,按项写在相应价值观序号前面(即每行左端)的括号里。

(2)再请你从这些价值观中分别找出对你特别重要和特别不重要的各两种(共四种)价值观来,对前者在该价值观后面标上钩(√)号,对后者则标上叉(×)号。

  (　　)①平等
  (　　)②心态祥和
  (　　)③掌握权力,支配他人
  (　　)④快乐与满足
  (　　)⑤行动与思想的自由
  (　　)⑥精神生活的丰富与充实
  (　　)⑦对集体的归属感
  (　　)⑧社会秩序的稳定
  (　　)⑨体验令人激动的火热生活
  (　　)⑩认识到人生的意义和生活的目的
  (　　)⑪礼貌待人,处世得体
  (　　)⑫物质与金钱的富有
  (　　)⑬保卫国家安全与主权
  (　　)⑭享有自尊
  (　　)⑮投桃报李,不欠人情
  (　　)⑯拥有并发挥自己的创造力
  (　　)⑰世界和平的实现与维持
  (　　)⑱尊重传统
  (　　)⑲成熟的爱,能做到精神上的亲密无间
  (　　)⑳克己自律
  (　　)㉑超脱世俗,无牵无挂
  (　　)㉒家庭安康
  (　　)㉓社会认可,他人赞赏
  (　　)㉔融入自然
  (　　)㉕多彩的生活体验
  (　　)㉖明智,对生活有成熟认识
  (　　)㉗享有权威,拥有影响力
  (　　)㉘真挚的友谊
  (　　)㉙能欣赏世界之美
  (　　)㉚社会公正,扶弱助贫

(　)㉛独立自主，不受他人控制
(　)㉜温和稳重，不无端冲动
(　)㉝忠诚对待他人和集体
(　)㉞有志向和抱负
(　)㉟胸怀宽广，豁达大度
(　)㊱谦虚谨慎，不露锋芒
(　)㊲勇敢开拓，敢担风险
(　)㊳保护环境，热爱自然
(　)㊴人们尊重并接受自己的判断与仲裁
(　)㊵孝顺父母，敬重长者
(　)㊶确立个人意向，选择自己的目标
(　)㊷身心健康，无病无忧
(　)㊸能干高效，应付自如
(　)㊹安分知足，随遇而安
(　)㊺诚实无欺，胸怀坦荡
(　)㊻注意形象，维护面子
(　)㊼服从尽职，循规蹈矩
(　)㊽聪慧善思，反应敏捷
(　)㊾助人为乐，乐善好施
(　)㊿享受生活，及时行乐
(　)51虔诚执着，信仰坚定
(　)52可信可靠
(　)53兴趣广泛，性喜猎奇
(　)54宽宏大量，讲求恕道
(　)55实现目标，事业有成
(　)56整洁干净，重视仪容
(　)57奉献集体，公而忘私
(　)58节俭朴素，不尚奢华
(　)59手足情深，敬兄爱弟
(　)60交友重义，打抱不平

说明

　　这份问卷列有60项工作与生活价值观，是从包括中国的各种不同文化环境中收集来的，用以对自己的价值观体系有一番系统的整理和认识，也可供跨文化交往中不同文化背景的交往者作比较研究。

总分低于200分者,说明价值观体系尚欠成熟;总分高于300分者,说明价值取向欠明确;特别重要的两种和特别不重要的两种,最能说明你的基本价值取向。

 思考与练习

1. 试述需要与动机的关系。
2. 你是如何理解马斯洛需要观的主要贡献和意义?
3. 试分析需要在旅游动机中的具体表现。
4. 说说你自己或调查一下你的一位亲友最近一次旅游的动机有几种,其主导动机又是什么?
5. 什么是态度?什么是态度形成的"三阶段说"?
6. 试述改变旅游者态度的策略。
7. 从心理动力角度描述旅游决策是如何形成的。

第3章

旅游活动中的心理过程

引　言

普通心理学把个人身上所发生的心理现象分成心理动力、心理过程、心理状态和心理特征四个方面。本章研究的就是人在旅游活动中心理的产生、发展和完成的过程。旅游活动中的人既包括旅游者也包括从事旅游业的人员，其心理过程和个性心理的一般规律是相同的，为了研究方便，我们把"参与旅游活动中的人"简称为"旅游者"。本章和第4章中所研究的旅游活动中的心理过程和旅游者的个性心理，也正是旅游从业人员职业心理的重要组成部分。本章将会告诉你：神奇的感知觉、记忆的奥秘、如何读懂表情和什么是距离美等有趣的问题。

学习目标

1. 能根据知觉原理在旅游活动中加以运用。
2. 能根据旅游者的学习过程增进旅游者的记忆与想象。
3. 能根据情绪情感的一般过程把握旅游者的情绪情感。
4. 能根据审美心理学的原理解释旅游审美。

第一节　旅游者的知觉过程

认识过程是指个体从环境中取得信息并赋予相应意义的过程。认识过程是最基本的心理过程，也是旅游决策和行为形成的前提。认识过程从低到高，包括感觉、知觉、记忆、想象和思维。这个过程也可以分为两个阶段，即旅游者的认识形成阶段和认识发展阶段。

旅游者的认识形成阶段，也称旅游者的感性认识阶段，主要包括感觉和知觉两种心理现象。感知是感觉、知觉的总称，感觉是人脑对直接作用于感觉器官的刺激物的个别属性的反应。感觉是人对客观存在的反映，这种反映从内容来说是客观的，但从形式来说是主观的。知觉是客观事物直接作用于人的感觉器官时，人脑产生的对刺激物的整体反应。

感觉是知觉的基础,也是知觉的组成部分,但知觉不是许多感觉简单的总和,而是各种感觉的有机联系。感知是认识事物的最简单的过程,是心理过程的开始和基础,是科学发现和艺术创作的必要前提,是学习活动的重要途径,是维持正常心理活动的必要条件(感觉分类见表3-1)。

表3-1 感觉分类一览表

感觉类型	感觉器官	感觉刺激	功能
视觉	眼睛	可见光波	看东西
听觉	耳朵	声波	听声音
嗅觉	鼻子	气味	识别气味
味觉	舌头	味道	感觉物质味道
触觉	皮肤	物理压力	感觉硬度、形状等
痛觉	肉体	疼痛	生命安全
温度觉	皮肤	温度	生命安全
饥渴觉	内脏器官与大脑	食物、水及体内失衡	吃、喝
运动觉	所有感官与大脑	身体运动	日常行动
平衡觉	内耳中的前庭	身体重心	身体平衡

一、旅游知觉的特征

所谓旅游知觉,是指直接作用于旅游者感觉器官的旅游刺激情境的整体属性在人脑中的反映。旅游知觉总是表现为选择性、理解性、整体性和恒常性等特点。

(一)旅游知觉的选择性

多数情况下旅游者知觉与注意并存。所谓选择性,是指从众多事物中,有选择地反映一定的对象,而对其他的对象则不留意。就是说,旅游者往往对注意或知觉到的对象是清晰的、有意识的,而对其背景的知觉则是模糊的,甚至是无意识的。对象和背景的分化,是知觉最简单、最原始的形式。作用于旅游者的客观事物是丰富多彩、千变万化的。对象似乎在背景的前面,轮廓分明、结构完整;背景可能没有确定的结构,在对象的后面衬托着,弥散地扩展开来。

对象与背景之间又往往是可以相互转换的。依据一定的主、客观条件,这种相互转换可以经常进行。比如,有位旅客正在看电视,这时电视是他的知觉对象,而客房内的其他事物则成为这种对象的背景。如果这时突然响起了门铃声,这位旅客就会把注意力转到门铃声上。那么,门铃声就成了这位旅客知觉的对象,而电视便成了背景的一部分。

把知觉的对象从背景中分化出来,客观上受到许多条件的影响,这些条件主要有:

(1)对象和背景的差别度。对象和背景的差别越大,对象越容易从背景中突出出来。在形状、色彩、亮度等形成强烈对比的情况下,对象更为醒目。如"万绿丛中一点红""于无声处听惊雷"等。对比度越大对象越容易分化。

(2)对象的运动度。在固定不变的背景上,运动的物体比不动的物体更容易成为知觉的对象。比如夜晚闪烁的霓虹灯容易引起人们的注意。

(3)对象的组合度。对象各部分组合的接近和相似程度也影响着对对象的辨认。这种组合主要有两种:接近组合和相似组合。接近组合,是指彼此接近的事物比相隔较远的事物容易组成对象。无论是空间的接近还是时间的接近,都倾向于组成一个对象。比如,苏州和无锡,山海关和北戴河,因为它们的距离接近,旅游者往往把它们知觉为一条旅游线。相似组合,如性质相同或相似的事物也容易被人组合在一起,成为知觉对象。如五台山、普陀山、峨眉山、九华山,地理上遥隔千里,但人们把它们知觉为相似的佛教圣地。

旅游知觉的选择性特征,在旅游景点、设施、广告及导游等设计方面,具有重要的指导意义。

(二)旅游知觉的理解性

人的知觉总是能主动地对刺激物进行加工处理,并形成概念,只有这样,对事物的理解才会更快、更深刻、更精确。旅游者的知觉并不能像摄像机那样,详细而精确地记录旅游刺激物全部的细节,它不是一个被动的过程,而是一个非常主动的过程。它要根据旅游者的知识经验,对感知的旅游刺激物进行加工处理。

旅游知觉的理解性受诸多因素的影响,如导游员言语的作用和旅游者的情绪状态等。

(三)旅游知觉的整体性

旅游知觉的对象是由旅游刺激物的部分特征或属性组成的,但旅游者不把它感知为个别的、孤立的部分,而总是把它知觉为一个统一的旅游刺激情境,甚至当旅游刺激物的个别属性或个别部分直接作用于旅游者的时候,也会产生这种旅游刺激物的整体印象。

旅游知觉之所以具有整体性,是因为旅游刺激物的各个部分和它的各种属性,总是作为一个整体对旅游者发生作用,而且在这个过程中,过去的知识经验常常能提供补充信息的作用。例如,旅客来到饭店,不只是看到饭店的装饰布置、服务人员的举止着装等某个方面,而是饭店的整体形象。

(四)旅游知觉的恒常性

当旅游知觉的条件在一定范围内改变了的时候,旅游知觉的印象仍然保持相对不变,这就是旅游知觉的恒常性。比如,无论是在强光下还是在黑暗处,人们总是把煤看成是黑色的,把雪看成是白色的。实际上,强光下煤的反射亮度远远大于暗光下雪的反射亮度。

知觉的恒常性主要是受习惯和经验的影响,是后天学来的。

二、旅游知觉的类型

感觉的类型按接受外部刺激的器官分,有视觉、听觉、嗅觉、味觉、痛觉和触觉;按接受肌体的内部刺激分,有饥渴觉、排泄觉等;按身体的运动位置分,有运动觉、平衡觉等。感觉具有适应性、相互作用性和可训练性等特征。旅游者正常的感觉能力是产生旅游知觉的前提。旅游知觉的类型主要有空间知觉、时间知觉和运动知觉。

(一)空间知觉

空间知觉,是指人脑对事物形状、大小、距离、方位等空间特征的知觉。

1. 形状知觉

形状知觉,是通过视觉、触觉和动觉获得的。对物体形状的知觉过程中,物体在视网膜上的成像起着巨大作用;同时,在观察物体时,眼球随着物体轮廓运动所产生的动觉刺激,为物体形状提供了信号;用手触摸物体时,肌肉活动产生连续的动觉刺激也传到大脑;大脑皮层对这些信号进行分析综合,人们才能形成物体的形状知觉。

2. 大小知觉

大小知觉,也是靠视觉、触觉和动觉获得的。其中物体大小的视知觉总是与距离知觉紧密联系着,只有两者相互配合,才能保证物体大小知觉的正确性。

3. 距离知觉

距离知觉,是对物体离我们远近的知觉,人是依据很多条件来估计物体远近的。这些条件既有外部的,也有内部的。对判断物体远近距离起作用的条件主要有以下几个方面:

(1)对象的重叠。如果观察对象之间有重叠,那么就容易辨别出远近,未被掩盖的物体近些,部分被掩盖的物体远些。当我们眺望远处时,就是通过重叠来判断远近的。

(2)空气透视。由于空气中尘埃、烟雾等物质的影响,远处的物体看起来不容易分辨细节,模糊不清;而近处物体则很清晰,细节分明,因此空气透视也可作为判断距离的标志。

(3)明暗和阴影。光线的照射会产生明暗差别或阴影,光亮的物体看起来近些,阴暗的物体显得远些。

(4)线条透视。近处物体形成的视角大,在视网膜上的投影也大,因此被知觉为较大的物体。远处物体所占的视角小,因而被知觉为较小的物体。

(5)运动视差。运动着的物体,由于距离我们的远近不同,引起的视角变化也不同,从而表现为运动速度的差异。距离近的物体视角变化大,感觉运动速度快;距离远的物体视角变化小,感觉运动速度慢。

4.方位知觉

方位知觉,是对物体在空间上所处方向、位置的知觉。如对东西南北、前后左右、上下等的知觉。方位总是相比较而言的,必须有其他条件作为参考标志。东西南北是以太阳升落的位置和地球磁场为参考的,上下则是以天地为参考,而左右前后是以人的身体为依据的。可见,离开了客观标志就无法辨认方位。

方位知觉是靠视觉、听觉、嗅觉、触觉、动觉等来实现的。用眼睛观察客观事物,用耳朵辨别声音的方向,用触觉、动觉去感知自己身体与客体之间的空间关系,甚至嗅觉在方位的确定上也起着作用。正是许多感知器官的协同配合、相互补充,提高了人的空间定向的能力。

(二)时间知觉

时间知觉是人脑对客观现象的延续性和顺序性的反映,即对事物运动过程的先后和长短的知觉。人总是通过某种衡量时间的媒介来反映时间的。这些媒介可能是自然界的周期性现象和其他客观标志,也可能是肌体内部的一些生理状态。如古人经常利用自然界的周期现象来衡量时间。后来人们发明了计时工具,制定了日历,使人们对时间的知觉更为准确。

影响时间知觉的因素有活动的内容、情绪和态度及时间标尺的利用等。

"欢娱嫌夜短,寂寞恨更长"就是时间知觉的写照。时间的客观性,如朱自清在《匆匆》中所描绘的,也如西班牙作家塞万提斯的小说《堂吉诃德》中所说的一句话:"每个时间都不是一样的。"这就有了"怨人觉夜长,壮士嗟日短","人逢喜事日子快","人到愁时,度日如年"等感叹。即便在一个时间周期内,人们也常会有"前快后慢"的心理现象。"年怕中秋日怕午,星期就怕礼拜三。"人在一个假期中的时间知觉大都如此。

今天人们的时间观念不知要比古人强多少倍。旅游的时间知觉告诉我们,在组织旅游者旅行游览时,应注意以下几个问题:

第一,旅宜速,即旅行要求快速。旅游者一般都希望以最快的速度到达目的地,能尽量缩短时空距离。因为旅途这段时间常常被认为是没有意义的,感觉枯燥、乏味而且容易引起肌体疲劳。为了降低旅游者的这种不良感觉,旅游组织者最好能在旅途中安排一些有趣的活动,导游员作一些游客感兴趣的讲解。

第二,游宜慢,即游览活动要求放慢速度。人们外出旅游的重要目的就是为了游览风景名胜、历史古迹等。游览的内容越丰富、越具有魅力,就越能使人们暂时忘却时间的流逝,达到"乐而忘返"的境界。

第三,提供各种交通工具要准时。旅游者在乘坐交通工具过程中,最担心的就是安全和准时问题。在保证安全的前提下,交通工具能否准时就显得非常重要。因为准时能保证旅游者按照计划去安排时间和活动,否则就会感到一切都被打乱了,就会产生烦躁感甚至发展到强烈的不安和不满。

(三)运动知觉

运动知觉,是指人脑对物体空间移位和移动速度的知觉。通过运动知觉,我们可以分辨物体的静止和运动,及其运动速度的快慢。

运动知觉依赖于以下一些主客观条件:

1. 物体运动的速度

人们对速度的知觉是有限的,非常缓慢的运动和非常快速的运动,都不能被直接觉察出来。

2. 运动物体与观察者的距离

以同样速度移动着的物体,如果离我们近,看起来移速快;离得远,看起来移速慢,有时甚至看不出在运动。

3. 运动知觉的参考标志

运动是相对的,对象的运动一般都是以周围环境的静止物体作为参照标志的。在缺乏更多参照标志的条件下,两个物体中的一个在运动,人们便可能把它们中的任何一个看成是运动的,如可以把月亮看成在云后移动,也可以把云看成在月亮前移动。

4. 观察者自身的静止或运动状态

观察者自身也是运动知觉的重要参照系。例如,在火车上观看邻近火车的开动,往往分不清是自己乘坐的火车在开动还是另一列车在开动。这时只有以周围的建筑等固定景物为参照物,或通过肌体平衡器官感觉到自身的颠簸或加速,判定了自身的运动与否之后,才能分辨出哪一列车在运动。

三、旅游中的错觉

(一)错觉的本质和特性

1. 错觉的直接感受性

错觉是对认识对象的直接反映,凡是脱离眼前的认识对象,由判断、推理而得出的一切关于对象的认识,都不在错觉之列。错觉的直接感受性,也是划分错觉和幻觉的一条界限。幻觉,是在没有客体直接作用于感觉器官的情况下产生的一种虚幻的知觉。幻觉就是通常所说的"白日做梦",如安徒生在《卖火柴的小女孩》中,描述女孩在又冻又饿的境况下,眼前出现了幻觉。

2. 错觉的主观性

错觉是客观对象在人脑中的一种反映,既具有客观性,也具有主观性。错觉的主观性是它区别于假象的一个重要特征。假象是客观的,是从事物本身发展中产生出来的,是事物固有的,是客观世界的组成部分。假象不具有主观性。

3. 错觉的表面性

错觉是客观事物表面现象或外部联系在人脑中的反映。法兰西共和国的国旗是由蓝、白、红三条色带组成的。这三条色带看上去显得非常自然、匀称,人们一般都觉得它们是宽窄一致的。其实,它们的宽度并不相等,蓝、白、红三种颜色之比是30∶33∶37。这说明,人们关于法国国旗的错觉只限于它的颜色及其宽窄这些表面现象,至于颜色的本质是什么,人们并不能感知,因而也不存在错觉。错觉发生的范围以人们的感官所及为限。

4. 错觉的不正确性

错觉,顾名思义,是对认识对象的不正确的知觉,错觉具有不正确性、歪曲性。

综上所述,错觉的实质,是指主体对于客体的表面现象或外部联系的直接的、歪曲的知觉。

(二)错觉产生的原因

首先,错觉的产生与认识对象的客观环境有关。在异常的外部条件下,特别是在感知对象所处环境发生了新变化的情况下,认识客体往往会出现错觉。

其次,错觉的产生也与事物本身有关。如活动的内容就与时间长短的知觉有关;颜色错觉也是这样,浅颜色使人感到宽大,深颜色使人感到窄小。

错觉的产生不仅有客观方面的原因,更重要的是主观方面的原因。因为客观条件只提供产生错觉的可能性,而错觉的产生,却只有通过人的主观因素才能起作用。

(三)错觉现象及其在旅游工作中的运用

错觉现象包括几何图形错觉、形状错觉、大小错觉、方位错觉和运动错觉等。

在旅游资源开发和建设中也常常利用错觉,以增加旅游审美效果。特别是中国的园林艺术,常常利用人的错觉,强化渲染风光、突出景致的作用。比如园林中的高山、流水,都是通过缩短视觉距离的办法,将旅游者的视线限制在很近的距离之内,使其没有后退的余地,而眼前只有假山、流水,没有其他参照物,这样,山就显得高了,水就显得长了。许多现代化游乐设施也常常利用人的错觉,组织丰富有趣的娱乐项目。比如,美国航天展览馆就是通过多感官刺激来产生错觉,从而给游客带来惊心动魄的乐趣。

 **特别提示**

错觉是旅游项目设计的重要法宝

错觉是存在于旅游知觉中较为常见的一种知觉,设计者正是有了对错觉的有效运用,才能创造出更多令人称奇的旅游项目。如设计者利用颜色、光线、声音、运动等条件,来激发旅游者的错觉,以增加旅游项目的趣味性。

四、旅游中的社会知觉

社会知觉,是指个体在生活实践过程中对他人、对群体,以及对自己的知觉。社会知觉是影响人际关系的建立和活动效果的重要因素。旅游活动中的社会知觉,主要包括对人的知觉、人际知觉和自我知觉。

(一)对人的知觉

对人的知觉,主要是指对别人外表、言语、动机、性格等方面的知觉。对人的知觉主要包括对他人表情、性格和角色的知觉等。对人的正确知觉,是建立正常的人际关系的依据,是有效开展活动的首要条件。

对人的知觉依赖于多种因素,如认知主体、认知客体以及环境等。从认知主体心理方面看,存在一些社会知觉误区,这些误区的存在容易给社会认知带来偏差。这些社会知觉误区主要有以下几种:

1. 第一印象效应

第一印象效应是指对人或物知觉中留下的第一次印象,这个印象一旦形成会对今后遇到同样的人和事的知觉产生影响。鲜明、深刻而牢固的第一印象,会给人形成一种固定的看法,影响甚至决定着今后双方的交往关系,在社会知觉中起重要作用。如对某人的第一印象好,则愿意接近他,容易信任他,对于他的言行能给予较多的理解;反之,就不愿意接近他,对他的言行不予理解。第一印象只能作为对人的知觉的起点,而不能作为终点。这是因为第一印象不可能全面反映一个人的根本面貌,难免有主观性;同时人也是不断变化的,不能一眼把人看死。所以,要历史地、全面地、发展地看待一个人,才能形成正确的对人的知觉。虽然人们都知道仅靠第一印象来判断人常常会出现偏差,但实际上每个人都不可避免地受第一印象的影响。

影响第一印象的主要因素,一方面是对方外部特征的直接影响,另一方面是有关对方的间接信息的间接影响。

旅游活动中的第一印象特别重要,这是由旅游活动的特点所决定的。旅游者每到一处新地方,接触到第一个服务员、导游员,吃第一餐饭等,留下的印象都会特别深刻,甚至会影响整个旅游过程的心情。作为旅游工作者一定要时刻注重自己的仪容、言谈、举止和态度,给游客留下一个良好的第一印象。

2. 晕轮效应

晕轮效应,是指认知主体将对客体获得的某一特征的突出印象,扩大为对象的整体行为特征,从而产生美化或丑化对象的现象。

晕轮效应与第一印象一样普遍,两者的主要区别在于,第一印象是从时间上来说的,由于前面的印象深刻,后面的印象往往成为前面印象的补充;而晕轮效应则是从特征上来说的,由于对认知对象部分特征的印象深刻,这部分印象泛化为全部印象。晕轮效应之所以导致认知的偏差,其原因是犯了以点带面、以偏概全的错误。

人们常说"一好遮百丑""一坏百坏"都是晕轮效应所致。有的学者又称其为光环效应。这种把认知对象贴上"好""坏"标签的知觉方式,是一种认知偏见。认知对象被标明好,就被好的光环笼罩,并被赋予一切好的品质而忽视其所有的不好;认知对象被标明坏,就被坏的光环笼罩,并赋予一切坏的品质而忽视其所有的好。就像月晕一样,由于光环的虚幻印象,使人看不清对方的真实面目。

晕轮效应在旅游活动中会妨碍客我关系的正确知觉。这种晕轮效应一旦泛化,便会产生很大的消极作用。如客人第一次到某饭店投宿,碰到了一个态度傲慢的服务员,他就会认为这个饭店整体的服务都不好。又如,有的外国人第一次到中国旅游,碰巧遇上了交通事故,他就会认为在中国旅游很不安全。因此,为了使旅游者产生好的印象,在提供旅游产品和服务时,一定要预防晕轮效应的消极性。

3. 刻板印象

刻板印象,是指认知主体对认知客体产生概括而固定的看法,并对以后该类客体的知觉产生强烈的影响。刻板印象产生的基础是人们的经验,并潜于人的意识之中。如人们普遍认为山东人身材魁梧、正直豪爽;江浙人聪明伶俐、随机应变。这种刻板印象一旦形成,在对人的认知中就会不自觉地、简单地把某个人归入某一群体中去,给人对人的认知带来偏差。但刻板印象对社会认知也具有积极的一面,即有助于简化人们的认知过程,为人类迅速适应社会生活环境提供一定的便利。因此,在旅游工作中,知觉来自不同国家和地区的游客时,除了了解他们的共同特征之外,还应当注意避免到刻板印象的影响,注重进行具体的观察和了解,并注意纠正错误的、过时的旧观念。

长期以来,人们对男女性别角色形成了刻板印象。美国心理学家罗森克兰兹通过大量研究,把美国人性别刻板的内容列成"男性和女性刻板印象表"(见表3-2)。

表3-2 男性和女性刻板印象表

女性刻板印象	男性刻板印象
喜欢聊天	攻击性
机敏圆滑	独立性
温和	情绪稳定

续表

女性刻板印象	男性刻板印象
善解人意	客观
安静	支配
对安全有强烈要求	主动
笃信宗教	竞争性强
爱整洁	富于逻辑性
喜好文艺	直率
推理能力差	喜欢冒险
注意自己的容貌	从不哭泣
比男性更多于生活的忍受,缺少欢乐	自信
发泄怒气的对象	野心
想象丰富	爱好教学与科学
好忌妒	善于经商
忠实于婚姻	善决断
重道德价值	临危不惧
	能分清理智与情感
	值得信任
	不怕打击
	智商较高
	好将自己的意见强加于人

（资料来源：石蓉华.现代社会心理.上海：华东师范大学出版社,1989.）

此外,社会知觉出现的偏差还有心理定式、近因效应等。在旅游活动中要认真对待发生知觉偏差的这些主观倾向,并加以克服。

（二）人际知觉

人际知觉,是指人对人与人之间相互关系的知觉。

任何一个社会人都必须与他人发生联系,形成人与人之间的不同关系,表现为接纳、拒绝、喜欢、讨厌等各种亲疏远近的态度,因此对这种关系的正确知觉,是顺利进行人际交往的依据。旅游工作者一方面要尽快了解旅游团体的人际关系状况,另一方面也要洞悉旅游工作者自己与游客之间的人际关系状况,以便利用这种关系搞好旅游接待工作。

(三)自我知觉

自我知觉,是指一个人通过对自己行为的观察而对自己心理状态的认识。人不仅在知觉别人时,要通过其外部特征来认识其内在的心理状态,同样也要这样来认识自己的行为动机、意图等。

自我知觉,是自我意识的重要组成部分。随着自我意识的发展,在社会化进程的影响下,个体的自我知觉水平,一般遵循着生理自我—社会自我—心理自我这一进程。由于每个人社会化程度的不同,以及各种主客观因素的影响,每个人的自我知觉水平也不完全一样。比如,有人过分注重自己的身材容貌、物质欲望的满足;有人则偏重于社会地位、名誉等方面的追求;也有人重视追求高尚情操、实现自我价值等。

旅游者如果缺乏正确的自我知觉,就可能会选择自己不能胜任、无法适应的旅游活动,或者在旅游中提出不适当的要求,一旦达不到自己的目的,就会产生消极心理。旅游工作者如果缺乏正确的自我知觉,就不能正确知觉旅游活动中的客我关系,找对自己的位置,也就不能很好地规范自己的行为。所以,旅游工作者自我知觉的正确与否,对做好旅游接待工作具有重要作用。

五、对旅游条件的知觉

旅游者的旅游活动,由食、宿、行、游、购、娱等行为组成。与这些行为有关的事物就是基本的旅游条件。实践证明,旅游者对旅游条件的知觉印象,对具体的旅游决策、旅游行为,以及对旅游服务的评价等都有显著的影响。

(一)对旅游目的地的知觉

旅游者之所以作出到甲地而不到乙地或其他旅游目的地旅游的决策,在很大程度上取决于其对旅游目的地的知觉。这种知觉在其未亲临目的地之前,主要是从个人及周围亲友的知识、经验和旅游广告宣传中得到的。以这种知觉为基础,结合各人不同的需要、兴趣等,人们会注目于不同的旅游目标,从而选定不同的旅游目的地。

在旅游过程中,旅游者对旅游区的知觉印象,主要表现为景观是否具有独特性和观赏性,亦即是否具有满足旅游者心理需要的吸引力;旅游设施是否安全、方便、舒适;旅游服务是否礼貌、周到、诚实、公平。

(二)对旅游距离的知觉

人们在选择旅游目的地的同时,还要考虑从居住地到旅游区的距离。人们对旅游距离的知觉,经常是以空间距离的远近和所需时间的长短来衡量的。比如从上海到杭州,人们较少说要经过几百里,而是强调要坐几个小时的车。

旅游距离是影响人们旅游决策的重要因素之一,通常表现为阻止作用和激励作用。

1. 阻止作用

旅游距离是决定旅游者花费时间、金钱、体能等代价的主要因素。这些代价往往使旅游者望而生畏。只有旅游者意识到，能够从旅游行为中得到的益处大于所要付出的代价时，他们才会作出有关的旅游决策。这些和距离成正比的代价，抑制人们的旅游动机，阻止旅游行为的发生。一般情况下，旅游距离越远，也就意味着所耗费的金钱、时间、体能等成本越大，所以人们就不会轻易地选择远距离的旅游地。从这个意义上说，旅游距离会对人们的旅游产生阻止作用。

2. 激励作用

从另一方面来看，人们外出旅游的动机之一，是寻求新奇、刺激和别具一格的享受。旅游距离越远，也就越有一种特殊的吸引力，使人产生一种神秘感。同时从审美心理学的角度看，距离越远，越容易增加信息的不确定性，给人以更广阔的想象空间，从而产生一种"距离美"。正是由于这种吸引力、神秘感、"距离美"，才会有人舍近求远，宁愿到陌生、遥远的地方去旅游。从这个意义上说，旅游距离又会对人们的旅游产生激励作用。

阻止作用和激励作用，哪种作用更大，又受到许多因素的影响。这些因素除了旅游者自身的时间、金钱、身体、需要和兴趣等以外，还和旅游景点的开发、建设和广告宣传等因素有关。根据旅游距离的知觉原理，旅游工作者应充分利用各种方法，积极开展旅游宣传，引导人们的旅游决策。

（三）对旅游交通的知觉

人们外出旅游，交通工具是必不可少的，选择何种交通工具是旅游者所关心的问题。随着现代社会的发展，到达同一旅游地，可供人们选择的交通工具越来越多，主要有飞机、火车、汽车、缆车、船只等。而且，人们对交通条件的要求也越来越高，不仅要求快速、安全、舒适，还要在旅途中得到热情、友好、周到、礼貌的服务。不同的交通工具各具优缺点，旅游者就是根据对不同交通工具的了解，即对旅游交通的知觉来选择的。这也促进了交通部门之间的竞争日趋激烈。

六、旅游者的风险知觉

（一）风险知觉的种类

旅游决策总是会包含着风险和不可知因素。旅游者常遇到的风险有以下几种：

1. 功能风险

功能风险，是一个涉及旅游产品质量和服务优劣的问题。在一般情况下，当旅游者购买的旅游产品和享受的各种服务，不能像预期目标那样满意时，就存在着功能风险。

2. 资金风险

资金风险，是指游客花在旅游上的金钱，是否买到了物有所值的旅游产品和优质服务。

3. 安全风险

安全风险，是指旅游者所购买的产品或服务，是否危及旅游者的健康和安全。

4. 时间风险

时间风险，是指在旅游活动中能否在预定时间内完成旅游活动。

5. 不可抗力风险

不可抗力风险，是指由于地震、洪水、传染病、社会动荡等造成的风险。2003年年初发生的"非典"事件，表现出旅游行业在应对不可抗力风险方面的脆弱性，值得认真研究。

6. 心理风险

心理风险，是指旅游产品或服务能否增强旅游者的幸福感和自尊心，反过来说，即是否引起了旅游者的不满和失望情绪。人们外出旅游的主要原因之一，是提高自我价值，放松自己，因此，消除或减少旅游者心理风险就显得十分重要。因为旅游者所承担的心理风险，往往要比实际发生的事实风险大得多。

（二）风险知觉产生的原因

不同旅游者对风险的知觉是不同的。这一方面受旅游者个人特点（如文化层次、智力水平、经济水平等）的影响，另一方面也受旅游者购买的旅游产品或服务种类的影响。虽然旅游者知觉到的风险并不等于实际存在的风险，但对旅游风险的知觉，会影响人们的旅游决策。

人们通常在以下情况下会感知到风险：

（1）目标不明确。已经决定去旅游，却不知去哪里旅游，乘坐什么样的交通工具，是随团去还是单独行动等。

（2）缺乏经验。一个很少外出旅游的人，面对众多的选择常会感到不知如何是好。

（3）掌握的信息不充分。缺少信息或相互矛盾的信息也能使旅游者知觉到风险。

（4）受相关群体的影响。个体的行为一旦与相关群体中其他成员的行为不一致时，便会感到来自相关群体的压力。

（三）消除风险的措施

正因为旅游者在决策过程中会知觉到各种风险，为了使旅游活动顺利进行，旅游者总是会想方设法地去防范在旅游活动中遇到的各种风险，以减少、消除或避免风险。这些方法主要有：

（1）广泛地搜集信息，并进行认真的比较、衡量。

(2)寻求高价格、高收费,购买名牌旅游产品。
(3)放弃某些旅游活动。

第二节 旅游者的学习过程

一、旅游者学习的作用

遗传和学习,是两个影响素质高低的决定性因素。随着社会文明程度的不断提高,学习的重要性日益凸显,人类的生存和发展越来越离不开后天的学习。许多动物在出生不久就能学会独立生存,有的动物,如蜜蜂,凭自己的遗传基因,几乎一出生就能独立谋生,并不需要有一个向成年蜜蜂学习的过程。但人类却不同,如果没有一个后天的学习过程,就算有最好的遗传基因也无法在当今这个世界上求得生存。在影响人类行为变化、社会进步的诸因素中,学习是一个关键性的因素。

在旅游活动中,不管是旅游者还是旅游从业人员,只有通过学习才能解决在旅游中遇到的具体问题,满足旅游的需要。

二、旅游者学习的内容

学习是有机体由于后天获得的经验而引起的比较持久的行为变化。学者甘朝有等人认为,旅游者学习的内容主要包括旅游动机学习、旅游态度学习和旅游消费学习三个方面。

(一)旅游动机学习

动机,是推动人们旅游行为的重要因素。人们减轻焦虑的旅游动机不是生来就有的,而是经历了诸如幽静处的度假、新异环境的刺激或别开生面的活动调节后身心有愉悦感之后才产生的。而这种通过学习获得的减轻焦虑动机的需要,又会在很大程度上对旅游者选择旅游地、旅游交通工具、旅游活动项目,以及食宿等决策产生重要影响。

(二)旅游态度学习

态度,是个体人的心理倾向性,它是个体行为的内在准备,对个体行为具有强烈的促进作用。旅游态度的习得,会使人们产生旅游行为。旅游态度的再习得,可以用来解释人们旅游行为再改变的原因。

旅游态度的学习途径是多方面的。一是通过社会角色学习;二是通过接受教育学习;三是通过提高知觉能力学习;四是通过观察、了解社会文化发展趋势学习;五是通过社会实践学习。

(三)旅游消费学习

旅游消费学习,意指人们学习正确地使用旅游产品。也就是说,学会区别相互竞争的旅游产品和服务,用以决定如何对待在购买行为中所包含的风险和未知因素。

旅游消费的学习涉及面很广,诸如购买什么样的产品、接受什么样的服务、确定什么样的价格、吸取什么样的经验、避免什么样的风险等。其中最为重要的一条经验,就是学习在旅游决策中如何应对风险和不可知因素。这些风险和不可知因素常会带来预想不到的后果,令人很不愉快。常见到的风险有两大类:功能风险和心理风险。

功能风险,涉及旅游产品的质量和服务优劣问题。如,交通工具出故障、不能按时到达目的地,或旅游设施出故障,不能正常使用,以及电话打不通、水电不通等。

心理风险,是指旅游产品或服务能否增强游客的幸福感、自尊心或改进别人对自己的看法等问题。

三、旅游者学习的过程

学习过程是对一定信息的提取和处理过程。旅游者的学习过程,表现为获得信息、积累经验和形成习惯的过程。

(一)获取信息

人们解决旅游问题所需要的信息,主要来自旅游商业环境和个人社交环境两个方面。

1. 旅游商业环境

旅游商业环境,主要包括旅游广告、公共关系、人员推销和营业推广等营销活动。旅游业经常利用营销活动向潜在旅游者和现实旅游者传递有关信息,来推销自己的产品或服务。这些信息往往从各方面对人们产生影响,还可以弥补人们的知觉漏失现象,使他们在考虑旅游和作出旅游决策时,把知觉以外的旅游产品和服务考虑到决策范围之内。旅游商业环境所提供的信息,显然能对潜在旅游者和现实旅游者产生积极影响,但如果运用不当,也会对人们产生负面影响。比如,强调某一景区是热点时,则可能会提醒人们到那里去旅游是很拥挤的。

旅游者是充满想象力的消费者,旅游活动是富有想象性的活动。我们必须通过自己的产品,打开旅游者想象的大门,让他们展开想象的翅膀去旅游。这就对旅游企业的营销活动提出了更高的心理要求。比如广告界有一句行话:"能引起人们的注意,你推销商品的工作就已经成功了一半。"注意是个体心理针对一定对象的指向与集中,处于清醒的紧张状态;而大脑的认知过程、情感过程都必须在注意这个大的心理背景下才能进行。一个成功的旅游广告,一是要把握住旅游产品和服务的新异性和重要性,以及强度、运动、对比等特征的刺激;二是要有一个正确的旅游者心理定位;三是要掌握好其诉求策略。

2. 个人社交环境

个人社交环境包括家庭亲属、朋友、熟人和其他人,这也是个人获得信息的主要来源之一。心理学家们研究认为,人们从个人社交环境中获得的信息,往往对其旅游动机产生明显的影响。来自个人社交环境的信息与来自旅游商业环境的信息在效果上是不同的。这种不同,主要是因为与朋友、熟人之间私人关系紧密,在传递信息时,常常是毫不保留的,并且还会详加解释和说明。所以人们会感到来自个人社交环境的信息,比从商业环境得来的信息更可靠、更重要,也更少偏见。

(二)积累经验

1. 记忆

记忆是人们对经验的识记、保持和应用过程。记忆是理性认识阶段的开始和基础。了解旅游者记忆的类型和作用,有利于了解旅游者认识活动的全过程。

(1)记忆类型。根据记忆的内容分为:形象记忆型、抽象记忆型、情绪记忆型和动作记忆型;根据记忆的形式分为:人脑记忆、电脑记忆、文字照片录像等资料记忆;根据记忆的感知器官分为:视觉记忆、听觉记忆、嗅觉记忆、味觉记忆、肤觉记忆和内部感觉记忆。

(2)记忆对旅游行为的影响。与旅游活动有关的记忆表现于前、中、后三个阶段。在旅游活动开展前,旅游者通过各种途径有意或无意地记忆了与旅游有关的大量信息,为旅游决策和活动作好知识和经验的心理准备。记忆随着整个旅游活动的进行,美的经历是一种美的享受,同时还能增长见识。旅游者在旅游活动中通过大脑有意无意地记住大量信息,美妙的景色、奇异的风土人情等。旅游者往往还利用照相机、摄影机、购买旅游纪念品和收集地图、旅游资料等来帮助记忆更多的美好经历。旅游活动结束后的记忆主要表现在回忆上,美好的回忆是终生难忘的记忆。美好的记忆又能为旅游产品、信息的传播起推进作用。

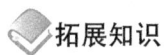 拓展知识

增进旅游者记忆的方法

旅游企业,应该在广告宣传,旅游产品线路的包装、设计与开发,特色化服务等方面下功夫,便于增进旅游者的记忆。可以具体运用以下五类记忆方法:形象记忆法、抽象记忆法、机械记忆法、复习记忆法和超级记忆法。

2. 想象

想象是人脑对已有的若干表象进行加工改造而创造出新形象的心理过程。想象是思维的一种重要方式,属于形象思维。想象可分为有意想象与无意想象两种,

有意想象又可分为再造想象和创造想象。

想象的品质表现为清晰性、深刻性和丰富性。旅游者是充满想象力的消费者，旅游活动是富有想象性的活动。我们必须通过自己的产品，打开旅游者想象的大门，让他们展开想象的翅膀去旅游。

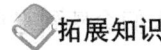 拓展知识

几种特殊形式的想象

幻想是同个人愿望相联系并指向未来的特殊想象，如宗教幻想、童话幻想和科学幻想等。幻想既有积极的也有消极的。那种符合客观规律并能够实现的幻想称为理想，反之称为空想。

灵感是人们在创造性活动中经常伴随着的一种心理状态。爱迪生说过，"天才是百分之一的灵感，加上百分之九十九的汗水"。

梦，人的一生约有二十分之一的时光在做梦，所做的梦一般有四种类型，即重现梦、顿悟梦、惊噩梦和预兆梦。日有所思夜有所梦，所做何种梦与人的经历、身体状况和心理状况有关。人一般总是喜欢多做好梦而不喜欢做惊噩梦，常做惊噩梦必定是由于某种身心方面的原因所导致。心理学家研究认为，梦是能够得到一定程度的控制的，其中有效的方法是在睡眠前作些必要的自我暗示并改善睡眠的环境，以免常做噩梦。心理学家的研究还证明：梦与记忆有关。记得太多时，神经系统的负担就会"超载"，于是梦就产生。人做梦时的眼球是运动的，不仅在头脑里产生一些图像，还会消除一些稀奇古怪的想法和无用的记忆，从而保留有用的记忆。所以做梦是个筛选信号的过程，通过这些不规则的信号可以消除一些杂念，保持大脑皮层不致混乱，以进行有益的记忆。

3. 思维

思维是人脑对客观事物间接的概括的反映。思维是学习过程的最高级阶段。思维是以感知、记忆提供的材料为基础，通过分析、综合、比较、抽象、概括、具体化等过程完成的。思维具有间接性和概括性的特点。思维一般可分为形象思维和抽象思维。

（1）思维的品质。思维具有广阔性与深刻性、独立性与批判性、灵活性与敏捷性、逻辑性与创造性等品质。

（2）思维与语言。由于思维独立性的差异，有的旅游者不易受广告宣传的影响，而有的旅游者则极易受广告宣传的诱导。语言是思维的重要工具，因此在旅游企业经营过程中，导游、服务员等从业人员所使用的语言不同，对顾客的心理影响

就不同。一句得体的话可以缩短从业人员与旅游者之间的心理距离,赢得顾客的好感和信任。相反,会影响到客我交往与沟通。

(三)形成习惯

从旅游动机的产生到旅游行为的发生,旅游者的心理过程受诸多方面的影响。学习可以使人形成习惯、偏好。人们通过对具体旅游产品或服务的认知、使用,会产生兴趣、情感,形成旅游偏好,最终做出购买或重复购买的决定。

第三节 旅游者的情绪情感过程

认识与情绪、情感在反映的对象和形式上有所不同。认识,反映客观事物本身,而情绪情感,则反映客观现实与人的需要之间的关系。认识,通过形象或概念来反映客观事物,而情绪情感,则通过态度体验来反映客观现实与人的需要之间的关系。

一、情绪情感概述

(一)情绪情感的概念

情绪情感,是人对客观事物所持态度的体验,是人脑对客观世界的一种特殊的反映形式,是人类行为中最复杂、最重要的一面。人的情绪情感是任何动物或高智能的计算机都不能替代的。试想,若是一个人没有情绪、情感生活,这个丰富多彩的世界对他将毫无意义,无所谓悲伤忧愁,无所谓幸福快乐,不需要友谊的慰藉,也体验不到爱情的温馨。就本质而言,情绪、情感为客观事物的刺激所引起,是一种主观体验的过程。它受态度支配,并受需要制约。

(二)情绪和情感的关系

情绪和情感是十分复杂的心理现象,它们是从不同角度提示人的心理体验的近似概念。对二者做出严格区分是困难的,只能从不同的侧面对它们加以说明。

情绪,通常是指由肌体的天然需要是否得到了满足而产生的心理体验。它是天然的、低级的、与生理需要相联系的心理体验,带有情景性、冲动性和不稳定性。

情感,是与人在历史发展中所产生的社会需要相联系的心理体验。它是后天的、高级的、与心理需要相联系的心理体验,具有情景性、历史性、深刻性和稳定性。

情绪和情感既有区别又有联系。情绪是情感的外在表现,情感是情绪的本质内容。情绪、情感是多种多样的,情感是一种深刻持久的情绪,它反映着人们的社会关系和社会状况,并对人的社会行为产生积极的和消极的影响。

(三)情绪情感的二极性

把多种多样的情绪情感的表现形式分为最基本的两类,就是情绪、情感的二极性。它主要体现在以下几个方面:

1. 肯定的与否定的

例如,满意与失意、快乐与悲哀、热爱与憎恨、敬慕与蔑视、兴奋与烦闷、轻快与沉重等。构成肯定或否定两极的情绪、情感,不是绝对地互相排斥的。对立的两极性在一定条件下可以互相转化,如"乐极生悲""苦尽甘来"等。

2. 积极的与消极的

积极的情绪,如愉快、热情等,能够增强人的活动能力,促使人积极地行动。消极的情绪,如烦闷、不满等,则降低人的活动能力。在有些情况下,同一情绪可以既有积极的性质又有消极的性质,如在危险情境下产生的恐惧情绪,既会抑制人的行动、削弱人的精力,又可驱使人动员自己的能量同危险情境作斗争。

3. 紧张的与轻松的

紧张和轻松,一般与人所处的情境、面对的任务、对个人需要的影响等相联系。当人所处的情境直接影响个人重大需要的满足,以及面临重大任务需要完成时,情绪就会紧张起来。相反,则比较轻松。一般说来,紧张的情绪与人活动的积极状态相联系。人们进行的任何活动,都需要激发起情绪的一定紧张度。否则,情绪处在很低的水平而松松垮垮,甚至处在半睡眠状态,是无法适应任务和活动要求的。但过度的紧张情绪也会引起抑制,造成心理活动的干扰和行为的失调。

4. 激动的与平静的

激动的情绪,表现为强烈的、短暂的,然而是爆发式的心理体验,如激愤、狂喜、绝望。激情的产生,往往与人们在生活中占重要地位、起重要作用的事情的出现有关,而且这些事情违反原来的意愿并以出乎意料的形式出现。与激动的情绪相对立的是平静的情绪。人们在大多数情况下,是处在平静状态之中的,在这种状态下,人们能从事持久的智力活动。

5. 强烈的与微弱的

许多类别的情绪都具有由强到弱的等级变化。如从微弱的不安到强烈的激动,从愉快到狂喜,从担心到恐惧等。情绪的强度越大,人自身被情绪卷入的程度就越大。情绪的强度决定于事件和活动对人的意义的大小,以及人的既定目的和动机是否能够实现。

肯定的与否定的、积极的与消极的、紧张的与轻松的、激动的与平静的、强烈的与微弱的等每一对对立的情绪之间,都存在强度不同的中间情绪状态,如非常满意与非常不满意之间有很满意、满意、基本满意、不满意、很不满意等。人们在某时某地的情绪、情感总是处于两极之间的某一位置。

两极性是相对的,没有爱就无所谓恨,没有快乐就无所谓悲伤,没有紧张就无所谓轻松。因此,所有情绪、情感的两极性都是相互联系的,并可以在一定条件下相互转化。

(四)情绪、情感的功能

正常的情绪反应,有助于人适应环境,良好的情感生活有益于身心健康。情绪、情感的功能表现在以下几个方面:

1. 强力功能

人在情感激动或情绪冲动之时,容易呼吸加速,这是要增进体内的氧化作用;心跳加快、血压升高,是要增加血液循环,加强输送作用;部分动作受到抑制,是要节约能量等,这时人就会产生一种较大的力量,去抵抗压力或逃避危险。人正是有了这种灵敏的心理与生理机制、奇特的功能,才能更好地适应复杂的环境。

2. 信号功能

情绪、情感是人思想意识的自然流露。如在言语彼此不通的情况下,凭着表情,彼此也可以相互了解,达到交往的目的。

3. 感染功能

人的情绪、情感具有感染性。人与人之间的情感沟通正是由于情感、情绪的易感性功能,才能以情互动。文学、艺术、电影、电视、戏剧、歌曲和音乐等,无不是以情感人。

4. 调节功能

情绪、情感能在很大程度上调节人的行为活动。当然,情绪、情感也由大脑控制,受到人的世界观的支配。思想水平高的人,就不会完全受情绪、情感的左右,单凭感情用事。

(五)情绪情感的分类

为了便于理解和把握,根据情绪情感的性质、状态及其所包含的社会内容,可以作出如下三种不同的分类:

1. 根据情绪、情感的性质分类

(1)快乐,是一种在追求并达到所盼望的目的时所产生的情绪体验。快乐的程度取决于愿望的满足程度和满足的意外程度。快乐的情绪从微弱的满意到狂喜,可分为一系列程度不同的级别。

(2)愤怒,是由于妨碍目的实现的因素造成紧张积累而产生的情绪体验。愤怒的程度取决于对妨碍目标实现的因素对象的意识程度。愤怒从弱到强的程度变化,是轻微不满—愠怒—怒—愤怒—暴怒。

(3)恐惧,是在危险情境下产生的情绪体验。引起恐惧情绪的原因,主要是缺乏处理可怕情境的经验或能力。

(4)悲哀,是指失去自己心爱的对象,或自己所追求的愿望破灭时所产生的情绪体验。悲哀的程度取决于所失去的对象和破灭的愿望,对个人或社会的价值的大小。悲哀按程度的差异表现为失望—遗憾—难过—悲伤—哀痛。

(5)喜爱,是指对特定对象的某种需要得到了满足而产生的情绪体验。喜爱表现为接近、参与、欣赏或获得。事物、活动、艺术品和人,都可以是人们所喜爱的对象,引起人们喜爱的情绪体验。

2. 根据情绪、情感发生的强度、速度、持续时间等分类

(1)心境,是持久而微弱的情绪状态。心境由于持久且具有弥散性,故可以形成人的心理状态的一般背景。一个人在愉快、喜悦的心境中,仿佛一切都染上了"快乐的色彩",看什么都那么顺眼,对一切都感到满意。而处在忧愁悲伤心境中的人,在一段时间里就表现得无所不悲,仿佛一切都染上了"忧伤的色彩"。心境的特点,是不具有特定的对象,即心境不是对某一事物特定的体验,而是一种具有弥散性的情绪状态。

心境可分为暂时心境和主导心境两种。暂时心境,是由当前情绪产生的心境。例如,人们在欣赏艺术表演时会产生愉快的心境,当演出结束后,这种心境还会持续一段时间,但不会很长。随着其他情境和事物的出现,这种心境就会逐渐消失。主导心境,是由一个人的生活道路和早期经验所造成的个人独特的、稳定的心境。主导心境是以生活经验中占主导地位的情感体验的性质为转移的,它决定着一个人的基本情绪倾向。一个具有良好主导心境的人,总是朝气蓬勃,具有乐观的情绪。这样的人,别人比较愿意并容易和他交往。一个具有不良主导心境的人,则会经常表现为失望、忧愁和情绪消沉。这样的人,别人不太容易和他交往。当然,对主导心境不好的人,更需要给以热情的关心、帮助并予以更多的谅解。

心境的产生总是有原因的,其原因也是多种多样的。个人生活中的重大事件、事业的成败、工作的顺利与否、与周围人相处的关系等,都能引起某种心境。此外,身体的健康程度、自我感觉及气候的变化等,也可能成为某种心境产生的原因。

(2)热情,是一种强有力的、稳定而深刻的情感。热情的人情绪饱满、生活丰富、动作迅速、学习和工作很有效率。热情的人蕴蓄着坚强的意志力。巴甫洛夫指出:"科学是需要人的高度紧张性和很大的热情的。"因此,热情是一种对学习和工作具有巨大推动力的健康情感。

(3)激情,是强烈、短暂、爆发式的情绪状态。激情是由对人有重大意义的强烈刺激所引起的,这种刺激的出现及出现的时间往往出人意料。人产生激情时伴有明显的外部表现,如,欣喜若狂、悲痛欲绝等。激情发生时,肌体内部也会出现显著的变化,如心跳、呼吸加快,血压升高,毛发竖立,语速加快等。这是因为在大脑皮层相应部位引起强烈的兴奋,降低了皮层对其他部位的控制作用。

激情有积极和消极之分。积极的激情,与理智和坚强的意志相联系,它能激励人们克服艰险,成为正确行动的巨大动力,如运动员参加国际性比赛时,为国争光,打出国威,这就是激励他们力量的源泉。而消极的激情,对有肌体活动具有抑制作用,使人的自制力显著降低,如在绝望时目瞪口呆、呆若木鸡,或引起冲动的行动,如打人、摔东西等。

(4)应激,是在突然出现的异常紧急情况下所产生的情绪状态。有些人在应激状态下会姿态失调、语无伦次、呆若木鸡;但也有些人在应激情况下反而表现得思维清晰、精确灵敏,反应能力增强。这种个体差异,主要是受人的性格、经验、知识以及道德品质、理想、对集体的义务感和责任感等因素的影响。

3. 高级情感的分类

现代心理学中,人们习惯于把复杂的情绪称为高级情感(情操)。情操是人对具有一定文化价值的东西(如道德、学问、艺术等)所怀有的带有理性的深沉情感,包括道德感、理智感和美感等。情操也是情感和操守的结合。所谓操守即指人的坚定的行为方式和品行。情操受个人的生活经验、教育水平、社会生活条件等因素的制约,是构成个人价值观和品行的重要因素。高尚的情操是在环境、教育和实践中逐渐形成的。在很大程度上依靠着能令人愉快的客观环境和环境的变化。高尚的情操是人的精神生活的重要内容之一,它对调整人的行为、指导人的行动有着重要的意义。

(1)道德感,是用道德准则去感知社会行为时所产生的情感体验。例如义务感、责任感、友谊感、同情感、仇恨感、忌妒感、自豪感、尊严感等,都是道德感的不同表现。当一个人的思想、行为符合道德标准时,就产生肯定的情感体验,感到满意、愉快;反之,就会产生不愉快的心情,会感到内心痛苦和良心的谴责。当别人的思想意图和行为举止符合道德标准时,就对他肃然起敬,反之,则对他产生鄙视和愤怒的情感。道德感在高级情感中占有特殊的地位,对人的言行起着重要的制约作用。它可以迫使人按照道德准则去衡量和影响别人的言行;同时也以此规范自己的言行,促使自己成为一个道德高尚的人。

(2)理智感,是由客观事物间的关系是否符合自己所相信的客观规律所引起的情感。客观事物所表现出来的关系,如果出乎自己所相信的客观规律之外,就会感到困惑不解,甚至痛苦。如果别人发现的客观规律与自己所相信的客观规律不符,或自己不懂,也会感到痛苦,感到不愉快。通过再认识,经过调整,解除了认识上的矛盾,才能感到愉快。例如,求知感、惊讶感、怀疑感、坚信感、满意感等,都是理智感的不同表现。理智感是和人的认识活动、求知欲和认识兴趣的满足,以及对真理的探求相联系的。当一个人的活动与深刻的理智相联系时,往往会取得一定成就。

(3)美感,是对客观现实及其在艺术中的反映进行鉴赏或评价时所产生的情感体验。如对自然景色的欣赏、对祖国山河的赞美、对新人新事的喜爱和对艺术作品的鉴赏,都是美感的体验和表现。美感是客观事物与主体审美需要的不同关系的反映。对同一客观对象,不同的人,会有不同的美感。美感还具有社会性和民族性。美感会受到社会生活条件的制约。一个人对美的需要,总是反映一定社会的审美标准。不同民族由于在文化、风俗习惯、传统观念、所处的地理环境、气候条件等方面各不相同,形成了具有民族特点的不同的审美意识,形成了美感的民族差异。

此外,成就感、期待感、自我安慰感、虚荣和忌讳心理等,也属于情感的社会情操范围。

(六) 表情

情绪的生理机制极为复杂,这里仅对其外部表现——表情作些介绍。情绪发生时,表现在身体外部的生理变化叫作表情。达尔文的进化论认为,表情是动物生存竞争与适应环境的手段之一。如狗在兴奋时会晃动尾巴,害怕时会夹着尾巴。甚至有些植物也会出现类同表情的反应。如"含羞草",人接触到它就会蜷缩,有的植物则会改变颜色。相比之下,人类的表情不像动物表情那样,对适应环境起着直接的作用,而是更复杂、更细腻。

由于情绪的变化会引起肌体的生理变化及表情动作的变化,所以可以通过测量肌体的生理变化和观察表情变化,间接地去了解别人的情绪。人的情绪发生变化时,会引起呼吸系统、循环系统及生物电的变化,利用现代医学仪器,通过测量呼吸、心跳、血压、脑电图等的变化,便可了解人的情绪变化。

人们表达思想、交流情感的主要手段之一是语言,但有些心理状态是无法用言语表达的。言语有时可"口是心非",但表情却不容易掩饰。因此,客人对旅游从业人员的表情是极为敏感的。

表情可划分为面部表情、言语表情和身体表情等。

1. 面部表情

人的面部表情极为丰富,最能表达高兴、羞怯、愤怒等情绪。如:

高兴——眉开眼笑、眉飞色舞;

羞怯——满面红晕、臊眉耷眼;

愤怒——面部青筋暴凸、横眉立目。

面部表情主要是通过眼睛和脸部肌肉的运动产生的。眼睛能表达友好、温和、探究、怀疑、贪婪、高傲、自信等丰富的表情,故有"眼睛是心灵的窗户"之说。面部肌肉运动,最为明显的是嘴巴。

2. 言语表情

言语表情主要是通过言语的音调、强度、节奏、速度等表达出来的。如:

高兴——音调比较高,速度比较快,语音高低差别比较大;

悲哀——音调低、缓慢,语调高低差别比较小;

愤怒——音调比较高,速度特别快。

3. 身体表情

身体的姿态也是表达情绪的一种方式,其中以手和足的动作最为明显。如:

高兴——手舞足蹈、拍手鼓掌;

懊恼——捶胸顿足、抓耳挠腮；

焦急——两手相搓、来回踱步。

值得注意的是，不同民族、不同文化背景的人，在面部表情上大体一致，而在身体表情上存在差别。如有的国家摇头表示赞成，点头表示反对。

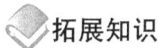 拓展知识

微妙有趣的"身体语言"

人的手势、姿势和面部表情，传递的信息十分丰富，科学家称之为"身体语言"。心理学家艾伯特·梅拉宾曾得出这样一个公式：情感表达=7%的词语+38%的声音+55%的面部表情。可见言语在交际中仅占很小的比重，更多的是人的"身体语言"。这些千姿百态的身体语言，是十分微妙、非常有趣的。

1. 双手暴露性格

你在与人交往时，可曾注意到，人的心情和性格，可以通过手势暴露出来。

如果你一边与人谈话，一边摆弄拇指，或者玩弄其他小东西，表明你此时内心紧张，缺乏自信。如果你的双手自如地放在自己的大腿上，会显示出你镇定自若。

如果对方在说话做手势时，手掌伸开，手心朝上，那么他可能是个直率、诚实的人。如果他一边说话，一边用手指着你的鼻尖，那么他可能相当自负，总想显示自己高人一等。如果他不时地单手握拳，举臂向上，好像"宣誓"的样子，表面上十分诚实，但往往相当虚伪。如果他边说话，边不自觉地用手摸脸、掩口、摸鼻子、擦眼睛，这些小动作表明他可能在说谎。而抚摸或抓下巴，表明这种人老练，处理问题比较理智。

握手，也是大有学问的。轻轻一握，就把人的性格、情绪、态度暴露无遗。对方与你握手时，如果手并不全伸出来，拇指弯向下方，这表明他不让你完全握住他的手，在无声无息中显示自己的权威。如果他手指微向内曲，而掌心凹陷，是诚恳亲切的表示。握手的力度均匀，说明他的情绪稳定。握手时，用拇指紧压着你的手背，并作轻轻地摇晃，表示他是理智与情感并重的。彼此交情极深，或久不见面，常把手握得极严，并不断地摇动。如果彼此之间交往不深，而他却把你的手握得紧紧的，久久不愿放开，他可能是有求于你。如果他只是伸出一个手指尖，或者只是伸出一只冷冷的手而毫无相握之诚意，这是对人的一种轻视，瞧不起你。握手时，他随便一捏，旋即放开，除非他有急事，否则，这是一种冷淡的表示，你还是赶快道声"再见"为好。

2. 眉眼流露情感

眉眼是面部传递信息最有效的器官。俗话说，眼睛是心灵之窗。古人就有"胸

中正,则眸子燎焉;胸不正,则眸子暗焉"。当人心情愉快时,眉开眼笑,眼睛闪烁生辉,炯炯有神;郁郁寡欢时,则愁眉紧锁,目光无神;气愤发怒时,双目圆睁,横眉立眼;伤心失意时,目光呆滞,暗淡无光;不理解时眨巴眼睛;不满意时紧皱眉头;全神贯注时目不转睛;而眼珠一转,则意味着又有什么新点子出来。

眼光注视的频度,可推断一方在另一方心目中的地位。如果你对某人有好感,则往往会多看几眼;如果对某人反感,则不屑一顾。在谈话中,如果对方不敢正视你,说明他有害羞或惧怕心理;如果对方眼睛总是环顾别处,说明他正在用心寻找话题;如果对方不停地眨眼皱眉,表明他对你的话不耐烦或不感兴趣。

眉眼的动作神态,在不同的国家有不同的表示。两个美国人在正常谈话中,双方目光接触只持续一秒钟;如凝眸对视,表示关系密切,情深意浓。在英国,有礼貌的人听别人讲话,总是目不转睛地看着对方,并时而眨眼以示高兴。而阿拉伯人则喜欢靠得很近说话,眼睛直盯对方,这种姿势对中国人来说,却使人感到讨厌。瑞典人交谈时,互相打量的次数要多于英国人。日本人对话时,目光要落在对方的颈部,这样对方的脸和双眼就映入自己眼帘的外缘,如果大眼瞪小眼则是失礼的行为。

3. 坐姿显示心境

心理学家在一个图书馆的阅览室里做过一个实验,当周围到处都是空位时,刚进来的人却偏要紧靠一个人坐下,那么原先的那个人不是局促不安地移动身体,就是悄悄走开。这说明两个人的关系生疏,在心理上要保持一定距离。在有座位选择的情况下,喜欢并排而坐,说明两个人有共同感;喜欢对着坐的人,比喜欢并排坐的人更希望自己能被对方所理解。

当一个人就座时,如果是轻轻的,则表示他是一个悠闲的人,心情平静、舒畅。如果坐姿"软软的",除非他当时是因为疲倦,想休息休息,否则,一个经常坐姿疲软无力的人,会是一个缺乏冲动、心安理得的人。而一个人就座时是猛地一坐,则表示他此刻情绪不佳,心烦意乱,或遭受到了什么不幸和挫折。如果坐下去,斜躺在椅子上,表明他具有心理上的优越感,或想处于高人一等的地位。挺着腰板直端端坐着的人,或表示对对方的恭敬、顺从,或被对方的言谈所吸引,兴味浓厚。双腿习惯性地不时碰撞,表明他心神不安。如果他不时地晃腿,或用足尖击地,他可能是用这些动作来减轻内心的紧张。总之,只要你仔细观察,就不难发现不同的坐姿反映着不同的心理状态。

研究身体语言当然不是为了猎奇,因为人类的生活需要交际的技能,甚至培养演员、教师、记者、外交人员和侦察人员等,也离不开传授交际的学问。而人的表情、举止、目光都与交际这门学问密切相关,掌握身体语言对人的正常交际是大有用处的。

二、旅游者的情绪情感

旅游行为是旅游者在旅游活动过程中满足某种需要的社会性活动。一方面，旅游者的情绪情感影响着旅游者的行为；另一方面，旅游者的行为也受到情绪情感的影响。二者是相互作用的互动关系。

（一）影响旅游者情绪、情感的因素

在旅游活动中，能引起旅游者情绪情感变化的因素，主要有以下几个方面：

1. 需要是否得到满足

人们外出旅游就是为了满足某种需要。需要是情绪产生的主观前提。人的需要能否得到满足，决定着情绪的性质。如果旅游能够满足需要，旅游者就会产生积极肯定的情绪，如高兴、喜欢、满意等；如果旅游者的需要得不到满足，就会产生否定的、消极的情绪，如不满、失望等。

2. 活动是否顺利

不仅行动的结果会产生情绪，在行动过程中是否顺利，也会导致不同的心理体验。

3. 客观条件

旅游活动中的客观条件，包括游览地的旅游资源、活动项目、接待设施、社会环境、交通、通信等状况。地理位置、气候条件等也是影响旅游者情绪的客观条件。

4. 团体及人际关系

一个团队中成员之间如果心理相容，互相信任，团结和谐，就会使人心情舒畅，情绪积极；如果互不信任，彼此戒备，则会随时处在不安全的情绪之中。在人际交往中，尊重别人、欢迎别人，同时也受到别人的尊重和欢迎，就会产生亲密感、友谊感。

5. 身体状况

身体健康、精力旺盛，是产生愉快情绪的原因之一；过度疲劳或身心健康欠佳，容易产生不良情绪。因此，旅游工作者应该随时注意游客的身心状态，使其保持积极愉悦的情绪，以保证旅游活动的正常进行。

（二）旅游者的情绪、情感的特征

1. 兴奋性

兴奋性常常表现为"解放感和紧张感两种完全相反的心理状态的同时高涨"。如考试后去旅游的解放感；久别重逢的紧张感等。又如外出旅游，使人们暂时摆脱了单调紧张的日常生活和工作中对人的监督控制，这给人们带来了强烈的解放感；然而，到异地旅游可能接触到新的人和事，对未知事物和经历的心理预期，却又使人感到缺乏把握和控制感，难免会感到紧张。无论是"解放感"还是"紧张感"，其共同特征是兴奋性增强，表现为兴高采烈和忐忑不安。

2. 感染性

旅游服务的情绪,情感含量极高,以致被称为"情绪行业"。在旅游活动中,旅游者和旅游工作者的情绪都能影响别人,使别人也产生相同的情绪。比如,导游员讲解时的情绪如果表现出激动、兴奋、惊奇等,游客就会对导游员的讲解对象表现出极大的兴趣;如果导游员表现得厌烦、无精打采,游客肯定会觉得索然无味。当然,游客的情绪也会影响导游员的情绪。

3. 易变性

在旅游活动中,旅游者随时会接触到各种各样的刺激源,而人的需要又具有复杂多变的特点,因而旅游者的情绪容易处于一种易变的不稳定状态。

(三)旅游者的情绪、情感对行为的影响

人的任何活动都需要一定程度的情绪和情感的激发,才能顺利进行。情绪、情感对旅游者行为的影响,主要表现于以下几个方面:

1. 对旅游者动机的影响

要促使人们产生旅游行为,首先要激发人们的旅游动机,而喜欢、愉快等情绪可以增强人们的活动动机,使之作出选择决定的可能性大大增加;消极、悲观、懊悔的情绪会削弱人们从事活动的动机。

2. 对旅游活动效率的影响

人的一切活动都需要积极、适宜的情绪状态,才能取得最大的活动效率。情绪与工作效率的关系理论说明,旅游者的情绪过高或过低,都不利于产生最佳的活动效率。过低的情绪不能激发人的能力,而过高的情绪会对活动产生干扰作用。

3. 对人际关系和心理气氛的影响

人在良好的情绪状态下,会增加对人际关系的需要,对人际交往表现出更大的主动性,并且容易使别人接纳,愿意与之交往。在旅游活动中,旅游工作者应该细心观察旅游者的情绪变化,主动引导他们的情绪向积极方向发展,并利用情绪对行为的影响作用,协调旅游者与各方面的人际关系,创造良好的心理氛围,达到旅游服务的最佳状态。

第四节 旅游者的意志过程

当态度的三种成分高度协调一致时,易使潜在游客形成旅游偏好(意志),进入旅游决策阶段。

一、意志概述

(一)意志的概念与特征

意志,是自觉确定目的,并根据目的支配、调节个体行为,克服各种困难,以实

现预定目的的心理过程。人的意志是人类所特有的心理过程,具有三个特征:

1. 自觉的目的性

意志,是深思熟虑后的,而不是勉强的,或一时冲动的行为。衡量的标志,一是行动目的确实符合客观事物发展的规律;二是行动目的服从于社会公认的社会准则。

2. 克服困难的努力

意志行为必须是作出巨大努力的自觉行为。所谓巨大努力是指克服各种困难的努力,主要体现于两个方面:一方面是来自外部的困难,即客观阻力,如物质条件、社会观念等;另一方面则是来自自身的困难,如经验不足、能力不足和情绪干扰等。

3. 控制自己的行为

支配和确定行为方向,并转化为排除干扰、发动积极性、调整偏差、克服困难的实际行动。

(二)意志与认识、情感的关系

1. 意志与认识的关系

认识活动是意志行为的前提。认识为决策提供方法,对意志起调节作用;意志因素又可以影响人的认识活动,使认识活动进行得更全面、更深刻。

2. 意志与情感的关系

积极的情感能鼓舞斗志;意志坚强的人,可以控制、调节人的情感。二者之间起强化或抑制作用。

(三)意志品质

人们由于所受教育和实践的不同,而产生不同的意志品质。意志品质表现为自觉性、果断性、自制性和持久性等。

二、旅游者心理活动的一般过程

旅游者在经历了认识和情绪、情感两个心理活动过程后,还要经历意志过程才能最终作出购买旅游产品的决策并付诸实施。意志过程会使旅游者坚定其对购买目标的信念,并使其积极地进行购买活动,排除来自内、外部的干扰,克服困难,作出并实施决策。意志过程与外部刺激和旅游者自身的心理特征有关。对旅游宣传销售人员而言,旅游者的心理特征是不能改变的,但外部环境是可以控制的。我们要针对不同心理特征的人,完善外部环境,重视旅游者的意志过程,促使其最终作出购买决定。旅游决策的过程见图3-1。

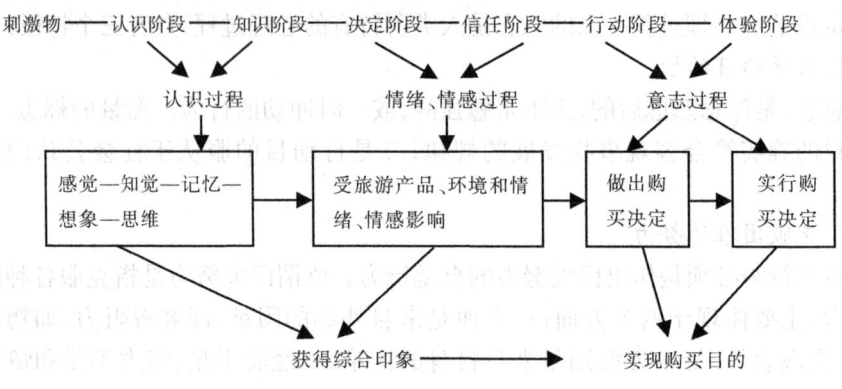

图 3-1 旅游决策的过程

 特别提示

两条不同的旅游决策形成路线

图 3-1 是根据心理过程从低到高所描绘的旅游决策形成路线,而我们在第 2 章第二节中,根据个性心理的个性倾向性要素也描绘过一个旅游决策形成路线,两者技术路线不同,但目的相同。

第五节 旅游者的审美心理过程

旅游,是一项非常复杂的社会活动,也是一种高级的审美活动。它是集自然美、社会美和艺术美之大成的综合性审美活动。从审美心理学角度来探讨旅游者的心理,是一条新颖、有趣的途径。

一、审美的心理因素

科学高度发达的今天,我们认识到,审美作为一种有别于生理趣味的高级心理能力,它不只是由遗传和本能决定的,而是由个体后天的生活经验和心理能力的共同参与获得的,是人的生物本能融合了理性和时代精神的一种更加高级、更加复杂的感性直观活动。一个人的审美趣味是否发达,取决于他的文化修养和知识水平。

旅游者在旅游过程中发生的审美过程,主要涉及四种心理要素,即感知、想象、理解、情感。这些要素构成了审美经验的基石,它们之间的相互作用最终形成了审美体验。

(一) 感知

人的感觉、知觉,通常对审美起着先导作用。这是由审美对象的感性特点所决定的。当人对某些色彩、质地或单个的音符进行感受时,会自动地产生愉快的感受。它们与复杂的形式或思想没有关系,个别的色彩、质地和乐音本身就给人带来快感。这些快感虽然是生理层次的,但却构成了审美知觉的出发点。正如著名美学家桑塔那纳所说:"假如希腊巴特隆神庙不是大理石的,皇冠不是金的,星星不发光,大海无声息,那还有什么美呢?"

在审美知觉中,视觉和听觉是主要的审美器官,其他知觉在审美过程中则居次要地位。这在审美心理学的研究上体现为对视觉的研究较多、较深入。

在审美过程中,知觉的选择性、整体性、理解性、恒常性等特点,同样得到表现。旅游审美知觉与普通知觉的区别,在于彼此的出发点不同,造成知觉结果也不同。例如,一个山中居民路过一条小溪时,他知觉到的可能是溪水的深度、宽度和水温,给他走路带来的不便。而当一个旅游者看到它时,则会发现小溪的清澈和美丽,感到它的欢快和生机。这是由于知觉者的心理准备、目的性不同造成的。可见审美感知与个人的生活经历、个人偏好、知识修养有关。

(二) 想象

想象,是对原有表象进行加工改造,创造出新形象的过程。没有想象的参与,旅游审美是无法发挥作用的。想象力的培养不是一朝一夕的事,离不开平时的知识、经验、情感的储备。

审美想象,可以分为知觉想象和创造性想象。知觉想象,一般不能完全脱离眼前的刺激物,在眼前的刺激物基础上,人的大脑中会再创造出新形象;而创造性想象,则是艺术家创作过程中的想象,它是脱离眼前的事物,在内在情感的驱动下产生的全新的映象。

创造性想象对于旅游者而言并不是非常重要的,它更多体现在艺术家身上。这里我们重点探讨一下知觉想象。

知觉想象必须有现实的刺激物存在,这是前提条件。而审美形象的产生,则依赖于对刺激物的加工整理。这种加工过程受到观赏者知识、经验、情感、兴趣等主观因素的影响,而后者对整个知觉想象过程起到至关重要的作用。

表3-3 颜色视觉的心理联想

颜色	象征	距离感	温度	兴奋度	主要联想
白色	清纯、神圣、死亡	远	冷	低	清洁、诚实、神圣
灰色	质朴、温和	近	温	中	平易近人、稳重、和气
黑色	罪恶、压抑、死亡	近	温	低	死亡、庄重、神秘、罪恶

续表

颜色	象征	距离感	温度	兴奋度	主要联想
红色	血、喜庆、恐怖、活动	近	热	高	喜庆、精力旺盛、好斗、愤怒、吉利、危险、张扬
绿色	植物、生命	近	温	中	平静、环保、生机、顺利
蓝色	天空、大海	远	冷	低	遥远、冷淡、朴素、寂寞
黄色	黄金、高贵、富裕	近	温	高	富裕、高贵、愉快、舒适
紫色	威严、优雅	近	温	中	优美、满意、希望、生机
青色	鬼火、恐怖、怪异	远	冷	低	恐怖、冰冷、神秘

滕守尧在《审美心理描述》一书中,对审美知觉想象有一段恰当的比喻:"外部自然是一种死的物质,而想象却赋予它们以生命;自然好比一块未经冶炼的矿石,而心灵却是一座熔炉。在内在情感燃起的炉中,原有的矿石熔解了,其分子又重新组合,使它的关系发生了变化,最后终于成为一种崭新的形象在眼前闪现出来。"

(三)理解

审美经验中的理解因素,包含以下的三个层次:

1. 对现实状态和虚幻状态区分理解

在审美时,我们要把真实生活中的事件、情节和感情,与审美态度中或艺术中的事件、情节和感情区别开来。"听书的流泪——替古人担忧"可以,但如果进而试图采取行动,要帮古人的忙就显得可笑了。只有在感受中含有理解,才能把感受导向审美上来。

2. 对审美对象内容的理解

对审美对象内容的理解,是指对于审美对象的题材、蕴含的典故、技法、技巧程式、象征意义等方面的理解。比如你在游览苏州园林时,如果对有关园林的知识一点都没有,那就无法感受到中国园林艺术的美和它的精妙之处。这些园林是明、清时具有很高文化修养的大官僚所建,在建造思想上追求"可游可居",以达到身居闹市而享受山林之美和自然野趣之目的,园林建造中蕴含着丰富的诗词文化以及老庄思想。其建造原则是以少胜多、小中见大;追求曲折含蓄,避免和盘托出;虽为人工,却宛自天开。如果你了解到有关知识,在游览时就会体验到更多的美感,发现它的精妙,获得丰富的体验;反之,就难以感受到园林之美。在接待游览苏州园林的西方旅游者时,导游员一定要注意介绍中国文化,帮助游客熟悉与西方审美习惯差异很大的中国古代文化的审美规律。由此可见,对审美对象内容的理解,是进行审美活动不可缺少的环节。

3. 对形式中所融意味的直观性把握

这个层次的理解,是审美心理活动中最主要的因素。它集理性于感性之中,融思索于想象和情感之中,通过审美对象的形式本身直接表达出想要表现的情感、思想,而无须概念性语言。按中国传统审美文化解释,就是所谓意境、意味。这是审美的更高级形式。

例如,温庭筠的《商山早行》中的诗句:"鸡声茅店月,人迹板桥霜。"我们看不到诗人用概念性的语言诉说旅人的艰辛,而是将这种感情不露痕迹地融会于诗句所提示的时间和空间结构中。那清早的鸡鸣,那月色朦胧中的竹篱茅舍,那覆盖着白霜并印记着踏痕的木桥,既是一首意境优美的诗,又是一幅泼墨写意的画。读者可以从中真切地感受到诗人所要表达的情感,与元代马致远的《天净沙·秋思》"枯藤老树昏鸦,小桥流水人家,古道西风瘦马,断肠人在天涯。"有异曲同工之妙。这种审美形式用古人的话说,就是"不着一字,尽得风流"。

(四)情感

美学中对情感的观点,主要有移情说、客观性质说和异质同构说三种。

1. 移情说

移情说的代表人物,是德国美学家立普斯。立普斯认为,移情是一种主动的投射,是主体暂时抛开实用或功利的目的,把自己的人格和情感投射或灌注到对象中,与对象融为一体,达到忘我境界。因此,人对事物表现的情感,不仅不是事物本身的特点,也不是由联想和回忆引起的,它是自我本身的一种活动,或是自我面对外物所采取的一种态度。

移情说对旅游审美的启示是,旅游者要想获得某种情感体验,首先自己要有相应的情感准备。对许多景物的欣赏,需要主体的参与和投入。旅游经历的获得,如果完全依靠于外在景物,其效果可能无法尽如人意。

2. 客观性质说

客观性质说,与移情说相反,认为一个眼神、一种姿态、一种旋律,都能直接展示疲倦、严肃、欢乐或悲哀的情感。一道简单的线条被说成是温柔或活泼的,一首乐曲被认为是悲哀的,这都是由其自身的结构性质决定的,而不是由主体的联想或移情决定的。客观性质说否定主体精神和情感的作用。

3. 异质同构说

异质同构说与前面介绍的格式塔学派的力学说相同。

 **特别提示**

审美心理学形成于西方,但就其思想渊源而言却并不局限于西方。

中国传统文化在审美方面有着极深的功底,其文化历史要比西方的"距离说"等久远得多,但为什么我们的先人没有创造出这方面的系统理论呢?原因有二:一是古人身上浓烈的"出世"态度,把自己与现实的距离拉开太远,只求"共存""合一",没有解释世界的目的,即只注重研究"应该是这样的",而忽视了"为什么是这样的"问题。二是古人过分"诗化"的思维特点,灵感式、顿悟式、片断和非逻辑化。以上两方面的特点(或是原因)使得古人即使对事物有了正确认识,也不能形成解释世界的系统的逻辑化的理论。我国民族文化的特点,人文领域是这样,科技领域也是这样,我国古代有很多领先于世界的技术发明,却极少有科学发现。

我国古代哲人对审美心理方面的思想见解,虽然缺乏系统性,但却有着极强的深刻性和独到性。这方面的代表是庄子和孔子,他们的审美心理观点几乎是对立的。

庄子的"至乐无乐"说,认为澄怀忘我状态中达到的快乐,不同于生理欲望满足后的快乐,生理快乐只是自身需要暂时得到满足的快乐,要想真正达到快乐的境界,必须清心寡欲,达到无为境界,"吾以无为诚乐矣"。

与此观点相类似的,是古代西方的毕达哥拉斯。他认为,要想获得审美快乐,就要抛开功名利禄,当生活的旁观者。他说:"生活就像是一场体育竞赛,有些人充当角力士,还有些人成为调停者,而最好的位置却是旁观者。"就像古代许多隐士所持有的人生态度,如陶渊明有"采菊东篱下,悠然见南山"的快乐和境界。

持类似观点的还有柏拉图。正如庄子把美归之于"道",柏拉图认为"理念"是一切美好事物之所以美的源泉。他认为,美感与生理欲望的满足是无关的,美感是一种精神境界,一种真正的快乐。柏拉图在解释人怎样才能体验到美时认为,一个人如果受到尘世欲望的污染,"把自己抛到淫欲里,像牲畜一样纵情任欲,违背天理,既没有忌惮,也不顾羞耻",就永远别想享受到美的快乐。一个参与尘世纷争过多的人,只能使自己对美的感受迟钝。只有那种"像一只鸟儿一样,昂首向高处凝望,把下界一切置之度外"的人,才能感受到美。对这种超脱生理欲望和尘世纷争的精神状态,他称为"迷狂",而美感恰恰就是灵魂在"迷狂"状态中对于美的理念的回忆。

孔子的"平衡"说,强调的则是一种内在和谐或"情理调和"。他认为,通向人的最高境界之路,是"兴于诗,立于礼,成于乐",以理节情,合情合理,美就是"善",强调生理与道理必须平衡,而不是无关。

与孔子持有类似观点的是西方的亚里士多德。他认为,"美是一种善,其所以引起快感,正是因为它是善"。在他看来,艺术品之所以唤起愉快的审美情感,除了对情感的作用外,并不排除它对理性起的作用。

二、"距离说"与旅游审美

审美态度说认为,事物的美与不美,是由审美时出现的一种奇特心理状态,即审美态度决定的。其中最有代表性的是20世纪初,瑞士人布洛的"距离说",在这里给予着重介绍。

(一)审美"距离说"的主要内容

距离,本来是指空间中某一点到另一点之间的间隔,或是指时间进程中某两个不同的时间间隔,而这里所谓的"距离",是指一种在结构特征上与时空中的距离有某些相似之处的心理事实。布洛认为,只有心理上有了"距离",才能对眼前的对象做出审美反应。

在现实生活中,我们观看空间中的某一事物时,会有"横看成岭侧成峰,远近高低各不同。不识庐山真面目,只缘身在此山中"的现象。角度不同,感受不同;太近则不识全貌,太远则模糊不清。时间距离中的事也是这样,尘封已久的事则易淡漠,难以让人激动;刚刚经历的事又过分真切、功利关系牵涉太多,不能超然物外,也难以唤起美感。只有在适当的时空距离上观看或回忆,才能变得美好起来。按照这种关系,布洛提出了人的审美态度也应与现实生活态度拉开一定距离的主张。布洛曾以浓雾之中乘船人的心理状态为例,来说明心理距离的作用。他说,乘船的人遇上大雾天气,是最不吉利的事情,不仅耽误航程,而且有撞船和触礁的危险,但如果这时候你被眼前大雾弥漫的雄伟景象所吸引,暂时忘记路途的辛劳和大难临头的担心,仅仅把注意力集中于眼前的美好景象——那轻烟似的雾气笼罩着平静的海面,以及天海相连的神秘意味等,你就会得到一种愉快的审美体验。这种审美体验是你与现实功利态度保持了一段距离的结果。

布洛区分了在审美知觉中可能出现的三种距离,即过远的距离、过近的距离、适中的距离。

距离过远,由于不理解或其他原因,如看不清、听不清,就像没有了欣赏美景的洞察力和听懂音乐的耳朵,囿于个人的想象和深思之中。就如人们难以对浩瀚的天空做出具体的审美活动一样。

距离过近,把日常现实与审美对象紧密联系起来,搅在一起分不开,这就不是审美态度,不能产生美感。正如"不识庐山真面目,只缘身在此山中"。

所以只有"距离"适中,才能获得美感。

(二)"距离说"对旅游意义的解释

"距离说"对人为什么需要旅游的问题,在经济、社会、长知识等以外找到了原因。从审美心理学来看,旅游正可以拉开人与现实的距离。

1. 暂时改变了自己的社会角色

旅游暂时改变了自己的社会角色,从利害关系的参与者变为没有什么利害关系的旁观者,使自己与生活在其中的现实世界拉开了一段距离,获得能够观察到美、享受到美的位置。

2. 建立了临时的新的人际关系

旅游使人与人建立了临时的新关系,这种新的关系给人们带来了轻松和美感。这种新的、有些虚拟的关系,能使人放松、解放,表现出人性美好的一面,从而给人带来快乐。

(三)"距离说"与旅游规划、开发

"距离说"对旅游规划和开发具有重要的参考和指导价值。在进行景观、景点的规划、开发设计时,要为旅游者营造"距离感"。为此,除要处理好时空上的距离关系外,关键是要处理好以下三个距离关系:

1. 真与假

例如,对古迹进行全真恢复就不够妥当,因为太真实、太现实,反倒可能诱导旅游者只去关注其真与不真。所以,在这个方向上努力是很难获得成功的。目前我国出现的大量人造假古迹不为旅游者所青睐,就有此原因。人们对古迹的欣赏不在于其外在形式的完美与否,其残缺损坏恰恰表明了它的真实,也给人留下了广阔的想象空间,这才是古之美。

2. 自然与人为

例如,在看待自然美景上,中国传统文化注重"可游可居"之美。只"可游"不是美的最高境界,那样是无人的、太遥远的,要把它拉近,使之"可居",但又绝不是消灭其"可游"性,做到"天人合一",才是美的最高境界。中国古代园林就是依据这个原则建造的。造居,在满足居的前提下要可游,在有限的空间里,在方寸之间营造自然之美。造山挖池,要"宛自天开""巧夺天工",既是人造,又没有人为斧凿痕迹,尽法乎自然之妙,达到不是自然胜似自然的效果。"天下名山僧占多",也是拉自己近自然的一种表现手法。从审美角度,有时需要拉近,有时则需要推远,以达到审美最佳的"心理距离"。在有限的空间创造无限的美——这就是意境。造景要寓意曲折含蓄,引人探求和回味,避免和盘托出,一览无余。所谓"几个楼台游不尽,一条流水乱相缠";"曲径通幽处,禅房花木深";"马上看壮士,灯下看美人";"雾里看花,水中望月"等,都是在营造一种距离美。

3. 静味与闹味

例如,在中国园林艺术中,通过造居以达到身居闹市而享受山林之美的效果,这就是在刻意营造静味与闹味的距离感。又如,在处理景观与旅游服务区、商业区、居民区的布局规划问题等时,也应该有这方面的距离感。

总之,布洛的审美"距离说"和我国传统文化,如园林艺术中"可游可居"等理念,对我们理解旅游审美和旅游景观的规划与开发都具有指导意义。旅游是发现美和获得美的体验的最佳途径之一。作为旅游企业,应想方设法地为游客提供更

多更好的旅游产品;作为旅游者要想在旅游中获得好的审美体验,就应主动调整心态,保持与现实有一定距离感的审美心态。

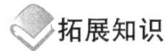拓展知识

西方主要的审美理论

1. 审美趣味说

18世纪前,西方美学的研究中心是探讨造成美的条件,即探讨客观存在的一面。18世纪后期,人们开始转向对审美反应的心理状态的探索,即主观"审"的一面。较为系统的审美心理探索始于英国经验主义,即审美趣味说的建立。

审美趣味说认为,审美是通过人的本性中天然存在的一种专门欣赏美的器官,即"趣味"器官的能力来完成的。后来,有人进一步提出,审美不是通过专管审美的特殊器官来完成,而是通过一种特殊的活动方式"联想"来完成。只要有适度的"联想",任何事物都可以变成美。此后,休谟提出了审美标准问题,认为审美趣味能力存在可以找到的标准。而康德则把趣味判断的客观性,归结为人们的"先验的共同感"。

2. 审美态度说

继审美趣味说之后,兴起了另一个有影响的审美心理学说,就是审美态度说。所谓审美态度,是指唯有审美时才出现的一种奇特的心理状态,而且外物美和不美,或能否发现外物的美,都由这种态度所决定。这一学说,在东方可追溯到庄子,在西方最早可追溯到柏拉图。而在现代最具代表性的是美学家布洛的"距离说"。

3. 精神分析学派

弗洛伊德认为,审美经验的源泉和艺术创造的动力,均存在于无意识领域之中,也就是本能欲望。这些本能主要是性本能。由于性本能不能为社会所接受,就不得不寻找为社会所接受和赞许的方式来表现,这就是"升华"。艺术想象就是一种升华。"凡是艺术家,都是被过分的性欲需要所驱使的人。"总之,性欲的替代性满足,是艺术品和其他审美对象赋予人的真正快乐,是美之所以美的源泉,是艺术品真正意味之所在。欣赏时将艺术品和美的自然当成他的"情人"的代替者,借助于它们对自己失去的爱产生慰藉。这种替代性满足会在相当一段时间内,对那种在现实层次中追求满足的冲动,起到一种减缓和净化作用。

弗洛伊德的学生荣格反对他的老师关于性本能决定艺术创造的观点,进而提出了"集体无意识"说,认为审美的根源是心灵的某种秩序或结构,而不是性本能所能涵盖得了的,也不是个人的经验所能说明的。正是这种深层结构,把个体的种种经验和印象组织成了美的形式。"集体无意识"是人与自然以及人与生活发生关系的不可缺少的因素,它兼有社会性和生物性,也是理性和智慧的本源。它积淀

于人类心理底层,不为意识所知,但决定着人的认识能力和心理行为。

4. 格式塔学派

格式塔学派用异质同构论解释审美经验的形成,认为激起审美经验的因素,本质上都是力的作用。该学派的代表人物之一阿恩海姆曾用试验来证明,支配"悲哀"感情的力的模式。"一个心情十分悲哀的人,其心理过程也是十分缓慢的……他的一切思想和追求都是软弱无力的,既缺乏能量,又缺乏决心,他的一切活动看上去也都好像是由外力控制着。"既然外部事物所展示的力的式样,可以与人的内在感情达到异质同构,它们就可以表现人类的感情。他认为普通感知忽视人的内在本质的外部表现,只以科学的或政治经济的标准去对事物分类;审美感知则是以表现性作为对各种事物分类的标准。按他的观点,审美知觉是一种生物本能。

案例分享 3-1

草船借箭——谈错觉的巧妙运用

《三国演义》中有一回讲的是草船借箭的故事。为了抵抗曹操,蜀、吴建立了联盟,但周瑜非常忌妒诸葛亮的才能,便想方设法要除掉他。在一次军事会议上,周瑜提出要诸葛亮3天之内造出10万支狼牙箭。诸葛亮胸有成竹,当即与周瑜立了军令状。

事后两天,诸葛亮像没事一样毫无行动。到了第三天夜晚,大雾弥漫,江面上雾气甚浓,甚至面对面时都很难辨别眉目。四更时分,诸葛亮命令将20只船装满稻草,并裹以布幔,用绳索把船连接起来,向江北进发。待船近曹营水寨,诸葛亮下令将船东西摆开,让士兵擂鼓呐喊。

曹营水兵听到呐喊声,以为敌军来袭,慌忙飞报曹操。曹操望着浓雾弥漫的江面喊道:"重雾弥江,敌军忽来,必有埋伏,切不可轻举妄动,给我用箭射。"随即一万名弓弩手向江中射箭。诸葛亮一面命令船只逼近水寨受箭,一面要兵士起劲擂鼓喊叫。曹军只听到杀声震天,以为大军袭来,便拼命地放箭,箭飞如蝗,不一会儿,20只船上收满了密密麻麻的狼牙箭。诸葛亮见时机已到,急令收兵。临走,兵士齐喊:"谢丞相赐箭。"曹操大叫中计,想追已经晚了。诸葛亮仅凭20只草船,不失一兵一卒,轻而易举地拿到10万支狼牙箭,周瑜也不得不从内心佩服诸葛亮的计谋。

那么人们不禁要问,诸葛亮面对老谋深算的曹操和曹营强大的兵力,凭什么"借箭"成功的呢?其实很简单,他的根据是人们普遍存在的错觉心理。"草船借箭"可谓是巧妙运用错觉的范例。

错觉会扰乱人们正常的生活秩序,给人们带来危害,但是如果能恰当而正确地利用错觉,它也能够为人们的实践服务。如舞台美术、商品装潢、服装打扮、环境布置、建筑设计、课堂教学等方面,利用人们的错觉现象,往往会收到意想不到的效果。例如,在花布设计中,即便是一些相当简单的图案,如方块、三角等,如果相邻两个面积相等却采用强烈对比的色调,也会产生面积不同的错觉,从而避免了图案的单调感。鲁迅先生对此有过一番研究,他说,人瘦不要穿黑衣裳,人胖不要穿白衣裳;脚长的女人一定要穿黑鞋子,短脚就一定要穿白鞋子;方格子衣裳胖人不能穿,但比横格子的还稍好,横格子图案,胖子穿上使人感觉更往两边拉宽,胖子则显更胖。胖子要穿竖条子,才能显得拉长,瘦子穿横格子,才能显得变宽。在建筑设计中,考虑人们看垂直线总要比水平线高的错觉,可以使建筑物设计高宽匀称。特别是在军事方面,可以创造条件,故意给敌方造成错误的知觉,补救自己的劣势,增强自己的优势,从而达到伪装、隐蔽或欺诈的目的,最终给敌人以应有的打击。"草船借箭"就是诸葛亮巧妙地利用大雾作掩护,用擂鼓呐喊造成了曹军的错觉。

诸葛亮具有丰富的实践经验,又掌握了天时地势,经过精心准备,达到了自己的目的,正可谓是知己知彼。浓雾弥江和虚张声势,使曹军误以为大军来袭,于是做出不轻举妄动,只用箭射的错误决策,结果上当受骗。又如,在战术上常用的声东击西,也是错觉现象的运用。历史上有名的官渡之战,曹操就是利用这种战术来迷惑袁绍,结果以少胜多。再如在白马一战中,曹操为了夺取白马,就伪装抄袭敌后营重地延津。曹操率主力直向延津进发,袁绍果然以为曹军欲袭后营,急分兵增援延津。见袁绍中计,曹操立即回师,率劲旅直逼白马。待对方清醒过来,白马已失,曹操从而取得了官渡战役前哨战的胜利。这种"声言击东,其实击西"的战术,就是运用对方的错觉,扰乱对方的耳目,从而克敌制胜。

可见,研究错觉现象及其产生的原因,正确识别错觉和运用错觉,在实践方面具有非常重要的意义。

(资料来源:张锦萌.成语典故中的心理学.郑州:河南教育出版社,1989.)

思考题

1. 错觉的本质是什么?
2. 错觉产生的原因有哪些方面?
3. 举一两例说明错觉在旅游工作中的运用。

心理测验 3-1
你的思维方式属于哪一种?

思想是无形的行为,然而我们却能察觉到自己正在思想,也能通过别人解决问题的方法和所作的决定来了解他们的想法。我们的头脑运转方式彼此不同,比如两人都要买汽车,其中一人会先广泛征求意见并作经济上的考虑;而另一个则是想到做到,表现出明显的独立意识。

下面这个测验,将有助于你了解在 A、B、C、D、E、F 六类问题和综合型、理想型、实用型、分析型、现实型 5 种基本思维方式中,自己的思维方式属于哪一种。

请在下列每个问题后写上从 5 到 1 的得分。从 5 分到 1 分表示,由最适合你的情况向最不适合你的情况过渡。

A. 一般而论,我吸收新观念的方法是:
1. 把它们同其他观念相比较。
2. 了解新旧观念的相似程度。
3. 把它们与目前或未来的活动联系起来。
4. 静心思索,周密分析。
5. 将它们放在实践中应用。

B. 每逢读到自助性的文章,我最关心的是:
5. 文章中所提建议能否办到。
4. 研究结果是否具有真实性。
3. 其结论与自己的经验是否相同。
2. 作者对必须做到之事是否了解。
1. 是否根据资料得出观点。

C. 听别人辩论时,我赞成的一方是:
1. 能认清事实并揭示出矛盾所在。
2. 最能体现社会规范。
3. 最能反映我个人的意见和经验。
4. 态度合乎逻辑并始终如一。
5. 最能简明扼要表达论点。

D. 接受测验和考试时,我喜欢:
5. 回答一套客观而直接的问题。
4. 写一篇有背景、理论和方法的报告。
3. 写一篇表述自己如何学以致用的非正式报告。
2. 将自己的所知作一个口头汇报。

1. 和其他受测验者进行辩论。
E. 有人提出一项建议时,我希望他或她:
1. 考虑到利弊得失两个方面。
2. 说明建议如何符合整体目标。
3. 说清楚究竟有何益处。
4. 用统计资料和计划来支持其建议。
5. 对如何实施建议做出说明。
F. 处理一个问题时,我多半会:
5. 想象别人会怎样处理。
4. 设法找到最佳的解决步骤。
3. 寻求能尽快解决问题的方法。
2. 试着将它与更大的问题和理论联系起来。
1. 想出一些相反的方法来解决问题。

把所有问题1的得分相加,表明综合型;把所有问题2的得分相加,表明理想型;把所有问题3的得分相加,表明实用型;把所有问题4的得分相加,表明分析型;把所有问题5的得分相加,表明现实型。你在哪类问题的总分最高,就表明你爱用哪种方式思维。通常只有15%的人较平均地使用五种思维方式,而偏重一种思维方式的达50%,三类问题总分均高的占35%,这些人可以说是双管或三管齐下的思想者。

综合主义者富有创造性和进取心,但常使别人因他们而不安。对思辨哲学的热爱导致他们有些脱离现实。他们对任何真理都多方位探讨,结果成为一个热衷于辩论的人。一般人逻辑思维程序单一,从一个念头想到另一个念头,可他们却在许多念头间跳跃,令人感到难以理解。

假如你的配偶或好友是综合型而你却不是,那就得时常提醒自己,综合型以辩论为乐趣,是无法说服的。他的言谈即使离题万里,也由他去好了。说不定此时一个创造性的想法正在孕育之中,因而你务必既坚持实事求是的立场,也不要乱泼冷水。

理想主义者往往将注意力集中在相同之处,以谋求和谐。能耐心倾听别人的意见,关心自己的目标、价值及造福他人,尊重道德传统和人格,常因未能达到自己所定的过高目标而自责追悔,对唯利是图和蔑视道德之人深感失望。理想主义者比别人更关心未来,可能会热心过度,对那些不需要或不愿意接受帮助之人给予帮助。因此,常被指责为"多管闲事"。

和理想主义者在一起生活须牢记,他可能对人对己都抱有不切实际的期望,要多问他对自己有何期望并要乐意和他谈论远大的设想。让他放心地发表批评意见,即使批评过火,也要充分理解,这可能是他长期受委屈所致。

实用主义者有积极向上的人生观,遇到困难也临危不乱。他们的信念是今天只做今天的事,并深知明天还有尝试的机会。他们不大周密规划,只将注意力放在现有条件可完成的事情上。实用型人主意多、富有创造力,凡事都以优选的方法去做,毫不气馁。他们也是折中主义者,适应性强、易于满足;在做似乎不可为之事时也会很有兴趣。他们比大多数人的高明之处,在于有对付难题的手腕和高超圆滑的谈判技巧。

和一位实用主义者朝夕相处时,切勿期望过多,因为太多的目标可能使他难以负担。

分析主义者认为,做任何事情都只有一个最佳方案。为了这个最佳,他们会理性地判断问题,耐心搜集资料并精心求证。一旦有了最好的方案,主意就此打定无悔。他们是务实的人,以为情感、愿望和幻想以及恭维、赞美等一概无关紧要。由于只求事事完美无缺,他们在得到赞扬时也总感到不满意,因此很可能被视为令人难以忍受的吹毛求疵者。

如果在你的家庭成员中有分析型的人,也许他会无休止地坚持认为,一定能找到一个更好的办法。切勿将他们的缺乏热情理解为反对,因为分析主义者有凡事皆思索的嗜好。

现实主义者认为耳闻目睹或亲身体验感知的事情为真实存在,其余的只是幻想和理论,没有丝毫价值。他们只喜欢摆在面前的事实,相信亲眼所见的世界才是真实的,而不信奉折中、综合和理想主义。他们有自己的目标,而且对别人不能与自己看法一致感到惊讶。

面对一个现实主义者时,你要坚持自己的见解,因为现实主义者鄙视唯唯诺诺的人。如果你已同意做一件事,就一定要去做好,违背诺言尤为现实主义者所不齿。

无论你的思维方式属于哪一类型,都须谨记,与众不同并非缺点。在家庭或团体中你如果显得很古怪,比如当别人主张随机应变时你仍坚持事先制订计划,那你就还是坚持己见吧。

(资料来源:赖文龙,文生,编译.〔美国〕读者文摘.青年参考.1988.)

心理测验 3-2

意志力自测

你的意志力如何?做完下面的测验,你可加深对自己意志力的了解。如果你的意志力不足,就可有意识地加强训练。

根据自己的实际情况,在题后的五个答案中,选择一个最适合你的答案,填入表 3-4 中,在所选答案的相应字母上画"○"。

1. 我很喜欢长跑、长途旅行、爬山等体育运动,但并不是我的身体条件适合这些项目,而是因为它们能使我更有毅力。

　　A.很同意　　B.比较同意　　C.可否之间　　D.不大同意　　E.不同意

2. 我给自己订的计划常常因为主观原因不能如期完成。

　　A.这种情况很多　B.比较多　　C.不多不少　　D.比较少　　E.没有

3. 如没有特殊原因,我能每天按时起床,不睡懒觉。

　　A.很同意　　B.比较同意　　C.可否之间　　D.不大同意　　E.不同意

4. 订的计划应有一定的灵活性,如果完成有困难,随时可以改变或撤销它。

　　A.很同意　　B.比较同意　　C.无所谓　　D.不大同意　　E.反对

5. 在学习和娱乐发生冲突的时候,哪怕这种娱乐很有吸引力,我也会马上决定去学习。

　　A.经常如此　B.比较经常　　C.时有时无　　D.较少如此　　E.并非如此

6. 学习或工作遇到困难时,最好的办法是立即向师长、同事、朋友、同学求援。

　　A.同意　　B.比较同意　　C.无所谓　　D.不大同意　　E.反对

7. 在练长跑遇到生理反应,觉得跑不动时,我经常咬紧牙关,坚持到底。

　　A.经常如此　B.较常如此　　C.时有时无　　D.较少如此　　E.并非如此

8. 我常因读一本引人入胜的小说而不能按时睡眠。

　　A.经常有　　B.比较多　　C.时有时无　　D.比较少　　E.没有

9. 我在做一件应该做的事之前,常能想到做与不做的好坏结果,有目的地去做。

　　A.经常如此　B.较常如此　　C.时有时无　　D.较少如此　　E.并非如此

10. 如果对一件事情不感兴趣,那么不管它是什么事情,我的积极性都不高。

　　A.经常如此　B.较常如此　　C.时有时无　　D.较少如此　　E.并非如此

11. 当我同时面临一件该做的事和一件不该做却吸引着我的事时,我经常经过激烈的斗争,使前者占上风。

　　A.是　　　B.有时是　　C.是与非之间　D.很少这样　E.不是这样

12. 有时我躺在床上,下决心第二天要干一件重要事情(如突击学一下外语),但到第二天,这种劲头就消失了。

　　A.常有　　B.较常有　　C.时有时无　　D.较少有　　E.没有

13. 我能长时间做一件重要但枯燥无味的事情。

　　A.是　　　B.有时是　　C.是与非之间　D.很少这样　E.不是这样

14. 生活中遇到复杂情况时,我常常优柔寡断,举棋不定。

　　A.常有　　B.有时有　　C.时有时无　　D.很少有　　E.没有

15. 做一件事之前,我首先想的是它的重要性,其次才想它是否使我感兴趣。

　　A.是　　　B.有时是　　C.是与非之间　D.很少是　　E.不是

16. 我遇到困难情况时,常常希望别人帮我拿主意。

A.是　　　　B.有时是　　　C.是与非之间　D.很少是　　　E.不是

17.我决定做一件事时,常常说干就干,绝不拖延或让它落空。
A.是　　　　B.有时是　　　C.是与非之间　D.很少是　　　E.不是

18.在和别人争吵时,虽然明知不对,我却忍不住说些过头话,甚至骂他几句。
A.时常有　　B.有时有　　　C.时有时无　　D.很少有　　　E.没有

19.我希望做一个坚强有毅力的人,因为我深信"有志者事竟成"。
A.是　　　　B.有时是　　　C.是与非之间　D.很少是　　　E.不是

20.我相信机遇,好多事实证明,机遇的作用常常大大超过人的努力。
A.是　　　　B.有时是　　　C.是与非之间　D.很少是　　　E.不是

表3-4　意志力测验答卷表

题号		1	2	3	4	5	6	7	8	9	10
答案	A	5	1	5	1	5	1	5	1	5	1
	B	4	2	4	2	4	2	4	2	4	2
	C	3	3	3	3	3	3	3	3	3	3
	D	2	4	2	4	2	4	2	4	2	4
	E	1	5	1	5	1	5	1	5	1	5
题号		11	12	13	14	15	16	17	18	19	20
答案	A	5	1	5	1	5	1	5	1	5	1
	B	4	2	4	2	4	2	4	2	4	2
	C	3	3	3	3	3	3	3	3	3	3
	D	2	4	2	4	2	4	2	4	2	4
	E	1	5	1	5	1	5	1	5	1	5

记分与解释

将表3-4中的得分相加即为你的总分,含义如下:

85~100分　　　　　　　意志很坚强
71~84分　　　　　　　意志较坚强
60~70分　　　　　　　意志力一般
59分以下　　　　　　　意志较薄弱

测验结果仅供参考。

(资料来源:马建青.大学生心理卫生.杭州:浙江大学出版社,2003:131-133.)

思考与练习

1. 什么是错觉?请调查某一餐厅或游乐设施,分析在其设计中的错觉运用。
2. 你是怎样通过表情来观察别人的内心世界的?
3. 简述"距离说"及其对旅游意义的解释。
4. 记忆的条件有哪些?谈谈你对某个条件的体会。
5. 举例说明感觉、知觉中的某个规律在生活中的表现。

第4章

旅游者的人格与特征

引 言

认识过程、情感过程和意志过程，是人人都有的心理过程。由于每个人的遗传素质、所处的生活环境、所受的教育以及从事的活动等不同，这些心理过程在每个人的身上就有不同的表现，从而形成了每个人不同的个性心理，简称个性。

心理过程和个性心理这两个方面是密切联系的。首先，个性心理是在人的长期心理活动过程中形成和发展起来的，同时也在当前心理活动过程中表现出来。如人的认识能力，就是在长期认识过程中形成和发展的，而且也只有在当前认识某种事物的过程中，才能表现出认识能力的强弱。其次，历史上已经形成的个性心理，对本人当前的心理过程和结果又有深刻的影响。如能力、性格都直接影响到个人对事物认识过程的效果。所以，要全面深刻了解人的心理，必须把心理过程和个性心理结合起来进行研究。

在第3章中，我们研究了旅游活动中的心理过程，即旅游一般心理活动规律的共性问题。第2章和本章研究的是旅游者的个性问题，以提高个性化服务的水平，适应旅游业发展的个性化趋势。

本章研究的重点是个性心理的心理特征方面（人格特征）及其他特征心理，将为你揭开关于气质、性格和能力等人格特征的奥秘。

学习目标

1. 能根据人格特征的气质、性格、能力原理，分析旅游者的人格类型和旅游行为。

2. 能根据旅游者在性别、年龄、职业和地域等方面的心理特点，做好个性化旅游服务。

第一节 旅游者的人格

个性心理包括个性倾向性和个性特征两个方面。个性倾向性和个性特征在某一个人身上独特地、稳定地有机结合,就形成了这个人不同于其他人的个性(或称人格)。古语说,"人心不同,各如其面。"就是说,每个人都有与别人不同的心理世界。人格与动机紧密相关,动机揭示的是人们行为的原动力,而人格差异又是造成行为差异的一个主要原因。

一、人格理论

人格理论,主要是对人格的形成、结构、功能及人格与行为的关系的研究。人格问题的研究可谓五花八门,各有千秋。这里简要地介绍一下其中最有影响的四种理论:特质论、精神分析论、学习论和自我论。

(一)特质论

特质,是指在人的行为中,具有一惯性、倾向性的东西。特质论认为:

(1)人格是由数量很大的特质要素构成的。

(2)特质在每个人之间只有量的差别,而没有质的不同。

(3)特质比习惯更富有多样性,它形成于习惯,又高于习惯。

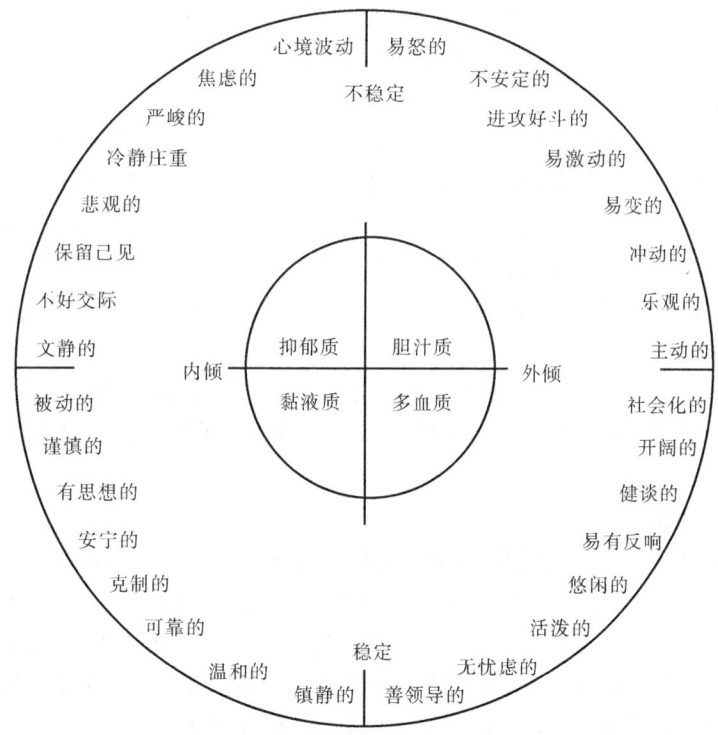

图4-1 从两维度划分的人格结构图示

(4)特质也不同于态度。特质的表现并不是很明显地指向某种对象,一般也不对事物的好恶进行表态或评价。

特质论流行于英、美等国,主要有阿尔波特理论、卡特尔理论和艾森克理论。

特质论的最大影响,是它采用了科学的分析方法来研究人格。这种方法对以后人格测验的发展有很大的贡献。但是,由于特质论缺乏对人格的整体观,因而不能对人格给予普遍性与原则性的解释。比较有代表性的特质论是艾森克理论。见图4-1。

(二)精神分析论

精神分析论的观点和局限性,在第一章内容中已经介绍过。这里补充说明一下弗洛伊德人格理论中的人格结构和人格发展的两大主题。

1. 人格结构

弗洛伊德将人格的结构划分为本我、自我和超我,三者彼此交互作用而构成人格整体。本我,由于本我是遗传下来的最原始的部分,本我中包含了推动个人行为的原始动力——"里比多",所以本我总是以寻求快乐为第一原则;自我,由于自我能适应环境的变化,总是以现实为原则,故而成为人格构成的主要部分;超我,由于超我能够明察是非善恶,成为人格结构中的最高部分。

2. 人格发展

弗洛伊德认为:由于推动行为的原始动力"里比多"投放的主要部位不同,儿童的人格发展可分为五个时期:口唇期、肛门期、性器期、潜伏期和青春期。

精神分析理论的意义在于,它是人格理论中内容最完整的。它不但解释了人格结构,而且也详述了人格的发展。尤其是他对潜意识历程的研究,不但扩大了人格心理学的研究范围,而且对整个心理学界产生了巨大的影响。

(三)学习论

学习理论认为,学习是人格形成的决定因素。比较有代表性的理论,是斯金纳的操作条件学习论和班杜拉的社会学习理论。学习论的核心是强调环境影响对行为的作用。

(四)自我论

自我论,兴起于20世纪50年代,代表人物有罗杰斯、马斯洛等。自我论中的"自我",是指个体对自己心理现象的全部经验。自我论认为,人类不像动物那样行为方式主要靠本能支配,人类行为因受环境及社会文化的影响而有很大的可变性。强调以人为本的自我论,将人格心理学的研究带入了一个新的境界,即从研究支离的、病态的人转向研究健康的人、正常的人、整个的人。

二、人格特征

(一) 气质

气质,是一个人表现在心理活动动力方面的特征,是人的典型的、稳定的心理特点。如"脾气""禀性"。

气质一般包括三方面的内容:一是心理过程的速度和稳定性,如知觉快慢、思维是否灵活、对事物注意集中时间的长短等;二是心理过程的强度,如情绪的强弱、意志努力的程度;三是心理活动的指向性,例如倾向于外部事物,从外界获得新的印象,或者倾向于内部事物,经常体验自己的情绪,分析自己的思想和印象。

从古至今,有关气质的理论是很多的,这些理论包含着丰富的内容。

1. 气质血型说

这一学说认为,人的气质是由不同的血型决定的。日本的古川竹二认为,A型血的人多焦虑、消极保守、疑心重、富感情、冷静、缺乏果断性;B型血的人喜活动、善交际、轻佻、灵活、口才好、轻诺寡信、积极进取;O型血的人意志坚定、胆大、好胜、自信、不听指挥、喜欢指使别人;AB型血的人表现为A型与B型的混合,常外在表现为B型,内在表现为A型。

2. 气质高级神经活动类型说

这一学说由俄国生理学家巴甫洛夫提出。它使气质理论建立在较为科学的基础上。巴甫洛夫认为,人的心理活动是以大脑两半球的皮层细胞活动为基础的,而人的大脑两半球的皮层细胞活动有两个基本过程:兴奋与抑制。根据兴奋过程与抑制过程相互作用的强度、平衡性和灵活性等方面的不同特点,可以把高级神经系统活动分成四种气质。

(1) 兴奋型。容易兴奋而难以抑制。这种气质的人情绪发生快而强,易于激动,自制力差,言谈举止和表情神态都会有暴躁、狂热的表现。

(2) 活泼性。兴奋和抑制基本平衡且灵活性强。这种气质的人行动敏捷,反应迅速,对环境的适应性较强,但浮躁、轻率。

(3) 安静型。兴奋和抑制基本平衡且灵活性弱。这种气质的人反应比较迟缓,不易受周围环境影响,惰性较大,坚毅而执拗。

(4) 抑制型。兴奋和抑制都很弱。这种气质的人胆小又易伤感,心理承受能力差,言行谨小慎微,性格孤僻。

3. 气质体液说

这一学说是公元前5世纪希腊著名医生希波克拉特首先提出的。他认为,人体内有四种液体即血液、黏液、黄胆汁和黑胆汁,由于它们在人体内所占的比例不同,便形成了多血质、胆汁质、黏液质和抑郁质四种不同的气质类型。

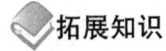拓展知识

气质类型的行为特征

1. 胆汁质类型的心理反应与行为表现

(1)日常活动带有强烈的情绪色彩。情绪高时,学习、工作热情高涨,肯出大力,反之,对什么事都不感兴趣。

(2)是各项课外(或工余)活动的积极参加者,喜欢每一项新的活动,甚至喜欢倡导一些别出心裁的事,尤其喜欢运动量大和场面热烈的活动。

(3)完成作业(工作)比谁都快,考试交卷争第一。

(4)工作效率高,想干的事未完成,饭可以不吃,觉可以不睡。

(5)学习的理解能力和接受能力很快,但不求甚解,总是未想好答案就先举手。

(6)说话快,喜欢与同学争辩,总想抢先发表自己的意见。

(7)容易激动,经常出口伤人而自己不觉得。

(8)喜欢在公开场合表现自己,坚信自己的见解。

(9)姿态举动强而有力,眼光锐利而富有生气,表情丰富而敏捷。

(10)喜欢看情节起伏、激动人心的小说和电影,不爱看表现日常生活题材的作品。

2. 多血质类型的心理反应与行为表现

(1)内心的体验一般会在面部表情和眼神中明显地表现出来。

(2)是学校(或单位)一切活动的积极参加者,但表现散漫,有始无终。

(3)学习新功课(知识)容易产生兴趣,但也会很快厌烦,觉得枯燥无味。

(4)学习(工作)疲劳时,只要稍休息一下,便会立刻焕发精神,重新投入学习(工作)。

(5)理解问题总比别人快,但学习(甚至工作)常会见异思迁,注意力不容易集中。

(6)希望做难度大、内容复杂的作业(工作),但不耐心细致,总希望尽快地做完老师留的作业(或领导分派的工作)。

(7)容易产生骄傲情绪,觉得自己比别人要机智和灵敏。

(8)容易激动,但情绪表现不强烈。

(9)情感变化迅速,遇到稍不如意的事就情绪低落,稍得到安慰或遇到使他高兴的事,马上就会无比喜悦。

(10)善于交际,待人亲切,容易交上朋友,但友谊常不巩固,很少有知心朋友。

3. 黏液质类型的心理反应与行为表现

(1)不容易激动,很少发脾气,情感很少外露,面部表情单一。

(2)课堂上(工作中)守纪律,静坐听讲(做事)不打扰别人,生活有规律,很少违反作息时间。
(3)理解问题总比别人慢些,希望老师(他人)能多重复几遍。
(4)学习(工作)认真严谨,始终如一,希望做有条不紊、不太难的作业(工作)。
(5)做某项事情能集中注意力,但注意力不能很快从一件事转到另一件事上去。
(6)喜欢安静的环境,否则就学习(工作)不下去。
(7)埋头苦干,有耐久力,能承担长时间的工作。
(8)平时沉默寡言,说话没有感情渲染。
(9)善于克制忍让,心胸较宽,不计较小事,能忍受委屈。
(10)动作迟缓,反应较慢,办事力求稳妥,不做没有把握的事。

4. 抑郁质类型的心理反应与行为表现
(1)情感不易变化,在别人看来缺乏情感。
(2)学习(工作)时不愿和很多人在一起。
(3)学习(工作)容易感到疲倦。
(4)做作业(或工作)总比别人花费时间多,怕老师(他人)提问,上台答题(人多讲话)常表现出惊慌失措。
(5)喜欢复习过去学过的知识。
(6)对新知识接受能力差,但是弄懂之后就很难忘记。
(7)不爱表现自己,对出头露面的工作尽量避开,在陌生人面前怕羞。
(8)感情比较脆弱,因为一点小事就会情绪波动,容易神经过敏,患得患失。
(9)当工作或学习失误时,会感到很痛苦,甚至痛哭流涕。
(10)爱看感情细腻、富有心理活动的小说和电影。

(资料来源:大众心理学.1986,第4期,制作时略有改动。)

拓展知识

《红楼梦》中四位具有典型气质的女性
——林黛玉、薛宝钗、王熙凤和史湘云

1. 多愁善感的林黛玉,是典型的抑郁质
(1)敏感:投奔贾府时的心理描写。
(2)孤僻:"本性懒与人共,原不肯多语。"
(3)多心、猜忌和"小性儿":"想眼中能有多少泪珠儿,怎经得秋流到冬,春流到夏!"

2. 内向、稳重、善于冷静观察思维和平衡各种关系的薛宝钗,是典型的黏液质
(1)在与黛玉的相处中,从不正面反击,只是偶尔用含蓄的诗句或双关语还击。
(2)对上讨好贾母、王夫人,对下拉拢袭人、平儿和鸳鸯等,大得上下左右好评。
(3)并非心地善良,亦非豁达大度,而是善于明修栈道,暗度陈仓。

3. 聪明能干、男人所不及的王熙凤,是典型的多血质
(1)善于察言观色,见机行事,周旋于各种人之间。
(2)能在说说笑笑中摆平一切。如在治死贾瑞、馒头庵弄权、打发夏府来的小内监等事件;又如《红楼梦》第二十四回中她就是在谈笑风生中收拾李嬷嬷吵闹一事的。

4. 洒脱俊爽的史湘云,是典型的胆汁质
(1)乐观开朗、直爽坦率,但自控力差。
(2)好冲动,言行往往有失检点。如平时喜欢女扮男装,淘气,爱说爱笑,心直口快,好打抱不平等。

总之,气质具有天赋性和稳定性。气质本身没有好坏之分,但对人的心理过程的进行和个性品质的形成有作用。了解它,有利于我们注意利用旅游者气质特征的积极方面,控制其消极方面,提高商业经营艺术。

(二)性格

性格是人格特征的核心。性格是一个人对现实的稳定态度以及与之相适应的习惯了的行为方式的心理特征,具有稳定性和习惯性。

1. 性格的特征
(1)社会特征。指人对现实的个性倾向,也即如何处理社会各方面关系的性格特征。比如,有的人热爱集体,有的人则自私自利等。
(2)意志特征。指人对其行为进行调节的性格特征。它表现为是否有明确的行为目的,能否坚持自己的信念,能否自觉控制自己的行为。比如,有的人有自觉性,有的人则无自觉性等。
(3)情绪特征。指人的情绪活动对其他活动的影响,以及人对其情绪活动进行控制的性格特征。它通常表现在情绪活动的强度、稳定性、持久性和主导心境四个方面。比如,有的人乐观,有的人则悲观等。
(4)理智特征。指人在认识过程中的性格特征。它一般表现在感知、记忆、思维和想象四个方面。比如,在感知方面,有的人主动观察,有的人则被动感知;在想象方面,有的人喜欢形象思维,有的人则喜欢逻辑思维等。

2. 性格与气质的关系

性格与气质既有联系,又有区别,相互渗透,相互作用。二者均以人的高级神经系统的活动类型为其生理基础。气质是性格形成的基础,性格必然带有气质特

征的烙印,但性格又可以掩盖甚至改变气质的某些特征。比如,不同气质类型的人都可以培养积极的性格特征。气质影响性格特征形成、发展的速度,而性格一旦形成又可以在一定程度上掩盖或改变气质。二者的区别表现为:

气质	先天的	无好坏之分	表现范围窄	可塑性很小
性格	后天的	有好坏之分	表现范围广	可塑性大

(三)能力

能力是人格特征的综合表现。能力是直接影响活动效率,使活动顺利完成的必备的个性心理特征。能力总是和人的某种活动相联系,并表现在活动中。因此,能否顺利进行并出色完成某种活动,是检验人们能力的重要标志之一。一般来说,能力可分为认识能力、活动能力和特殊能力。

认识能力是指人认识客观事物,运用知识解决实际问题的能力。它包括观察力、注意力、想象力、思维力、记忆力等,统称为智力。

活动能力是指人们完成某种活动的能力。它包括组织能力、计划能力、适应能力和操作能力等。

特殊能力是指人们从事专门活动时所必需的能力。如鉴赏力、定向力、运算力、色彩辨别力等。

性格与能力的关系:首先,二者在相互制约中发展;其次,勤奋的性格特征往往可以补偿某些能力的不足,即"勤能补拙";再次,良好的性格与能力的结合,是获得事业成功的必要条件。

旅游者的气质、性格、能力等个性心理特征,是产生不同旅游行为的重要心理基础。

三、影响人格形成的因素

人格,最早起源于演员所扮演的角色,后来被引用到人生舞台,用人格来概括表达一个人的个性。人格极为复杂,可以做出一个综合性的定义:人格,是个人在适应环境过程中所表现出来的系统的、独特的反应方式。人格是人对环境做出的一种反应,带有浓重的个人色彩。这种独特的反应方式具有系统性、完整性和稳定性。人格的形成主要受遗传、环境、成熟、学习四种因素的影响。

(一)遗传

遗传因素是人格形成和发展的基本前提。如个人的神经类型、感官特点、智能潜力、内分泌系统的特点、体貌特征和血型等遗传因素,都是人格形成和发展的影响因素。

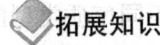 **拓展知识**

目前对遗传基因的研究令人鼓舞。这里仅介绍一下血型与人格的关系。1901年,33岁的医生兰斯坦纳发现了血型,后来又有人发现血型与人的性格有一定的关系。1984年后,在日本有一位作家出版了一本有关血型与性格方面的书,一度出现举国狂热,不仅普通人热衷于鉴定血型,连一些政府机关、大型工商企业也以血型作为雇用员工的选择标准,甚至在婚姻大事上也要考虑血型的因素。

四种血型的性格特点:

A型:倔犟、理智、谨慎、责任心强、成功多,但情绪易变。

B型:乐观热情、脾气随和、待人亲切坦率、爽快、开朗、能容忍、知心,但缺乏意志力。

O型:较自信、坚定、冷静、实干、勤恳、上进心强,但固执、不虚心。

AB型:是A、B的复合型,分偏A者或偏B者。

血型与人际关系:

A与A不好相处;A与B不好相处;A与AB不好相处;A与O好相处;B与B很好相处;B与AB是否好相处关键在AB方;B与O好相处;AB与AB工作好,爱情不好;AB与O好相处;O与O很不好相处。

值得注意的是血型与人际关系的说法,仅是一家之言,尚缺乏科学依据,不能依此在生活中生搬硬套。因为遗传因素仅是影响人格的重要因素之一,不是唯一的,而且,血型也只是遗传因素中的一个方面。人格的决定还受后天因素的影响。

(二)环境

环境,是指人出生后所处的社会环境,如社会历史条件、文化、学校、家庭等环境因素,对一个人人格发展的内容、方向、水平等构成影响,并对实现遗传的潜能起保证作用。

(三)成熟

成熟度与人格发展的阶段相对应。同一个人在不同的生理和心理年龄阶段,人格发展会有不同主题。成熟规定了人格发展的一些规律性的东西。

(四)学习

在个人成长过程中,随着个体独立性的增强,在自我意识的支配下,人可以主动地选择和获取来自环境的信息,并因此带来自身行为的变化。学习行为的自发性和主动性,以及对人格形成的影响,使它成为影响人格发展的独立变量。

四、旅游者的人格类型

(一)常见的人格类型

从心理学的角度划分,人类类型有以下几种。

1. 内倾型与外倾型

最早在心理学领域内规范地使用内倾和外倾这一概念的心理学家是荣格。他认为，人的心灵一般有两种指向，一种是指向个体内在世界，叫内倾；另一种是指向外部环境，叫外倾。具有内倾性格特点的人一般比较沉静、富于想象、爱思考、退缩、害羞、敏感、防御性强；而具有外倾性格特点的人则爱交际、好外出、坦率、随和、轻信、易于适应环境。大多数人处于内倾型和外倾型之间的某一位置。

2. 男性气质与女性气质

所谓男性气质，是指有进取心、专断和喜欢控制人，且独立性较强；而女性气质，是指温和、能容忍、细腻，且有亲和性。一般而言，男人更多地具有男性气质，女人更多地具有女性气质，但这并不是绝对的。

3. 内控型与外控型

内控型的人坚定地认为自己是自己命运的主宰，只有自己才能控制自己的命运。这种人独立性强，不容易受外界影响而改变自己的行为，也从不怨天尤人。外控型的人则相反，认为一切事情都是命运主宰的，自己处于被动地位，因此，无论成功或失败，总认为是外力作用的结果。从文化心理上看，中国人外控型居多。如说到成功时强调天时、地利、人和之类，而对自己的角色不重视。

4. 自卑型与自尊型

所谓自卑，就是认为自己软弱、无能，对自己评价较低；自尊则是自视较高，认为自己了不起，对自己估计过高。适当的自卑能使人产生追求卓越的力量，过分的自卑能摧垮一个人，令人一事无成。同样，恰当的自尊也是必要的，它是维护个人心理的统一性和保持心理健康的重要前提，但自尊过强、自视太高就可能变成一个专横跋扈、自吹自擂、傲慢无礼、爱贬低别人的人。

 特别提示

人格类型原理，是选择从业人员从事不同工作岗位的重要依据。就旅游业来说，具有外倾性格特点的人，适合从事导游、餐厅服务、公关、营销及大堂等岗位，而具有内倾特点的人，则适合从事客房服务、物品保管、收银等岗位。依据饭店工作的特点，服务人员更多地选择女性，因为女性有更多的女性气质。一个合格的旅游工作者，应该是偏向内控型的人。旅游服务工作者既不能过分自卑，也不能优越感太强。因为，有一定的自尊是必要的，保持自尊是维持与他人正常和谐交往的前提，也是做好服务工作的心理条件。自卑心强，会表现得敏感、攻击性强，容易与客人发生冲突；而自尊心太强则很难"低下头来"为客人服务，难以履行自己的角色职责。

(二)旅游者的人格类型

前面,我们介绍了人格类型的心理学划分方法,对人格类型有了初步了解。其实,人格类型是可以从不同角度进行划分的,为了更全面地理解旅游者的人格与旅游行为的关系,我们可从以下多个角度来分析。

1. 从行为倾向角度来划分

根据旅游者行为倾向,可划分为以下几种类型:

(1)神经质型旅游者。神经质一词,在变态心理学中是指具有敏感、易变等不完善人格的人。神经质型旅游者的行为倾向,表现为厌倦、脾气乖戾;急躁、大惊小怪;兴奋、易激动;无礼、事必挑剔;敏感、难以预测。

这类客人通常情况下占游客比例较低,也最难服务。但随着生活节奏日益加快,外在压力的增大,导致神经质型旅游者有增加的趋势。从旅游业的角度来说,旅游服务人员没有选择客人的权利,只能给客人以舒适、抚慰和尊严。所以遇到这类客人,要尽早发现,给予关注、谨慎相处,保持适当距离,不适合表现出过分主动和热情。

(2)依赖型旅游者。依赖型旅游者的行为倾向,表现为羞怯、易受感动、拿不定主意。这类客人一般是人格不够健全的幼稚型旅游者、初次出门的旅游者,年老和年幼或难以自理的旅游者,以及不熟悉情况的外国客人。

这类客人需要更多的关注和同情。如果不为他们提供详细的服务项目、收费情况等,他们便难以充分享受和消费旅游业所能提供的各种产品,从旅游业角度看也就失去了商机。

(3)使人难堪型旅游者。使人难堪型旅游者的行为倾向,表现为爱批评、漠不关心、沉默寡言。这类客人的心中好像有许多不平事,属于原则对外的那类人。他们只是对别人提要求,从来不会进行心理换位,而很少理解和关心别人。对这类客人要谨慎、周到、注意细节。

(4)正常型旅游者。正常型旅游者占绝大多数,对于他们,服务人员可以充分发挥自己的聪明才智,向他们提供各种充分有效的服务。

2. 从性格倾向角度划分

与内倾、外倾分类方法相近,可以把人们分为心理中心型和他人中心型两大类。心理中心型的人计较小事,考虑自己,心情有些压抑,不爱冒险。他人中心型的人喜欢冒险、自信、好奇、外向,急于与外界接触,喜欢在生活中进行新的尝试。

心理中心型的人显然要求他的生活具有可测性,他们最强烈的旅游动机是休息和松弛一下。而他人中心型的人则希望生活中有一些估计不到的东西。他们一般爱到那些比较偏远的、不太为人所知的地方去旅游,若能去一些没有听说过的地方,体验一些新的经历,避免千篇一律,他们会感到十分满意。

3. 从个性倾向角度划分

根据旅游者的需要、价值观、爱好和态度等个性倾向,可以分为以下几种类型:

(1) 喜欢安静生活的旅游者。这类旅游者重视家庭,关心孩子,维护传统,爱好整洁,而且对身体健康非常关注。尽管他们也有足够的钱用来旅游,但其更愿意将较多的钱用来购置家具,花更多的时间维修和粉刷房屋等。当然,他们对于一次幽静的度假也会十分欣赏。一般情况下,他们选择的旅游目的地大多是环境宜人的湖滨、海岛、山庄等旅游区。他们喜欢清新的空气、明媚的阳光,喜欢逛动物园、钓鱼、与家人野餐。这种人喜欢平静的生活,不愿意冒任何风险,而且对广告从来都抱怀疑态度。

我们了解了这类旅游者的个性倾向,就可以知道哪些产品及其宣传方式适合他们。因此,在激发这部分人的旅游动机、引导他们的旅游行为时,就应该着重强调该旅游目的地能够提供全家在一起度假的机会,这将有助于培养孩子们对户外活动的兴趣,应告诉他们,目的地的空气有多么清新,环境是多么清洁等。

(2) 喜欢交际的旅游者。这类旅游者活跃、外向、自信、易于接受新鲜事物,他们喜欢参加各种社会活动,认为旅游度假的含义不能局限于休息和放松,而应该把它看成是结交新朋友、联络老朋友、扩大交往范围的良好时机。他们还喜欢到遥远的、有异国情调的旅游目的地去旅游。他们是敢作敢为的,对新经历总是充满兴趣。

(3) 对历史感兴趣的旅游者。对历史感兴趣的旅游者认为,旅游度假应该过得有教育意义,能够增长见识,而娱乐只是一种次要的动机。他们认为旅游度假是了解他人、了解异地习俗和文化的良机,是使自己和家人了解产生过一定历史影响的人物和事件的良机。

对历史感兴趣的旅游者,之所以对受教育和增长见识如此重视,是因为他们把自己的家庭和孩子看成是生活中最重要的部分,认为帮助和教育孩子是做家长的主要责任。因此他们认为假期应该是为孩子安排的,并且认为全家能在一起度假的家庭是幸福的家庭。因此,要想吸引这类人去旅游,就应在对旅游景点的宣传上,突出其所能提供的受教育、长知识的机会,并强调全家可以在一起度假。

五、人格与旅游行为

1964年,加拿大临床心理医生埃里克·伯恩博士在其专著《人们玩的游戏》一书中,提出一种新的人格结构理论。该理论认为,人格是由"儿童自我状态""成人自我状态"和"父母自我状态"三种自我状态构成的。这三种自我状态大体上与弗洛伊德的"本我""自我""超我"相对应。每种状态都有其独立性,在任何情况下,人的行为都受到这三种人格状态或其中之一的支配。

1. 儿童自我状态

儿童自我状态,是一个人的人格中感受挫折、无依靠、欢乐等情感的那一部分,也是好奇心、想象力、创造性、自发性、冲动性和新发现引起激动的源泉。儿童自我状态引发人们完全不受压抑、表面可笑的行为,天真烂漫的行为以及自然的言行。

儿童自我状态,是人格中主管情绪、情感的部分,同时人们大部分的渴求、需要和欲望也由它掌管。可见,儿童自我状态表现出的大多是原始的、具有动机或动力性的东西。如果一个人的儿童自我状态较弱,就是一个缺乏活力的、刻板的人。

2. 成人自我状态

成人自我状态,是人格中支配理性思维和信息客观处理的部分。它掌管理性的、非感情用事的、较客观的行为。当一个人成人自我状态起主导作用时,往往表现为冷静、处事谨慎、尊重别人,喜欢探究为什么、怎么样等。

3. 父母自我状态

父母自我状态,是人们通过模仿自己父母或心目中具有父母一样权威的人物而获得的态度和行为方式。父母自我状态提供一个人有关观点、是非、怎么办等方面的信息。

父母自我状态以权威、优越感为标志,是一个"照章办事"的行为决策者。通常以居高临下的方式表现出来,并具有两面性。一方面是慈母式的同情、安慰;另一方面是严父式的批评、命令。

三种状态的语言、语调、非语言表现,见表4-1。

表4-1 儿童、成人及父母自我状态的表现

	语言表现	语调	非语言表现
儿童自我状态	孩子的口吻:我想要,我要,我不知道,我不管,我猜,当我长大时,好得多,好极了	激动、热情、高而尖的嗓门、尖声嚷嚷、欢乐、愤怒、悲哀、恐惧	喜悦,笑声,咯咯笑,可爱的表情,眼泪,颤抖的嘴唇,嘟嘴,发脾气,眼珠滴溜溜地转,垂头丧气的眼神,逗趣,咬指甲,扭身子撒娇
成人自我状态	为什么,什么,哪里,什么时候,谁,有多少,怎么样,有可能,我认为,依我看,我明白了,我看	几乎像计算机那样不假思索	直截了当的表情,舒适自如,不很热情,不激动,漠然
父母自我状态	按理,应该,绝不,永远,不要,别,不,让我告诉你应该怎么做 评论的语言:真蠢,真讨厌,真可笑别再这样做了! 你又想干什么? 我跟你说了多少遍了? 请你千万记住,好孩子,好宝贝,真可怜	高声=批评 低声=抚慰	皱眉头,指手画脚,摇头,惊愕的表情,跺脚,双手叉腰,搓手,叹气,拍拍别人的头,死板

4. 三种状态的关系

对一个心理健康的人来说,三种自我状态应处于协调、平衡的关系之中,共同起作用。在不同的情境中,哪种自我状态起主导作用,要视当时的具体情况而定。

如果一个人的行为长期由某一种自我状态支配,那么,他就是一个心理不健康者;一个总是处于父母自我状态的人,往往把周围的人都当成孩子看待;一个总是处于成人自我状态的人,通常被称为是易惹人生厌的人,其与周围的人可能相处得格格不入,因为他人格中关心他人的父母自我状态和天真活泼的儿童自我状态的方面都被抑制了;总是处于儿童自我状态的人,一辈子都像个孩子,永远也不想长大,从不独立思考,从不对自己的行为承担责任。

当然,在日常生活中有的人身上虽然某种自我状态占优势,但他也是正常的。比如,我们常见有的人较富理性,有的人更具责任感,而有的人更浪漫一些等,都属于正常现象。

5. 人格结构与旅游行为

人格结构理论,为我们分析旅游消费行为和旅游服务行为提供了非常有价值的角度。

一般来说,人们的旅游动机主要存在于儿童自我状态中,其旅游动机最容易被诱惑激发。所以常规的旅游促销方法,是首先要激发旅游者的欲望、情感;其次要进行理性说服,让其成人自我状态得出"可以""还合适"等结论;最后是要提出一个高尚的或有意义的理由,以满足其父母自我状态需要,比如"这样做既合乎身份,又有利于工作"等。总之,在旅游促销过程中,要做到"打动""合理化""意义化"。

在旅游服务过程中,常规的服务方法是:对父母自我型的旅游者,要用儿童自我状态先接受下来,避其锋芒,使客人的自尊心得到一定程度的满足,而后再设法调动客人的成人自我状态并晓之以理;对儿童自我型的旅游者,要用父母自我状态的慈爱一面,展现出宽容、忍让,先予以缓冲、消气,而后再唤起其成人自我状态,进行平等、理性的交往。

第二节 旅游者的特征心理

一、旅游者的性别心理

由于社会分工的不同,在生活空间、社会联系和交往,以及所受教育程度和千百年所形成的心理定式等因素的影响下,男女性别的特征心理存在差异。

(一)男性旅游者心理

男性旅游者在旅游活动中,一般有如下几方面的表现:

1. 独立

在旅游活动中遇到问题时，喜欢独立思考、自主决策，在旅游团里尤其不喜欢受女领队的领导。

2. 坚定

在旅游活动中敢于迎难而上，遇挫折不气馁，具有较强的自我控制能力。

3. 务实

在旅游活动中考虑问题比较实际，不易受情绪的感染。

4. 粗犷豁达

在旅游活动中往往考虑问题不周，观察问题不细；在一些小事上不计较，不愉快的事情遗忘快；为人处世比较通情达理。

5. 好表现

在旅游活动中遇事爱出风头，往往在导游员解说之前抢先发表自己的意见，更喜欢在女性面前表现自己等。

(二) 女性旅游者心理

女性旅游者在旅游活动中，一般有如下几方面的表现：

1. 心细

女性在旅游活动中常常联想丰富，办事细致，善于观察，考虑问题比较周详，处事比较严密。

2. 感情丰富

女性的感情丰富并容易受感染。在旅游活动中，旅游产品品位、特色、环境气氛易使女性产生购买欲望。当她考虑到某种消费对其子女有重要意义时，感情色彩将更加强烈。在旅游过程中，导游人员富有表现力的解说，能激发其强烈的爱憎，即便是美丽的自然风光也易使其动情。

3. 主意变化快

女性主意多变，在众多旅游选择上很难做出决断，往往是朝令夕改，改后又常常后悔。

4. 胆怯

女性办事比较谨慎，缺乏自信，对旅游团所规定的纪律及游览场所的一些规定，都能够自觉遵守。

5. 气量狭窄

女性心胸相对狭窄，气量较小，在旅游活动中与人相处常受不得委屈和讽刺，并且对旅游产品的实际意义和具体利益表现出强烈的要求。

6. 固执

女性有较强的自我意识和自尊心，对外界事物反应敏感。她们常以挑剔的目光对消费的内容及消费的标准进行评价，并相信自己所购买的产品是最有价值的，对别人的否定意见很不以为然。

二、旅游者的年龄心理

处于不同年龄阶段的人，会表现出不同的心理特征。

(一) 儿童旅游者心理

儿童，指从出生到 11 岁的人。儿童在生理和心理上变化较快，在旅游活动中常表现出以下特点：

(1) 从纯生理性需要逐渐发展为带有社会内容的需要。
(2) 情绪从不稳定发展到稳定。

(二) 少年旅游者心理

少年，指 11~15 岁的人。少年的心理和行为特征，在旅游活动中表现出以下特点：

(1) 有成人感。
(2) 旅游购买独立倾向性开始确立，旅游行为趋向稳定。

(三) 青年旅游者心理

青年，指 15~30 岁的人。青年旅游者在旅游活动中有其独特的心理和行为。

(1) 追求时尚，表现时代。
(2) 追求个性，表现自我。
(3) 追求实用，表现成熟。
(4) 追求档次，表现享受。

(四) 中年旅游者心理

中年，一般指男性 30~60 岁之间，女性 30~55 岁之间。中年旅游者在旅游活动中最突出的心理和行为表现为：

(1) 注重实用。
(2) 注重理性。

(五) 老年旅游者心理

老年，一般指男性 60 岁以上，女性 55 岁以上。老年旅游者在旅游活动中的表现为：

(1) 习惯性强。
(2) 自尊心强。
(3) 怀古忆旧强烈。
(4) 注重方便和实用。

三、旅游者的职业心理

职业，作为社会阶层的指示器，明显地显示出不同职业角色的人，有其不同的社会地位和独特的生活方式。这种不同的社会地位和独特的生活方式反映在价值观念、人际关系和自我知觉中。因而,不同职业的人在旅游活动中的心理和行为,具有较大的差异。

(一)职业地位较高者的旅游心理

职业地位较高者,如官员、教授、董事长、明星、高级记者等。此类职业的人大都追求旅游产品和服务的高品位和高标准,在旅游活动中显示成熟感和成就感,强调生活潇洒、文雅,花钱符合自己的身份地位,用词考究,举止大方,喜欢购买艺术品和古玩,喜欢得到他人的尊重等。

(二)职业地位处于中等者的旅游心理

职业地位中等者,比如一般的公务员、经理、高级职员、个体业主等。此类职业的人一般是事业上的成功者,他们的消费活动指向主要是社会接受性。因此,在旅游活动中对自己的形象倍加关注,对旅游产品和服务的要求不仅注重质量,而且还追求情趣和格调;对旅游活动的选择常常表现出十分的自信;在消费形式上看重的多是"经历",在消费活动中关注的是自我形象和"留下典型记忆"的美好过程。

(三)职业地位较低者的旅游心理

职业地位较低者,如从事一般职业的工人、农民、学生和待业者。此类职业的人非常热爱生活,因收入较低,很少外出旅游。然而一旦决定外出旅游,他们对安全和保险十分重视,对旅游产品和服务的获得和满足十分迫切。

综上所述,在旅游活动中,不同职业的人对于旅游点的选择和爱好是各不相同的,一般情况是根据各自的专业和兴趣选择旅游产品。如喜爱历史的人,对以往的文化持有特殊的感情和兴趣,最喜欢到博物馆、艺术展览馆、历代古都、名寺古刹、文化遗迹等地参观访问游览;也喜欢会见同行,了解同行的生活、学习、工作等。对旅游产品和服务的期望,因价值观的不同,也会表现出较大的差异。

四、旅游者的地域心理

来自不同地域、民族的旅游者,由于生存的自然条件和所处的文化背景不同,在心理特征方面所表现出来的差异,称为地域心理。地域心理是旅游企业划分客源市场的重要依据。旅游从业人员面对的是来自"五湖四海"的旅游者,熟悉地域心理是做好"个性化服务"的重要条件,也是旅游企业开拓旅游客源市场的重要条件。

要熟悉地域心理一般可以从客源地的自然条件、文化概况、经济发展和旅游业概况四个方面进行了解。

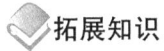拓展知识

如何熟悉日本游客的地域心理?

熟悉日本游客的地域心理可以从以下几个方面入手:

(1) 自然地理,包括地理位置、地形特征、气候特征和自然资源特征等。
(2) 人文地理,包括国名、国旗、国花、人口、民族、语言等。
(3) 历史轨迹,包括第一代天皇的传说、古代的日本、明治维新、战后历史等。
(4) 政体特征,包括天皇、国会和内阁等。
(5) 文化神韵,包括日本人的"岛国意识"、独特全新的大和文化、宗教文化、文学艺术、民俗风情等。
(6) 经济脉搏,包括农业、工业、对外贸易等。
(7) 旅游资源与旅游业,包括旅游资源与主要旅游地,旅游业概况等。

在上述的内容中,重点要了解日本的民俗风情和出境游状况。

案例分享 4-1　美国客人的幽默

某天晚上8点多钟,有一位美国客人到某酒店餐厅吃饭。这位客人坐下后,不断地与服务员交谈,让服务员给他介绍有什么好吃的。他对周围的一切都非常好奇,不是看花瓶、餐具,就是研究筷子架,还让服务员教他如何使用筷子。最后,他点了一个中式牛柳、一个例汤和一碟青菜。很快,菜就上齐了。他首先把牛柳摆在面前,迫不及待地吃起来。只见他将一块牛柳放进嘴里咬了几下,就把牛柳吐在骨碟上,接着又连试了几块,都是如此。这时,他无可奈何地擦了擦嘴,招手示意服务员过去。当服务员走到他面前时,他非常幽默地说:"小伙子,你们这里的牛一定比我的爷爷还老,你看看我的嘴对此非常不高兴,它对我说能否来一点它感兴趣的牛柳呢?"说完,他就笑眯眯地望着服务员,等候他的回答。服务员说了声对不起,请他稍微等一会儿,便马上去找主管。主管来了以后对这位客人说:"此菜是本酒店奉送的,免费。"他说完就走开了。这位客人结账时对服务员说:"看来今晚要麻烦送餐部了"。

思考题

1. 案例中的美国客人属于哪种人格类型呢?请从案例中找出根据来。
2. 假设客人是别的人格类型的人,他们分别可能会怎样对待牛柳不好吃这件事?

案例分享 4-2
消费者退换商品策略

在中国质量万里行活动中,不少制造、销售伪劣商品的工商企业被曝光,消费者感到由衷的高兴。3月15日是世界消费者权益日,某大型零售企业为了改善服务态度、提高服务质量,向消费者发出意见征询函,调查内容是"如果您去商店退换商品,售货员不予退换怎么办?"要求被调查者写出当自己遇到这种情况时会怎样做。其中有这样几种答案:

(1)耐心诉说。尽自己最大努力,苦口婆心慢慢解释退换商品的原因,直至得到解决。

(2)自认倒霉。向商店申诉也没有用,商品质量不好又不是商店生产的,自己吃点亏,下回长经验。

(3)灵活变通。找其他好说话的售货员申诉,找营业组长或值班经理求情,只要有一人同意退换就有望解决。

(4)据理力争。绝不求情,脸红脖子粗地与售货员争到底,不行就向媒体投稿曝光,或向工商局、消费者协会投诉。

思考题

1. 上述调查内容能否反映出消费者个性心理特征的本质?
2. 四种答案各反映出消费者哪些气质特征?
3. 请写出另外两种可能的答案。

心理测验 4-1
怎样测定自己的个性

现代对个性评定的主要方法有投射技术和问卷法两种。

这里运用统计学方法,从艾森克个性问卷中筛选出20道题,用以自我评定个性,这样便可对自己的个性有个粗略的了解。

问卷(回答"是"或"否")

1. 你是否比较活跃?
2. 你是否健谈?
3. 你有许多朋友吗?
4. 你喜欢对朋友讲笑话或有趣的故事吗?

5. 新交朋友时一般是你采取主动吗？
6. 你是否常常超过你的时间允许参加许多活动？
7. 你认为你是个乐天派吗？
8. 你喜欢忙忙碌碌和热热闹闹地过日子吗？
9. 你有许多不同的业余爱好吗？
10. 别人认为你是生气勃勃的吗？
11. 你常常无缘无故地感到无精打采和倦怠吗？
12. 你是一个多忧多虑的人吗？
13. 你觉得自己是一个神经过敏的人吗？
14. 你是否常常觉得人生非常无味？
15. 你是否总在担心会发生可怕的事情？
16. 你的心境是否常有起伏？
17. 你曾经无缘无故觉得"真是难受"吗？
18. 你常感到孤单吗？
19. 你认为自己很紧张，如同拉紧的弦一样吗？
20. 当人家寻你的差错、找工作中的缺点时，你是否容易在精神上受到伤害？

个性倾向：内向、中间、外向，稳定、中间、不稳。

记分方法：

每题回答"是"即记一分，答"否"则不记分。

前10题的总分反映自己的个性倾向。其中1~3分为内向型，4~7分为中间型，8~10分为外向型。

后10题的总分反映自己情绪的稳定性，即神经质水平。其中1~3分为稳定型，4~7分为中间型，8~10分为不稳定型。然后在下图中作两条直线，相交处便是你的个性类型。如果前10题为8分、后10题为3分，即表示自我心理测试的结果为个性外向、稳定，属多血质型。见图4-2。

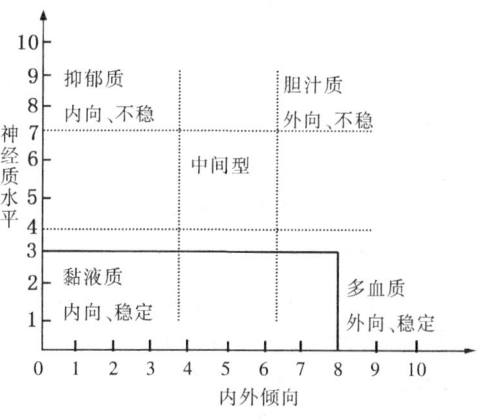

图4-2 个性类型对照图

（资料来源：林秉贤.管理心理学.北京：群众出版社，1990：327-329.）

心理测验 4-2
内外向人格调查表

1. 能独断独行——是(否)
2. 快乐主义人生观——(是)否
3. 喜静安闲——是(否)
4. 对人十分信任——(是)否
5. 筹划、思量5年以后的事——是(否)
6. 愿在家,不愿参加集体活动——是(否)
7. 能在大庭广众中工作——(是)否
8. 常做同样的工作——是(否)
9. 觉得集会乐趣与个别交际无异——(是)否
10. 三思后决定——是(否)
11. 不愿别人提示,愿独出心裁——(是)否
12. 喜安静而非热闹的活动——是(否)
13. 工作时不愿有人在旁观看——是(否)
14. 讨厌呆板的职业——(是)否
15. 宁愿节省而不耗费——是(否)
16. 不常分析自己的思想与动机——(是)否
17. 好做冥思幻想——是(否)
18. 愿意有人在旁观看自己擅长的工作——(是)否
19. 发怒时不加抑制——是(否)
20. 工作因人赞赏而改善——(是)否
21. 喜欢兴奋紧张的工作——(是)否
22. 常回想自己——是(否)
23. 愿做群众运动的领袖——(是)否
24. 善公开演说——(是)否
25. 愿梦想成为事实——是(否)
26. 很讲究写应酬信——是(否)
27. 做事粗糙——(是)否
28. 深思熟虑——是(否)
29. 能将强烈情绪表现出来——(是)否
30. 不拘小节——(是)否

31. 对人十分小心——是(否)
32. 喜猜疑——是(否)
33. 轻听人言不假思索——(是)否
34. 与观点不同的人自由联络——(是)否
35. 愿读书不愿做实际工作——是(否)
36. 好读书不求甚解——(是)否
37. 常写日记——是(否)
38. 在群体中缄口不语——是(否)
39. 不得已而动作——(是)否
40. 不愿回想自己——(是)否
41. 工作有计划——是(否)
42. 常变换工作——(是)否
43. 对麻烦事愿避免,不愿承担——是(否)
44. 重视谣言——是(否)
45. 信任别人——(是)否
46. 非极熟悉的人不轻易信任——是(否)
47. 愿研究别人而不研究自己——是(否)
48. 放假愿找安静的去处而不喜欢热闹场所——是(否)
49. 意见常变化而不固定——(是)否
50. 任何场所均愿抒发己见——(是)否

说明

1. 凡带括号( )的代表外向;无括号的代表内向。
2. 如果被试者不能确定"是"和"否",可以不回答。
3. 上面50个题目中,25个属外向,25个属内向。如果不符合,就在"否"上画"〇"。

评分公式

向性指数 = (外向性反应总数 + 1/2 没有回答的总数 × 100) ÷ 25

(资料来源:叶奕乾,等.图解心理学.赣州:江西人民出版社,1982:380 - 382.)

 思考与练习

1. 什么是人格?举一个例子说明某个因素是如何影响人格形成的。
2. 简述气质、性格和能力的关系。

3. 根据人格特征理论,真实描述出你自己的气质和性格特征,并分析自己最合适的工作岗位是什么。

4. 选一个你最喜爱的旅游目的地,针对某一特定的细分市场,按照旅游者的特征心理要求,设计一个旅游宣传方案。

第5章

旅游服务心理的实用原理

引　言

通过本章的学习，你将了解旅游者在旅游中的心理期待，认识人际交往和旅游服务的特性，学会旅游心理服务的技巧，更好地服务于旅游者，有效预防投诉，赢得旅游者的认可。

学习目标

1. 能根据人际交往两重性原理理解旅游心理服务的基本内涵。
2. 能运用旅游心理服务的两条要诀使客人获得更多的亲切感和自豪感。
3. 能根据客人投诉心理，正确运用投诉处理方法和预防投诉措施。

第一节　旅游服务的双重性

旅游者可视为"花钱买旅游"的消费者，但是"花钱买旅游"与花钱买电脑、空调等"实实在在"的东西有很大的不同。人们不可能把"旅游"像电脑、空调那样买回自己家里去，"花钱买旅游"买到的只是一种"经历"，即"旅游经历"。那么，人们为什么要花钱买"旅游经历"呢？从心理学角度来回答这个问题，其答案是：旅游经历既能使人获得一些"美好的感受"，又能使人忘掉一些"不好的感受"。

一、旅游者的"三求"心理

现代旅游者普遍地具有在旅游中"求补偿""求解脱"和"求平衡"的心理。

"求补偿"，是指想在旅游中获得日常生活中所缺少的新鲜感、亲切感和自豪感。

"求解脱"，是要在旅游中摆脱日常生活中的精神紧张。

"求平衡"，表现在以下两个方面：

一方面，是旅游者要"通过旅游"来纠正日常生活中的失衡。对于绝大多数人来说，日常生活中熟悉的东西太多，新奇的东西太少，因此需要通过旅游去接触大量新奇的东西,以此来纠正日常生活中的失衡。当然,也有相反的情况。有些人所从事的工作使其生活有了太多的复杂性,因此,他们不需要用"复杂性",而需要用"单一性"来恢复平衡。如果他们去旅游,可能只是想到一个安静的地方去过几天宁静的生活。

另一方面,是旅游者要"在旅游中"保持必要的平衡。新奇的东西固然有吸引力,但并不是新奇的东西越多越好,也不是越新奇越好,超过一定的限度,"吸引"就会变成"排斥"。因此,旅游经营者在用许多新奇的东西吸引旅游者的同时,还应提供一些为旅游者所熟悉的东西,以此来保证旅游者在旅游环境中的心理平衡。

"求补偿心理""求解脱心理"和"求平衡心理"就是旅游者的"三求"心理。"三求"对"旅游者想在旅游中得到什么"的问题,作了一个"一般性的回答"。说它是"一般性的回答"有两层意思:其一,一般来说,只要是旅游者,就会有"三求"心理,这是旅游者的共性;其二,"三求"只说了旅游者的"共性",并没有说出旅游者的"个性"。这就是说,记住"三求"是没有错的,但只记住了"三求"并不等于已经"了解了旅游者心理",还需要具体地去了解每一位旅游者求什么样的补偿、求什么样的解脱和求什么样的平衡。

 **特别提示**

不要忽视旅游者个性心理

记住"三求"是没有错的,但只记住了"三求"并不等于已经"了解了旅游者心理",还需要具体地去了解每一位旅游者求什么样的补偿、求什么样的解脱和求什么样的平衡。

二、人际交往的双重性

一般来说,人与人打交道,是为了办成某一件事情、解决某一个问题,这个过程具有双重性。一方面,事情是否顺利办成了,问题是否顺利解决了,这些是属于"功能方面"的;另一方面,人与人走到一起,相互之间产生了好感还是产生了反感,双方的交往是愉快的、值得回忆的美好经历,还是不愉快的、不堪回首的难过经历,这些则是属于"心理方面"的感受。

人际交往既有"功能方面"的,也有"心理方面"的。人们之所以要与他人交往,既是为了获得功能上的满足,也是为了获得心理上的满足。所谓获得功能上的满足,一般是指把事情办成功,或者是使问题得到解决;而获得心理上的满足,虽然有时只是为了避免孤寂,但更多的则是为得到他人对自己的关心、理解和尊重。

从心理学角度,可以把服务看作是一种特殊的人际交往。服务发生于人与人之间的交往之中,是通过人际交往来实现的。当然,服务与一般的人际交往有所不同,交往双方所扮演的社会角色不同,一方是提供服务者,而另一方是接受服务者。

既然人际交往有其"功能方面"和"心理方面"的两重性,那么,作为特殊人际交往的服务也必然具有其"功能方面"和"心理方面"的两重性。

三、旅游服务的双重性

旅游者作为旅游企业的客人,他们在与旅游服务人员的交往中希望得到什么呢?客人不仅期待着旅游服务人员帮助他们解决种种实际问题,还期待着旅游服务人员成为他们的"知心人",帮助他们消除种种不愉快的感受,获得各种愉快的感受,留下可以"长期享用"的美好记忆。所以,旅游工作者一方面要为客人提供优质的功能服务,另一方面还要为客人提供优质的心理服务。这就是旅游服务所包含的双重性。

旅游服务的功能服务,是指帮助游客解决食、宿、行、游、购、娱等方面的种种实际问题,使客人感到安全、方便和舒适的服务。

旅游服务中的心理服务,是指能让客人获得心理上的满足的服务。

拓展知识

旅游心理服务的理解

对旅游心理服务的较为全面的解释是:让客人获得心理上的满足——让他们在旅游中获得轻松愉快的经历,特别是要让他们经历轻松愉快的人际交往,在人际交往中增加亲切感和自豪感。

实现优质服务,就是既要为客人解决种种实际问题,又能让客人得到心理上的满足。即使不能完全按照客人的要求解决他们的实际问题,也要在客我交往中让客人得到心理上的满足。

功能服务的质量,往往受到旅游企业所具有的种种物质条件的制约,同时也取决于服务人员所具有的知识和技能;而心理服务的质量,则主要取决于服务人员是否有爱心和热忱,是否善解人意。

第二节 旅游心理服务的要诀

为客人提供心理服务有两条要诀:一是让客人觉得你和蔼可亲,使客人获得更多的亲切感;二是让客人对自己更加满意,使客人获得更多的自豪感。

一、让客人觉得你和蔼可亲

服务人员在客我交往中要为客人提供心理服务,就必须要有恭敬的态度和敏锐的观察力,并有效地运用"有声语言"与"无声语言",在客人心目中树立一个富于人情味的、和蔼可亲的形象。远在异乡的客人们,对导游的一句问候、一个简单的搀扶,都会心存无限的感激。

(一)谦恭的态度

要让客人觉得你和蔼可亲,服务人员必须首先做到对客人态度谦恭。

谦恭,是一种良好的行为方式,是指对客人的感受非常灵敏,避免言行上的任何不必要的冒犯。当服务人员没有听懂客人的问话时,不要简单地问:"什么?你说什么来着?"而应该这样问话:"请原谅,您能重复一遍吗?"或者:"对不起,请您再说一遍,可以吗?"不要告诉客人他们必须做什么,而应该采取建议的方式:"我认为……可能更好,您觉得怎么样?"

总之,要意识到能够使客人感觉你和蔼可亲,这才符合谦恭的行为方式。

(二)讲究措辞

说话在塑造良好的客我关系中是极其重要的,服务人员可以通过训练改进说话的方式、速度、语调及词句的选择,使客人觉得你和蔼可亲。

服务人员使用"文明礼貌语言"要形成习惯,要了解"同样的话"有哪些"不同的说法",一般情况下,用肯定的语气说话比用否定的语气说话会使人感到柔和一些。在客我交往中,特别是在表达否定性意见时,要尽可能采用那些"柔性"的,让客人听起来觉得"顺耳"的,而不是"刚性"的,让客人听起来觉得"逆耳"的表达方式。

当服务人员要对客人提出某种要求时,最好用肯定的说法,比如可以说"请您……",而不要用否定的说法,如"请不要……"。

当服务人员不能马上满足客人的要求时,最好是向客人说明你过一会儿可能为他做什么,而不是仅仅说你现在不能为他做什么。

当服务人员不能接受客人的某个意见或建议时,最好是先复述客人陈述的内容,比如可以说"您的意见是……""您的看法是……",这样可以表明服务人员耐心倾听并且明白了客人的想法,表示出对客人尊重的态度,然后再表明自己的想法:"我认为……也许更合适。"绝不要轻易否定客人的意见或建议。

在拒绝客人的某些要求时,也可以先复述客人的要求,然后再表明自己愿意为客人效劳,并说明由于什么原因不能完全遵从客人的要求,最后提出自己的建议,取得客人的谅解。

（三）善于运用"无声语言"

服务人员在客我交往中不仅要善于运用"有声语言"，而且要善于运用"无声语言"即体态语言，做到"有声语言"与"无声语言"并用，两种语言互相补充，配合得当。眼神、表情、体态、姿势等无声语言的表现，可以通过平时的努力和训练来提高。

眼神接触是一种有效的体态语言沟通方式，当服务人员与客人交谈时，注视着对方的眼睛，就意味着在集中精力倾听客人说话，表示了对客人的尊重。服务人员开始与客人说话以后，应该面向客人并且正视客人，不可东张西望。如果客人发现你在听他说话的时候，眼睛却盯着别处或看着地板，那么客人会立即失去交谈的兴趣。眼神接触，对沟通过程具有反馈作用和强化作用。当然并不是说要目不转睛地盯着对方，不能显得咄咄逼人，而应该通过目光让对方感觉到你在认真倾听，没有分散自己的注意力，否则会被认为心不在焉乃至没有礼貌。但是死盯着对方又会被误认为是一种威胁。有没有眼神的接触还意味着服务人员是否具有信心，一般来说，有信心的人往往正视对方。一个优秀的服务人员，必须培养在与客人说话时正视对方的习惯，这种习惯在客我交往中，能够使交往更加顺利融洽。

微笑，作为旅游服务程序的灵魂的十把金钥匙之一，是各国客人都能够理解和欢迎的世界语言。微笑在客我交往中意义重大，它意味着友善，象征着诚意，减少了不安，化解了敌意。当服务人员和颜悦色、满面春风地对客人笑脸相迎的时候，微笑就向客人传递了"我们对您表示欢迎，我们愿意为您效劳"的信息。真诚、热情、发自内心的微笑最能使客人觉得你和蔼可亲，是赢得客人满意的最有效的手段。

我国古代就有"非笑莫开店"这样的俗语，微笑能使客人产生好感，给企业带来财富。其貌不扬的日本推销员原一平就是以他最纯真、最甜美、最令人倾心的微笑征服了客户，被人们誉为"推销之神"。

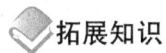拓展知识

希尔顿饭店的微笑服务饮誉全球

希尔顿饭店集团是世界上规模最大的旅游饭店集团之一。其成功秘诀中最重要的一条，就是服务人员"微笑的影响力"，希尔顿饭店的微笑服务享誉全球。已故的希尔顿集团公司董事长康纳·希尔顿年轻时接受其母亲的忠告，找到了一种简单易行、不花本钱、行之持久有效的"法宝"——微笑。在他从业的50多年里，无论到分设在哪个国家的希尔顿饭店视察，他问上至总经理，下至一线各级员工最多的一句话，就是："今天你对客人微笑了没有？"

日本最大的饭店之一新大谷饭店,也提出了"微笑是打动人心弦最美好的语言""微笑是通往全世界的护照""笑脸相迎将使你们的工作生辉"等口号。所以,作为旅游服务人员,应该牢记康纳·希尔顿先生的一句比喻:"如果饭店里只有第一流的设备而没有第一流服务员的美好微笑,正好比花园里失去了春天的阳光与和风。"

姿势,是指身体呈现的样子;动作是身体的活动。客人往往也从服务人员的姿势和动作上判断他们是否友善、是否可信、是否细心、是否灵活。服务人员坐、立、行的姿态,都能给客人留下好的或是不好的印象。所以,服务人员要注意自己的各种姿态和动作。站要直立,坐要端正,走路要抬头挺胸,姿势和动作都要显得精神饱满。

一个人的行为方式对他的心理有很大的暗示作用,信心也可以从站姿、坐姿、行姿中体现出来。行动有信心,就能够树立信心;动作无精打采,心理就容易消沉;行为友善,态度就会友善,也容易与客人形成友善的关系;站立直而稳,大脑反应就会快而准。所以,旅游服务人员平时应注意纠正那些使自己和客人感到不舒服的姿势。

行为动作方式因文化的差异而有所不同。服务人员在与客人打交道时,与客人之间应该保持多大的距离是因人而异的,而且与文化背景的差异也有很大的关系。

(四)敏锐的洞察力

要让客人觉得你和蔼可亲,服务人员必须善于洞察客人的情绪变化,及时做出恰当的反应。服务人员可以通过训练提高自己从客人的面部表情来洞察其内心感情的能力。比如,在看电视时,把电视机的音量调到零,集中注意力仔细观察画面上的人物表情,体会他们的内心情感,然后再调出声音,加以对照。这样反复多次,学会准确地洞察人们的情绪变化,锻炼敏锐的观察力。

总之,只有充分地了解客人的心理,才能做出适当的、能使客人满意的反应。

二、做客人的一面"好镜子"

(一)人际交往中,人们相互之间起着"镜子"的作用

人的自我评价与别人对他的评价是紧密相关的。如果一个人经常从别人那里获得肯定性的评价,他就会感到自豪;相反,如果经常从别人那里获得否定性的评价,他就会感到自卑。总之,人们都重视自己在别人心目中的形象,而且是从别人如何评价自己来判断自我形象的。人们总是把别人当作自己的一面镜子来看待。所以,我们说在人际交往中,人们相互之间都起着"镜子"的作用。

服务人员在为客人提供服务时,必须考虑到自己就是客人的一面"镜子"。客

人要从我们这面"镜子"中看到他们的自我形象。为了增加客人的自豪感，服务人员就应该做客人的一面"好镜子"，这面"镜子"有一种特殊功能，就是能够以恰当的方式发扬客人的长处，隐藏客人的短处，让客人在我们这面"镜子"中看到自己美好的形象。

（二）"扬客人之长"和"隐客人之短"

所谓长处和短处，表现在相貌衣着、言谈话语、行为举止、知识经验、身份地位等方面。扬客人之长，包括赞扬客人的长处和提供机会让客人表现他们的长处。但要注意绝不能为了扬某些人之长而使其他的客人受到伤害。隐客人之短，一方面是服务人员不能表现出对客人的短处感兴趣，不能嘲笑客人的短处，不能在客人面前显示自己的"优越"；另一方面是服务人员应该在众人面前保护客人的"脸面"，在客人可能陷入窘境时，帮助客人"巧渡难关"。

一般来说，客我交往中最敏感的问题，是与客人自尊心有关的问题。因此，服务人员应该牢记，绝不要去触犯客人的自尊心。虚荣心是一种变态的自尊心，在"提供服务"和"接受服务"这对特定的角色关系中，作为服务人员，还是不要去触犯客人的虚荣心为好。如果服务人员能够恰当地为客人"扬其长，隐其短"，做客人的一面"好镜子"，就能使客人对他自己更加满意。

增加自豪感是客人所得到的心理上的最大满足。因此，服务人员应该确立这样一个信条，如果你能够让客人对他自己满意，他就一定会对你更加满意。

第三节 客人投诉心理

在旅游服务过程中出现偏差是不可避免的。旅游者的投诉，是我们搞好旅游工作、弥补工作漏洞、提高管理和服务水平的一个重要促进因素。同时，通过解决旅游投诉可消除投诉者的不良情绪，达到为旅游者构造美好经历的目的。旅游者就是我们的客人，我们应该用对待自己的客人一样的心态，来对待旅游者的投诉。

一、引起投诉的原因

客人的投诉，是指客人主观上认为由于旅游服务工作上的差错，损害了他们的利益，而向有关人员和部门进行反映或要求给予处理。投诉是不可避免的，尽管旅游工作者不希望出现这种情况。客人的投诉既可能是旅游服务工作中确实出了问题，也可能是出于旅游者的误解。旅游投诉具有两重性，一方面会影响旅游企业的声誉，另一方面，如果从积极方面考虑，投诉能使旅游企业发现自身的问题。

（一）主观原因

1. 有关服务态度的投诉

服务人员不尊重客人。客人如果受到服务人员的轻慢就会反感、恼火，并可能直接导致投诉。如待客不主动、不热情,说话没有修养、粗俗,冲撞客人甚至羞辱客人,无根据乱怀疑客人拿了饭店的物品,不尊重客人的风俗习惯等。

2. 服务工作的投诉

服务人员工作不主动,对客人的要求视而不见;没有完成客人交代的事情;损坏或遗失客人物品;清洁卫生工作马马虎虎,餐具茶具不干净;客人买到伪劣的旅游纪念品;合同未兑现等。

(二)客观原因

1. 有关设备的投诉

设施损坏后未能及时修理。这是针对饭店空调、照明、供水、供暖、供电、电梯等设备的运转和使用而提出的意见。

2. 有关异常事件的投诉

因无法买到车、船票,或因天气原因飞机不能起飞,或饭店客房已经订完,旅行社被迫降低住宿标准等引起的投诉,都属于异常事件的投诉。旅游企业很难控制此类投诉,但客人希望旅游企业能够提供有效的帮助。服务人员应尽量在力所能及的范围内帮助解决。如实在无能为力,应尽早向客人解释清楚。

二、投诉的心理分析

(一)求尊重的心理

客人求尊重的心理每时每刻都是存在的。当客人受到怠慢时就可能引起投诉,投诉的目的就是为了找回尊严。客人在采取了投诉行动之后,都希望别人认为他的投诉是对的,是有道理的,希望得到同情、尊重,并希望有关人员、有关部门高度重视他们的意见,向他们表示歉意,并立即采取相应的处理措施。

(二)求平衡的心理

客人在碰到令他们感到烦恼的事之后,感到心理不平衡,觉得窝火,认为自己受了不公正的待遇。因此,他们可能就会找到有关部门,利用投诉的方式把心里的怨气发泄出来,以求得心理上的平衡。人在遭到心理挫折后,主要有:得到心理补偿、寻求合理解释而得到安慰、宣泄不愉快的心情三种心理补救措施。俗话说:"水不平则流,人不平则语。"这是正常人寻求心理平衡、保持心理健康的正常方式。而客人之所以投诉,还源于客人对人的主体性和社会角色的认知。旅游者花钱是为了寻求愉快美好的经历,如果他得到的是不平,是烦恼,这种强烈的反差会促使其选择投诉来找回他作为旅游者的权利。

(三)求补偿的心理

在旅游服务过程中,如果由于旅游工作者的职务性行为或旅游企业未能履行合同,给旅游者造成物质上的损失或精神上的伤害,他们就可能利用投诉的方式来要求有关部门给予经济上的补偿。这也是一种正常的、普遍的心理现象。由于职务性行为所带来的某些精神伤害,在法律上旅游者也有权要求经济赔偿。

 **特别提示**

旅游者出游的"三求心理"与旅游者投诉"三求心理"的区别

现代旅游者普遍地具有在旅游中"求解脱""求补偿"和"求平衡"的心理。

旅游投诉者在投诉中的"三求心理"体现在"求尊重""求补偿"和"求平衡"的心理。

虽然二者都有"求平衡""求补偿"心理,但内涵不一样,请根据相应的解释,认真体会,不要混淆。

三、投诉的处理方法

首先,旅游工作者应正确认识投诉本身和投诉者。前来投诉服务质量问题的客人,其实应该说是我们的朋友,即使他们是用夸大的言辞、激愤的态度,甚至带有挑衅的行为,其投诉也绝不是浪费我们的时间,相反,投诉对我们纠正企业服务质量中的问题大有好处。

接待客人投诉的过程,也是向客人进行补救性心理服务的一个重要组成部分,所以我们必须耐心而诚恳地接待投诉的客人。

(一)把握正确的处理原则

1. 真心诚意解决问题

以"换位思考"方式去理解客人的心情和处境,满怀诚意地帮助客人解决问题。只有这样,才能赢得客人的信任,才有助于解决问题。

2. 不可与客人争辩

在客人情绪比较激动时,服务人员更要注意礼貌礼仪,要给客人讲话、申诉或解释的机会,争取控制住局面,而不能与客人针锋相对,强词夺理。

3. 维护企业利益不受损害

服务人员解答客人投诉问题时,要注意尊重事实,既不能推卸责任,又不能贬低他人或其他部门,避免出现相互矛盾,否则,客人会更加反感。

(二)处理客人投诉的程序

1. 耐心、认真地倾听投诉人的叙述

客人来投诉时,一般要由领导出面接待,接待时要有礼貌,要耐心地听客人把话说完。客人可能说得比较多,言辞也可能很激烈,这是正常的,因为他的心里痛苦愤怒。作为受理投诉的人员,一定要耐心、宽容地倾听客人的述说,不能轻易打断,也不要急于解释、辩解,更不能反驳。否则,可能会激怒客人。千万不要让客人感到他的投诉无足轻重。要敏锐地洞察对方感到委屈、沮丧和失望之处,不能无视对方的情绪。

可以用自己的语言重复一遍客人的投诉或记录投诉要点,这样做,可以使客人知道你在认真倾听他的谈话,并了解了他的问题;能使客人放慢说话速度,避免冲突,平息客人的不满情绪;还可以为自己赢得思考问题的时间。这样的反馈能够降低客人的抱怨,为顺利解决问题奠定基础。

2. 立即向客人认错,表示歉意

不管在什么情况下,对客人的投诉都应该虚心接受,表示歉意。如果是本企业的问题,即使接待人员可能与投诉问题毫无关系,也要立即认错,代表旅游企业向客人表示歉意;感谢客人对本企业的关心,诚恳接受批评;不推卸责任,然后再对产生问题的原因作进一步的说明。

美国人际关系学专家戴尔·卡内基指出:假如我们知道我们势必要受责备了,先发制人,自己责备自己岂不是好得多?听自己的批评,不比忍受别人口中的责备容易得多吗?

有些投诉常常起因于误会,如果是客人误解了,服务人员仍然可以表示歉意,不要阻拦对方提出自己的要求,更不要指责或暗示客人错了,也不要马上进行自我辩解;与客人争吵是绝对不会取胜的。客人比较容易接受服务人员采取表示歉意的态度。即使客人真的错了,辩解也毫无益处,而道歉是不需要成本的。道歉使投诉者觉得你的态度诚恳,能够消除客人的怨气。怨气下去了,客人是会认识到自己的不对的。

在表示道歉时,要注意用语,表示出一种诚意,比如可以说:"非常抱歉,让您遇到这样的麻烦……""这是我们工作的疏漏,十分感谢您提出的批评"等。道歉必须是发自内心的,才能使客人接受。

3. 对客人表示安抚和同情

前来投诉的客人,一般总是觉得自己受到了伤害,是带着一颗"被烫伤的心灵",把接待者当作救世主来要求主持公道的。如果去冲撞"被烫伤的心灵",一定会遇到强烈的反应。这时,投诉接待者必须对客人表示安抚和同情,比如可以说"我对您感到气愤和委屈的情绪非常理解,如果我是您,我也会产生和您相同的感受"。对投诉的客人做出一些同情和理解的表示,是抚慰其已经受伤的心灵的最好办法,也是把他的注意力引向解决问题,而不是拘泥于令人烦恼的细节和令人沮丧的情绪的唯一途径。

投诉者所说的事情有时可能有违真实,但他仍然希望接待人员能够对其表示同情和理解。即使对于那些夸大其词、喋喋不休的投诉者接待人员仍应给予适当的关注,以安抚他们的情绪。如果他们还要纠缠不休,可以把他们带到上级主管部门,而不能把客人晾在那里置之不理。

如果客人大发雷霆,接待人员一定要保持镇定、冷静,不要计较客人过激的言辞,对他们某些过激的态度应保持宽容,要理解他们气愤的感情,让他们宣泄不满的情绪,并设法平息事态。

能够说服客人的往往不是严密的逻辑推理或滔滔不绝的大道理,对客人的情绪做出一些同情和安慰的表示,才能唤醒客人的理性,引导事态向着双方都有利的建设性方向发展。

4. 客观审视事实真相,找到解决问题的办法

当客人投诉时,投诉受理者最好把事实经过记录在案,并进行调查核实,以便客观地审视事实真相,及时采取补救或补偿措施。

客人抱怨的最终目的是希望问题得到解决,所以,服务人员必须明白客人的要求,然后根据客人的愿望,提出一个妥善解决问题的办法。

如果问题比较复杂,真相一时弄不清,不要急于提出处理意见及解决问题的程序和时间。一定要履行承诺,并督促、检查,全力协调解决问题。

5. 主动与客人联系,反馈解决问题的进程及结果

要把解决问题的方法、步骤和最后结果,用书信、便条或电话通知有关客人,要确保诺言的兑现,并追踪一下,确定客人对事情的处理结果是否真正满意。

6. 记录投诉处理的全过程并存档

将整个过程写成报告存档。

7. 统计分析

处理完投诉后,服务人员,尤其是管理人员应对投诉产生的原因及后果进行反思和总结,并进行深入的、有针对性的分析,定期进行统计,从中发现典型问题产生的原因,以便尽快采取相应措施,不断改进、提高服务和管理水平。

四、投诉的预防措施

对游客投诉问题,旅游服务部门最明智的选择,就是尽量避免投诉的发生。力争为游客提供完美的服务,使游客高兴而来、满意而归才是旅游服务各部门追求的目标。这个目标的完全实现,当然可以避免投诉的发生,然而,受各种条件的制约及一些无法预测因素的影响,游客对服务产生不满也是不可避免的。当服务工作已经出现了缺陷,已经使客人产生了不满时,旅游工作者必须尽一切努力,及时从"功能"和"心理"两个方面去为客人提供补救性服务,使客人的不满意变为满意。使问题不出"三门"(车门、店门、房门)就得到妥善解决,避免客人带着遗憾和懊恼离去。

无论遇到什么困难,都要尽最大努力去消除客人的不满意,使客人变不满意为满意,而不应该有"无能为力"的想法。

心理学研究认为,当一个人因为自己的需要未能得到满足,或者遇到不顺心的事情而产生挫折感时,可以采用替代、补偿、合理化、宣泄等方式进行心理调节。所以,为客人提供补救性服务可以以此为依据。

(一)要让客人得到代偿性满足

替代,是指人们在不能以特定的对象或特定的方式来满足自己的欲望、表达自己的感情时,改用其他的对象或方式来使自己得到一种"替代"的满足或表达,用来减轻以至消除挫折感的一种心理调节方法。

补偿,是指一个人在生活某一方面的需要无法获得满足而产生挫折感时,到其他方面去寻求更多的满足,使自己得到补偿的心理调节方法。

当客人由于服务的缺陷而感到不满意时,服务人员可让客人得到某种"替代的满足"或得到某种"应有的补偿",以此来消除客人的不满意。

(1)尽最大努力去满足客人的需要,在不能完全按照客人的心愿去满足客人的要求时,要征求客人的同意,用其他的方式去满足客人的要求。遇到过一段时间才能让客人得到满足的情况时,最好是马上给客人一点替代的满足。

在一家饭店的餐厅门前,一位身穿游泳裤的男士要进餐厅吃饭,被服务员阻拦,因为到餐厅用餐不能衣冠不整。服务员请客人换了服装再来餐厅,但客人不同意,说过一会儿还要接着游泳,换装太麻烦。这时,服务人员并没有完全拒绝客人的要求,而是采用变通的方式满足了客人的需要:"先生,您能不能先点餐,我们过几分钟送到游泳池来。"这样,既没有破坏规则,又满足了客人的需要。

有时,机票未能按时买到,导游人员可以增加一个景点,带客人去看一看。总之,应及时给予一点替代的满足。

(2)对那些觉得吃了亏的客人,应该设法让他们得到补偿。

有一次,一个日本旅行团,由于饭店预订记录出了差错,客人到达时没有吃上晚餐。日方领队大发雷霆,怒气冲天。第二天,饭店经理亲自出面宴请客人,表示了歉意,在经济上给予客人适当的补偿,使客人变不满意为满意。

(3)在功能服务有缺陷时,常常可以通过心理服务来使客人得到补偿。

一天下午,位于南京长江大桥南引桥附近的双门楼饭店大堂内,有一支团队在办理离店手续,大堂副理和行李员、总台服务员一个个忙得不亦乐乎。正在此时,住在204房的上海某厂销售部朱经理焦急地来到大堂。

"我被你们的铁钉刺伤了。"她的手捂着臀部,眼里流露出极度不安的神情。大堂副理见状便先搀扶她到沙发上坐下,并让服务员迅速送来热茶、热毛巾,然后请她把经过细细道来。

事情是这样的,这天午餐后,朱经理回到房里在床上打了个盹儿。打算下午3点到南京市郊的一家工厂去联系业务,所以她起身后稍微梳洗一番便坐到镜台前整理拎包。岂料刚坐下,臀部便被凳子上一个凸出的钉子刺痛了。她用手摸一下凳子,发现海绵层中有一尖钉凸出在外。

大堂副理听到这儿,立即给医务室打电话。由于饭店里不能注射破伤风针,所以他请大夫马上陪朱经理到附近医院去打针,同时又迅速调来总经理专用车。

大夫与客人乘上汽车后,大堂副理即与客房经理到204房查看凳子。果然有一枚铁钉,上面有一层海绵覆盖着。客房部经理立即让服务员换了凳子,并责成服务员把房内所有用品做一次全面检查。

朱经理在大夫陪同下很快回到饭店,大堂副理随即带上大束鲜花登门拜访。

"由于我们工作上的疏忽,使您蒙受伤痛,我代表饭店总经理向您致以深切歉意。"他诚恳地说道:"您有什么要求尽可以告诉我,一定尽力而为。"

大堂副理话音未落,服务员端上一大盘时鲜水果,果香四溢。

朱经理虽受到一些皮肉痛苦,注射过破伤风针后已无后顾之忧,又目睹饭店如此诚意,她当即表示充分理解,并说,双门楼饭店服务一贯良好,被钉子刺伤虽不高兴,但这毕竟还是可以理解的。

本例告诉我们,万一发生服务事故,饭店必须不遗余力地妥善解决。这类事情导致客人投诉为数不少。然而,在双门楼饭店,由于大堂副理处理妥善、及时,使客人在心理上感到饭店对她的充分关心与尊重,这样便从根本上消除了客人投诉的念头。

(二)引导客人往好处想

当人们遇到自己不愿意接受而又不得不接受的事情时,常用一种解释,使这种无法接受的事情"合理化",为自己找到一个借口来进行辩解,以达到心理平衡。

当客人遇到不顺心的事情时,服务人员也应该引导客人往好处想。在服务有缺陷而使得客人感到不满意时,也要让客人知道,这并不是服务人员不愿意为他们提供更好的服务,事实上服务人员已经尽心尽力了。能够让客人觉得服务工作的缺陷是"可以谅解"的,就能够减轻以致消除他们的不满情绪,使他们对服务人员表现出合作而不是对立的态度。

(1)当客人遇到不顺心的事情时,要尽可能引导客人看到事情也有好的一面,最好是能够经过努力把坏事变为好事。

在一次旅行中,游客要去尼泊尔,由于客观原因,不能按照原来的计划从曼谷直接飞往加尔各答,而必须改飞达卡再转机。导游员尽可能向积极的方面引导,以激起客人的情绪,他说:"这就意味着能够多游一个国家,在各位的日记本上和相册中,除了印度,又可以加上在孟加拉国的见闻了。"

对同一件事也可以有不同的解释。有的导游就很会把事情往好处说,比如游西湖,他带的旅游团遇上晴天,就说:"今天风和日丽,正是出游的好天气。"如果遇到下雨,就会用苏轼的诗句"水光潋滟晴方好,山色空濛雨亦奇"来形容西湖的另一番动人景致。

(2)当实在无法满足客人的要求时,要设法取得客人的谅解,让客人知道这确实是由于客观条件的限制,而不是服务人员不愿意为他效劳。

在旅游旺季,导游员领着一个旅行团去某饭店,有一位客人一定要住单间,当时该饭店已经没有单间了,导游员跑前跑后,竭力与饭店交涉,恳求店方腾出一个单间,忙得满头大汗。虽然最后并未谈成,但赢得了客人的谅解。

(三)让客人出了气再走

宣泄,是指当一个人遇到某种挫折时,把由此而引起的悲伤、懊丧、愤怒和不满等情绪,痛痛快快地"发泄"出来的心理调节方法。能够把情绪发泄出来,就能比较理智地来对待这个挫折,以后也比较容易忘掉这个挫折,而不至于总是耿耿于怀。

当客人由于服务的缺陷而感到不满意时,服务人员应该让客人"宣泄"自己的情绪,让他们"出了气再说"或者"出了气再走"。具体应做到以下几点:

(1)如果没能做到让客人"消气",那就应该让客人"出气"。让客人出了气再走,要比让客人憋着一肚子气离去好得多。

(2)客人表示他"有气",并不等于他已经"出了气"。通常客人只有在叙述他遇到挫折的详细经过时,才能把一肚子气撒出来。

(3)不要让有气的客人当着其他客人的面"出气",更不要让许多客人凑在一起"出气",要尽可能让有气的客人"分别出气""单独出气"。

(4)当客人把一腔怨气全部发泄出来以后,情绪就会平息下去,这时再与客人商量出一个补救性的措施,切实解决客人的问题,尽可能让客人满意地离开。

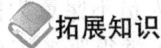
拓展知识

罗森塔尔实验

在心理学历史上,有关期望和信心对人的影响的实验,最著名的当属"罗森塔尔实验"了,也称"丑小鸭实验"。1966年,美国心理学家罗森塔尔通过实验,研究了教师的期望对学生成绩的影响。他在实验中发现的"皮格马利翁效应",不仅影响了人们的教育观念,而且对人们的其他社会性行为都产生了深远的意义。

罗森塔尔的实验并不复杂。他来到一所乡村小学,给各年级的学生做语言能力和推理能力的测验,测验之后,他没有看测验结果,而是随机选出20%的学生,告诉他们的老师说这些孩子很有潜力,将来可能比其他学生更有出息。8个月后,罗森塔尔再次来到这所学校。奇迹出现了,他随机指定的那20%的学生成绩有了显著提高。

为什么呢?是老师的期望起了关键作用。老师们相信专家的结论,相信那些被指定的孩子确实有前途,于是对他们寄予了更高的期望、投入了更大的热情,更加信任、鼓励他们,反过来孩子的自信心也得到了增强,因而比其他80%的学生进步更快。罗森塔尔把这种期望产生的效应称之为"皮格马利翁效应"。皮格马利翁是希腊神话中的一位雕刻师,他耗尽了心血雕刻了一位美丽的姑娘,并对她倾注了全部的爱。上帝被雕刻师的真诚打动了,使姑娘的雕像获得了生命。

这个实验告诉我们,你对他人的期望会间接地产生多么巨大的效果。我们以积极的态度期望别人,别人可能就会朝着积极的方向改进;相反,我们对他人的偏见也能产生消极的结果。

罗森塔尔实验给我们导游服务人员的启示是对游客有信心,相信、尊重游客,对游客投入热情和鼓励,游客就会表现出文明的举止,客我交往就能愉快地进行。

案例分享 5-1

白发老先生的一声咳嗽

某旅行社导游员小陆带团很少有客人投诉,还常常有表扬信。一位同行跟团观察发现,小陆带团的诀窍并不在于景观的导游,而在于她和客人的交往。在一次带团中,有位白发老先生咳嗽了一声,小陆赶紧上前去问老先生是不是感冒了,要不要去医院看一看,小陆关切的询问使老先生很感激,周围的几位游客也都投来赞赏的目光。不久,旅行社又收到了老先生寄来的表扬信。

思考题

小陆赢得游客认可的主要心理原因是什么?试分析。

 思考与练习

1. 旅游者的"三求心理"是什么?旅游者的"三求心理"与现代人日常生活的状况有何联系?
2. 举例说明,如何使游客在你的导游服务中获得心理上的满足?
3. 你认为引起客人投诉的主要原因有哪些?你有哪些预防策略?

第6章

酒店服务心理

引 言

本章我们将在对客人角色特征和需求心理进行概括分析的基础上,探讨酒店从业人员应具备的职业意识和基本心理要求;详细分析客人对酒店各部门服务的心理需求;结合各部门服务的具体特点,分别提出优质服务应做到的几个方面。通过本章学习你将理解顾客的心态和享受酒店各项服务时的心理需求,以全面的职业意识和优良的职业心理素养为顾客提供舒适、舒心的服务。

学习目标

1. 根据客人心理特征,明白酒店从业人员的职业意识和心理要求。
2. 根据酒店各部分客人的心理需求,能针对性地提供优质心理服务。

第一节 酒店从业人员的基本心理要求

酒店的发展呼唤现代化的酒店管理和服务人才,日益成熟的消费者必将对酒店管理和服务提出新的要求。跨入21世纪,酒店进入一个"专家消费"的时代。酒店面临的是消费经验日益丰富、消费行为日益精明、消费需求日益个性化、自我保护意识日益增强的消费者,酒店必然会对从业人员的素质提出新的、更高的要求。

酒店对从业人员的基本心理要求,基于对客人的充分认识和理解,关键在于"读懂"客人。只有充分理解客人的角色特征,掌握客人的心理特点,提供令客人舒适和舒心的服务,才能打动客人的心,进而赢得客人的认可。

一、对客人的心理分析

(一)客人的角色特征

1. 客人是具有优越感的人

客人是酒店的"衣食父母",是给酒店带来财富的"财神"。所以,在与酒店的交往中,客人往往具有"贵族"的某种特征,表现为居高临下、发号施令、习惯于使唤别人,从某种意义上说,客人到酒店是来过"贵族瘾"的。为此,在酒店服务中,我们必须像对待贵人一样对待客人。第一,必须表现出尊重、关注,主动向客人打招呼,主动礼让。第二,必须表现出服从,乐于被客人"使唤",始终牢记,再忙也不能怠慢客人;忽视客人就等于忽视自己的收入、忽视企业的利润。第三,必须尽力"表演",要用心服务,注重细节,追求完美,达到最佳的效果。第四,必须注重策略。领导有时也会瞎指挥和犯错误,对此,聪明的下属一般都会采取委婉和含蓄的方法,帮助领导调整指令和改正错误,以便既能使领导不失权威,又能使自己顺利完成任务。所以,对待客人的无理要求或无端指责,我们同样要注意语言艺术,采取引导和感化的方法,让客人自己改变决策,使他感受到正确使用权利的快乐。

2. 客人是情绪化的"自由人"

酒店企业对客人必须懂得宽容和设身处地为其着想,提供人性化的服务。首先,酒店必须充分理解客人的需求。客人的需求是多种多样、瞬息万变的,它具有多样性、多变性、突发性的特点。而且,不同的客人又有不同的需求层次,其主导需求也是不尽相同的。这就要求酒店从业人员,既要掌握客人共性的、基本的需求,又要分析研究不同客人的个性和特殊需求;既要注意客人的一般需求,又要随时注意观察客人的特殊需求;既要把握客人的显性需求,又要努力挖掘客人的隐性需求。只有充分预见和准确把握客人的需求,才有可能提供全面、到位的服务,才能使客人有好的情绪。其次,酒店服务人员必须充分理解客人的心态。由于其行为举止不受各种职业规范的制约,他会显得特别放松而比较情绪化。当然,人性的某些弱点也会相对暴露无遗。对此,酒店服务人员应意识到客人是需要帮助、关爱的朋友,应努力以自己的真诚和优良的服务去感化客人,要努力去发现客人的兴奋点,培养客人良好的情绪,以保证与客人的有效沟通,帮助客人渡过难关,克服某些"缺陷"。基于情感的爱心、诚心、耐心、细心、贴心,是酒店服务人员打动消费者情感的核心。最后,酒店从业人员必须充分理解客人的误会与过错。由于文化、知识等方面的差异,以及身体、情绪、利益等方面的原因,客人对酒店规则或服务不甚理解而拒绝合作,或采取过激的行为,酒店应向客人做出真诚、耐心的解释。对于客人的过错,只要客人不是有意挑衅,或损害其他客人的利益和酒店的形象,或侵犯员工的人权,侮辱员工的人格,酒店服务人员均应给予足够的宽容和谅解,做出必要的礼让。

3. 客人是来寻求享受的人

酒店服务不是一种生活必需品,而是一种奢侈品。客人入住酒店是来享受的,这是客人最基本的目标。作为消费者,客人有消费者所具有的追求"物有所值"的共性。对现代服务企业而言,不能心存任何侥幸心理而提供"打折服务"。无论客人出于何种原因来酒店,都有一个共同的要求,即享受。他们不管在单位和家庭中如何能干,但在酒店则总会表现出生活的"低能"。所以,酒店服务必须环环紧扣,步步到位,保证向客人提供舒适和舒心的服务。首先,酒店必须向客人提供标准化的服务。做到凡是客人看到的,必须是整洁美观的;凡是提供给客人使用的,必须是安全有效的;凡是酒店员工,对待客人必须是亲切礼貌的。其次,酒店必须向客人提供差异化的服务。在服务时应避免千篇一律,而要针对不同客人的多样化和多变性的需求和特点,投其所好,随机应变,提供具有个性化的服务,满足客人的个性化需求。其三,酒店要努力为客人提供超常化服务,即给客人出乎意料或其从未体验过的服务。一般情况下,客人在消费前都会根据个人需求、过去的感受、宣传广告及传闻而产生一定的期望。客人在接受服务后则会形成对服务的切身感受,并与预期值加以比较,当两者相当时,表现为满意;当切身的感受值大于期望值时,产生惊喜,从而达到真正的享受。当然,要让所有的客人都有喜出望外的经历是不太可能的,但让重要客人和常客有此感觉,则是必要和可能的。

4.客人是最"爱面子"的人

爱面子,喜欢听好话,这是人类的天性之一,也是大众中普遍存在的心理现象,作为旅游者尤其如此。几乎所有的客人都喜欢表现自己,显得自己很高明,而且希望被特别关注,给以特殊待遇。对此,酒店服务人员必须给客人搭建一个"舞台",给客人提供充分表现自己的机会,让客人在酒店期间多一份优越感和自豪感。首先,酒店服务人员必须给客人营造一种高雅的环境气氛和浓厚的服务氛围,让他有一种"高贵之家"的感觉,以显示其身份和地位。为此,酒店企业必须努力做到硬件设计合理、装修精致、布置典雅、店容整洁、秩序井然、服务亲切。其次,服务人员必须懂得欣赏和适度恭维客人的艺术,要善于发现客人的闪光点。比如,当客人不看菜单而迅速点出某一道菜时,你应当对他投以赞美的目光,或者说上一句:"的确,这道菜的味道不错,您确实很有眼光。"当客人对某些菜肴做出点评时,你应该表示出惊美、恭敬的神色,做出相应的反应,不要忘记称他是一位美食家。其三,服务人员对客人必须像对待自己的朋友一样关注,真正体现出一种真诚的人文关怀,营造出一种"特别的爱给特别的你"的"高尚"境界。

综上所述,酒店从业人员应树立这样的理念,即"客人就是领导,客人就是朋友",我们所做的一切,都是为使客人满意。像对待领导一样尊重客人,像对待朋友一样理解和关注客人,酒店服务以提高客人的满意度为最高准则。

(二)客人需求心理

我们平常总讲,在服务中要揣摩客人心理,那么,在实际工作中客人有哪些需求心理呢?简言之主要包括以下几个方面:

1.便利心理

求方便,是客人最基本、最常见的心理需求。通常人们认为地理位置、交通条件的便利比较符合客人的需求,实际上,"方便"二字有着更深层次的含义,它反映在前厅、客房、餐饮、娱乐等各个方面的服务是否都"方便",因此,处处方便是客人最基本的心理需求。

2. 安全心理

按照马斯洛的"需要理论",安全需要是人类最基本的需要。如果人的生理和安全需要得不到满足,就不会产生更高级的需要。安全需要,主要指人身安全及财产安全。因此,酒店必须在安全上给予客人绝对的保证,除在硬件设施方面提供的安全保障以外,在服务流程中的安全操作,也是安全保障的重要内容。

3. 卫生心理

美国康奈尔大学旅馆管理学院,对30万名客人进行调查的结果显示,60%的客人将清洁卫生需要列为第一需求。这反映了客人对卫生要求的重视程度。卫生清洁不仅是对酒店服务最基本的要求,同时也反映出社会文明发达的程度。

4. 安静心理

酒店是客人休息的特选场所。除客房、餐厅应为客人提供安静、舒适的环境以外,客人往来频繁的前厅区域,同样要保持安静。酒店一方面要加强对前厅客流的疏导及控制,另一方面服务人员在说话、走路和操作时,要坚持说话轻、走路轻、操作轻,由此反映出员工的职业素质、职业道德水准和酒店管理水平。

5. 公平心理

追求公平,是现代社会中人们的一种普遍心理。客人在旅游、商务活动中存在消费档次高低之分,但求公平、求合理的心态是一致的。反之,客人就会感到不公平,直至产生不满和愤怒,甚至进行投诉。这些将给酒店及旅游业带来巨大的名誉损失和经济损失。我们平常分析投诉案例时常见到的现象,很多都是"因小失大",冒犯了客人。说到底,在前厅接待服务中尤其要注意避免让客人感到自己受到不公平的待遇。

二、酒店从业人员的职业意识

意识,是存在的反映,同时意识也对客观存在产生强大的反作用。职业意识一旦形成,就会成为制约服务人员行为的一种积极力量。一般来讲,酒店从业人员应具备以下职业意识。

(一)角色意识

20世纪初,美国著名社会学者G.米德把戏剧中的"角色"一词引入社会心理学领域,以此来说明人的社会化行为。人是社会人,都隶属于某一社会和团体。每个人在某一社会和团体中,都有一个标志自己地位和身份的位置,即社会角色,而社会也就对占有这一位置的人抱有期望,并赋予同他所占有的社会位置相适应的一套权利、义务和行为准则,并以此来评判他的角色承担情况。

在酒店服务中,客人和服务人员是不同的社会角色,他们之间的关系是一种与私人关系不同的角色关系。作为酒店服务人员要树立正确的角色意识,使自己在心理上和行为上适应自己所充当的角色。对服务人员的角色定位,是服务人员实现角色化的基础。从心理学角度分析,客人对酒店服务的满意程度,同服务人员进入角色、发挥角色作用的程度有关。如果服务人员在心理上不能适应他们所充当的角色,不善于处理自己与客人之间的角色关系,就会带来服务质量上的问题。

经常听到有些酒店员工发牢骚说:"酒店这碗饭难吃。"这主要是指员工常在客人面前受委屈,自尊心受到挫折。这种现象的产生,归根结底,还是没有角色意识。有些年轻人希望到高档次酒店去当服务员,以为酒店越是高档就越能得到享受、工作越舒服。事实恰恰相反,对于服务人员来说,酒店越高档,纪律越严、工作越细、劳动强度越大、受委屈越多。因为豪华漂亮的酒店不是供服务人员享受的,而是供宾客享受的。角色不清,就会摆不正自己的位置,以致一受挫折,就无法忍受。

 特别提示

人是有个性的,而角色是非个性的。社会角色非个性,是指不管充当某种角色的人是谁,不管他有什么样的个性,只要他充当了这个角色,就必须按照该社会角色所赋予的角色规范去行动。服务员这一社会角色,必须恭恭敬敬地为客人服务,必须尊重客人,这是社会角色的要求,是合理的。服务员是一种社会分工,在社会上服务是相互的。

虽然服务人员与客人之间的这种角色关系是不平等的,但就人格而言,酒店服务人员与客人应该是平等的。作为酒店服务人员,既然选择了这一社会角色,就要努力去学习角色、适应角色、实现角色,就要努力使自己的个性尽量同服务人员角色的特性相融合。不考虑双方所扮演的社会角色,只强调"你是人,我也是人"是不恰当的。不能因为自己扮演了提供服务的角色,就认为自己是生活中的弱者,也不能为了表明自己不是弱者,就故意用傲慢的、生硬的态度去对待自己的服务对象。只要服务人员具有正确的角色意识,并在服务过程中充分发挥了角色作用,就一定能扮演好社会所赋予的酒店服务人员角色。

(二)质量意识

服务质量,是指酒店向客人提供的服务,在精神上和物质上满足宾客需要的程度。质量意识就是要让服务人员明白质量就是酒店的生命,质量就是效益。服务质量好,企业才能生存和发展。服务人员在思想上要纠正"抓质量是管理者的事"的错误认识,确立"提高服务质量是酒店每位员工应尽职责"的观念,以形成整个酒店都来关心服务质量的良好风气,为提高服务质量创造良好的思想条件和物质条件。可以说,人是质量诸要素的关键。日本松下公司成功的秘诀之一,就在于全体员工具有强烈的质量意识。该公司有一句名言:"本公司先制造人,再创造产品。"它生动形象地说明了人在质量中的重要地位。

质量意识是服务人员做好服务工作的思想基础,也是体现服务人员职业道德和素质的标志。服务人员要不断强化自己的质量意识,就必须做到热爱自己的工作,努力提高自己的工作能力,严格执行服务标准和规范,自觉地在工作中为客人提供最好的服务。

(三)形象意识

在现代社会中,企业形象直接作用于企业的生存和发展,可以说,它是企业最重要的、无形且无价的资产。因此,许多企业都把塑造良好形象当作企业管理的重要目标。

所谓酒店形象,是指社会公众对酒店在经营活动中的行为特征和精神面貌的总体印象,以及由此产生的总体评价。任何一个旅游企业都处在一定的舆论环境之中,它的政策、行为及其产品或服务,必然给人们留下某种印象,从而产生某种评价。这些印象和评价,便构成了酒店客观的社会形象。影响一个酒店形象的因素很多,不仅包括设施、设备、经营方针、管理效率以及店容店貌等,还包括服务人员的素质及服务行为。作为服务人员应当树立良好的形象意识,明确自己所做的工作都是企业形象的重要组成部分,从而全面提高自己的知识和技能水平。在对客服务中,注重讲求礼仪规范,热情、主动、周到、细致地为客人服务。在处理主客关系上,不断提高道德修养,坚持宾客至上、服务第一的原则,对客人礼让三分。可以说,服务人员的一举一动,都影响着一个企业的形象。热情友好的门卫、彬彬有礼的电话总机小姐等,都会使客人及社会公众由此及彼地对整个酒店产生好感。

总之,服务人员只有不断完善自身形象,才有可能树立酒店良好的服务形象,进而塑造良好的企业形象。

(四)信誉意识

信誉,是企业无形资产中的主体内容。一个信誉好的酒店,能为客人创造出一种消费信心,使客人产生一种信任感,并乐于光顾。从经营管理方面看,酒店的信誉表现为重合同、守信用;从服务方面看,企业的信誉表现为服务的可靠度高,对待客人一视同仁。

强化服务人员的信誉意识,就是服务人员要以维护旅游企业的声誉为出发点,努力提高自己的业务能力,自觉履行企业的服务承诺和服务标准,以增强客人对企业的信任感。为此,服务人员必须向所有客人提供热情、殷勤、完美、周到的服务,对所有客人做到一视同仁。

(五)服务意识

服务意识,是指服务人员应具有随时为客人提供各种服务的积极的思想准备。

服务有主动服务与被动服务之分。主动服务,是指在客人尚未提出问题和要求之前,就能根据客人的心理,提供客人所需的服务。它使客人有一种安全感和信任感,自然也会收到良好的服务效果。被动服务,是指客人提出问题或要求之后,才提供相应的服务。在此情况下,服务人员的服务再好,客人也只会认为这是服务人员的本职工作,是分内的事;服务稍不及时,就可能招致客人的不满和抱怨。同样是服务,如果方式不同,服务的效果会产生很大的差异。良好的服务意识是提供优质服务的基础,有了强烈的服务意识,即使条件不充分,也能主动地为客人提供优质服务。所以,强化服务人员的服务意识,加强对服务人员的职业教育,是服务人员提高服务质量的重要途径。

三、对酒店从业人员的基本心理要求

在酒店服务工作中,服务人员是工作的主体。服务人员是否具有良好的心理素质,是酒店提供优质服务的基础条件。

(一)具有生活和工作的热情

由于酒店服务工作要在酒店的有限空间内日复一日地从事,比较单调、辛苦,服务时间弹性大,容易使服务人员产生疲劳,如果不全身心地投入,是无法为客人提供优质服务的。而对于客人来讲,酒店是新鲜的、陌生的,他们要体验一种亲切、温馨的感受和贵宾待遇,因此热情是酒店从业人员应具备的基本心理条件。热情能使服务人员兴趣广泛,对事物的变化有一种敏感性,且充满想象力和创造力。热情也是一种乐观向上的精神风貌,能够使客人受到情绪感染,使客我双方交往更加积极愉快。

(二)具有吃苦耐劳的品格和创新能力

酒店招聘员工的时候,第一就是看他能否吃苦,是否敬业。因为这里的工作需要员工对酒店服务非常投入,特别是在用餐高峰期,餐饮部员工经常需要连续走动三四个小时为顾客服务。吃苦耐劳思想是伴随酒店服务工作始终的,根据客人的不同需求,酒店要提供在标准服务基础上的个性化超值服务;随着科技、文化和社会的进步,酒店要提供与时俱进的优质服务。这些都需要酒店从业人员不断进取,开拓创新,发扬吃苦耐劳精神,为企业赢得良好声誉。

(三)具有不怕挫折的心理素质

人们在工作和生活中都会遇到各种各样的挫折,对于酒店从业人员来讲,由其工作特点带来的挫折,更为多见,除因工作本身繁忙、疲惫带来的压力之外,还有来自客人的不理解,甚至刁难。这就需要酒店员工具备不怕挫折的心理素质,在遭受挫折后,能恢复自信,相信自己是一个完全有能力去应付挫折的强者。

(四)具有从大处着眼、小事入手的工作作风

酒店从业人员所从事的工作,是最普通、琐碎的日常事务,然而客人却是从每

一件小事上来评价酒店形象的。酒店从业人员在理解工作的价值上,应从大处着眼,而在实际操作中则应由小事入手,细致入微地做好本职工作。

(五)具有"得理让人"的涵养和气度

旅游业有句口号,叫作"客人永远是对的"。它强调,在服务工作中服务人员要充分尊重客人,维护客人的利益。当主客双方发生矛盾时,服务人员要把对的一面让给客人。服务人员在特定场合有时需要放下"个人尊严",自觉地站在客人的立场上,设身处地,换位思考。客人来酒店是享受的,不是接受教育的。如果服务人员有了这种立场、观点,那么即使是面对爱挑剔的客人,也能从容大度、处理得当,也就能忍受暂时的委屈,把理让给客人。

第二节 酒店各环节的服务心理

一、前厅服务心理

前厅是酒店的门面与窗口,是客人与酒店最初接触与最后告别的部门。它是酒店销售产品、组织接待服务、调度业务经营和为客人提供迎接服务的一个综合性服务部门。前厅服务贯穿于客人在酒店内活动的全过程,是整个酒店的中枢与灵魂。

(一)客人对前厅接待的心理需求

前厅接待服务处于酒店服务工作的第一阶段。从客人步入酒店、办理住店手续、进入房间,直到把客人的行李送到客房,其所占的时间是很短的,但给客人留下的心理影响却是深刻的。客人对前厅接待服务的心理需求主要有以下几个方面:

1. 获取尊重

被尊重是人类高层次的需要。客人一进入酒店,其内心就有着一种被尊重的期待。尊重首先通过前台服务员的接待来体现。这就要求前厅服务人员必须微笑迎客、主动问候、热情真诚、耐心细致,这是尊重客人的具体表现。

2. 快捷服务

客人经过旅途奔波的辛劳,来到酒店后就会渴望尽快进入房间休息,以便准备下一步的活动安排。因而,焦虑、急切的心理表现得明显。然而,前厅接待及入住登记需要一定的时间,行李接运也需要一定的时间。因此,前厅服务人员要提前做好充分准备,在服务过程中尽量不使客人烦恼,操作要快、准、稳,否则,容易让客人产生"店大欺客"的想法,情绪更不稳定。客人离店的心理也与来店时的心理相同。因此,结账员在结账时要快捷、准确,做到"忙而不乱,快而不错"。

3. 消除陌生感

当客人到达一个与原来生活环境完全不同的地方时,会迫切需要知道这个地方的风土人情、交通状况、旅游景点等各种情况,以满足自己的好奇心理。因此,前厅服务员在接待客人时,一方面要介绍本酒店的房间分类、等级、价格,以及酒店所能提供的其他服务项目,让客人做到心中有数;另一方面,如果客人询问其他方面的问题,服务员也应热情耐心地介绍。另外,前厅服务最好和旅行社的业务结合起来,把旅行社提供的服务项目和推出的旅游产品的有关资料准备好,以供客人咨询、索取、使用。这样做的另一个好处是:冲淡客人在前台办手续过程中等待的无聊感。

(二)提供优质的前厅服务

做好前厅服务工作,是整个酒店服务能否成功的关键。前厅服务人员必须重视对客接待和送别服务,给客人留下良好的第一印象和最后印象。

1. 美化环境

客人对酒店的第一印象,首先来源于客人对酒店的感性认识,第一印象的形成,将在很大程度上影响他对酒店的整体印象,而客人进入酒店,最先感知到的就是酒店的前厅环境。酒店前厅是整个酒店的脸面,美好的前厅环境,将使客人感到愉快、舒畅。

美国旅馆协会会员汤姆·赫林认为,旅馆的环境和一切服务设施都应该考虑到,当你这座旅馆出现在客人面前时,他们脑子里对它总的感觉是什么?要求是什么?向往和渴望的又是什么?他认为客人需要的是现代化的生活方式,但同时却又受到世界上具有民族特色的迷人魅力的吸引。

总之,酒店前厅的环境设计既要有时代感,又要有地方民族感,要以满足客人的心理需要为设计的出发点。一般情况下,前厅光线要柔和、空间要宽敞、色彩要和谐高雅,景物点缀、服务设施的设置要和整个环境浑然一体,烘托出一种安定、亲切、整洁、舒适、高雅的氛围,使客人一进酒店就能产生一种宾至如归、轻松舒适、高贵典雅的感受。前厅布局要简洁合理,各种设施要有醒目、易懂、标准化的标志,使客人能一目了然。前厅内的环境和设施要高度整洁,温度适宜,这也是游客对前厅最基本的要求。

2. 注重言行仪表

前厅服务员的言行仪表要与环境美协调起来,因为服务员的言行仪表也是客人知觉对象的一部分。言行仪表是人的精神面貌的外在体现,是给客人良好印象的重要条件,也是为客人营造美好经历的一部分。

员工的言行、仪表美,包括语言美、举止美、形体美、服饰美、化妆美。语言是人际交流的重要工具之一,服务员的语言直接影响、调节着客人的情绪,而且服务的成效在很大的程度上也取决于服务员语言的正确表达。语言美表现在语气诚恳、谦和,语意确切、清楚,语音悦耳动听。要熟练地使用各种礼貌用语,避免使用客人避讳的词语。服务员的行为举止要大方、得体、优雅,在与客人打交道过程中要热情主动、端庄有礼。另外,前厅服务员的相貌要求比较高,要身材挺拔、五官端正、面容姣好;衣着整洁挺括,具有识别性,使客人容易区分。服务员的化妆要淡雅,不能穿金戴银。这是角色身份决定的,也是对客人的尊重;穿着打扮过于华丽,饰品贵重,则与服务身份不符。

3. 总台熟练的服务技能

总台作为整个酒店服务工作的中枢,其工作既重要又复杂。总台服务工作的内容包括:预订客房、入住登记、电话总机、行李寄存、贵重物品和现金保管、收账结账,以及建立和保管客人档案等。总台服务要做到准确、高效,力求万无一失。

只有熟练掌握各种服务技能,做到有问必答、百问不厌,而且动作敏捷,不出差错,才能使经过车船劳顿的客人很快办完各种手续,得到休息。没有熟练的服务技能,即使环境布置再好,态度热情有加,也做不好服务工作。

4. 服务周到

酒店前厅的迎接服务,体现出一个酒店的管理水平和服务规格,它必须使客人感到方便、舒适和周到。周到的服务体现在很多方面,比如为客人开关车门、运送行李、回答询问、预订客房等。只要客人说出他的要求与愿望,其他的事便由服务员来做。为了使服务周到,保证酒店前厅的工作质量,很多酒店在大厅里设大堂经理,来处理各种日常和突发事件,解决客人遇到的各种难题,协调各方面的关系,或者处理客人的投诉等。这样,既能使问题得到迅速解决,又能使客人感到酒店对工作的重视,同时也体现出酒店对客人的关心和尊重。当客人带着探寻的目光走进酒店时,大堂经理就是一盏指路的明灯;当客人带着问题来到前台时,大堂经理就是一把开启难题之门的金钥匙;当客人带着不满与愤怒前来投诉时,大堂经理就是一剂最好的润滑剂;当店内各部门员工在工作中发生摩擦时,大堂经理就是一座能沟通双方的桥梁。

服务人员要做到周到服务必须不断地完善自我,在工作中不断提高自己的文化修养、职业修养和心理修养。有了广博的文化知识、职业知识和乐观向上的心境,才能主动自觉地形成和保持良好的服务态度,对客服务才能游刃有余。

对于现代酒店来说,迎接服务的周到,不仅表现在前厅工作人员的服务态度等"软件"方面,也体现在应用现代科技设施设备等"硬件"方面,比如用于总台服务的电子计算技术、通信设备以及打字复印设施等。只有酒店大厅能提供客人所需要的一切必要的服务,才能真正体现服务的周到性。

前厅服务在做好接待服务的前提下,对客人的送别服务也不容忽视,应充分理解客人的心理。客人离店前结账付费,是一件理所当然的事情但站在客人的角度来分析这个问题,谁都不喜欢把钱从口袋往外掏,只是因为货币商品交换早已成为法则,客人不得已而为之罢了。当货币与商品实物交换时,虽然掏了钱,可毕竟得到了实实在在的有形实物,看得见、摸得着,因此掏钱时的失落感多少可以减少一些;而宾客在酒店掏钱付费则不同,当客人离开酒店时,尽管在酒店里得到了尽善尽美的享受,可感官上的满足毕竟已成过去,客人不可能把酒店的服务买回家去,所以客人掏钱时的失落感会多一些。因此,为了让宾客满意,弥补宾客付费时的失落感,在收银服务中,必须重视送客人离店的服务工作,以最后的良好服务态度和无懈可击的服务方式送走客人。具体要做到以下三点:

(1)热情接待每位离店客人。送客服务是客人对酒店的最后印象,而最后印象对客人来说又十分重要。收银员在做到认真仔细,不出差错的同时,应该给客人提供热情服务、周到服务、微笑服务。客人在微笑服务中付费,不仅可以淡化掏钱时的"心痛",同时,迎送如一的盛情,可以给客人留下较深刻的印象,对酒店来说才会有一定的效应。

(2)办理结算要迅速准确。客人离店结账,需要例行一些手续。从酒店角度来说,这些手续,必不可少,而对客人来说,他会觉得烦琐,特别是那些急于离店的客人,可能还会显得不耐烦。所以,收银员应该站在客人的角度,尊重客人的愿望,迅速准确地尽快办理,不耽误客人的时间,满足客人的愿望和要求。

(3)结账完毕要向客人致谢并欢迎再次光临。一句诚意的道别,往往会让客人产生亲切感,消除陌生感,同时会让客人觉得花钱买到了享受和尊重。客人带着良好的心境离开酒店,酒店就多了一位回头客。

二、客房服务心理

客房,是酒店的基本设施和重要组成部分,是旅游者休息的重要场所。在客房,客人获得的不仅是基本的身体休息,而且还有享受。因此,搞好客房服务对旅游者来讲是非常重要的。做好客房服务的关键,是要了解客人在住店期间的心理特点,这样才能有预见地、有针对性地采取主动而有效的服务措施,使客人感到亲切、舒适和愉快。

(一)客人对客房服务的心理需求

1. 整洁

对客房清洁卫生的要求是客人普遍的心理状态。作为客房服务人员,其主要工作职责之一就是整理客房,做好清洁卫生工作,做到客房内外清洁整齐,使客人产生信赖感、舒服感、安全感,能够放心使用。

客房是客人在酒店停留时间最长的地方,也是其真正拥有的空间。因而,客人对客房整洁方面的要求比较高。服务人员清理客房应该遵循一定的程序,一般情况下,清理客房要在客人不在时进行。如果客人有特殊要求,可以随机处理。客房服务人员在清理客房时,必须保证客房及各种设施、用具的卫生。即使是空房间,也要时刻保持清洁,准备迎接客人。客人入住客房后再去清扫,会给客人留下很恶劣的印象。另外,服务人员可以采取一些措施,来增加客人心理上的卫生感和安全感。比如,在清理后贴上"已消毒"标志,或在茶具上套上塑料袋等。这些措施具有一定的心理效果,但一定要实事求是,不能欺骗客人。

客房卫生还包括服务人员自身的卫生和整洁,让客人觉得服务人员干净、利索、精神状态好。

2. 安静

客房的主要功能是用于客人休息。客房环境的宁静,是保证这一功能实现的重要因素。由于现代都市生活的丰富性,一些客人可能喜欢过夜生活,而在白天睡觉,所以,酒店客房对宁静的要求不是单纯指夜间这段时间。即使没有客人休息的情况下,客房环境也要保持宁静,这会给人以舒服、高雅的感觉。

保持客房宁静,也就是要防止和消除噪声。这要从两方面入手:首先,必须做到硬件本身不产生噪声。酒店选择设备的一个标准,就是它产生的噪声要小,在硬件上要保证隔音性,能阻隔噪声的传入和传导。其次,在软件上也要不产生噪声,员工须做到"三轻"——走路轻、说话轻、操作轻。"三轻"不仅能减少噪声,而且能使客人对服务人员产生文雅感和亲切感。同时,服务人员还要以自己的言行去影响那些爱大声说笑的客人,用说服、暗示等方式引导客人自我克制,放轻脚步,小声说笑。

3. 安全

安全感是愉快感、舒适感和满足感的基石,客人外出旅游期间一般都把安全放在首位。安全感不仅局限于卫生方面,还包括防火、防盗和防人身意外伤害。客人在住宿期间,希望自己的人身与财产得到安全保障,能够放心地休息和工作。因此,客房的安全设施要齐全可靠。服务人员没有得到召唤或允许,不能擅自进入客人房间,绝对不应去打扰客人。有事或清扫服务要先敲门,在得到允许后才能进入,工作完成后即刻离开。日常清扫服务,绝对不许随意乱动客人的物品,尤其在进入房间时不可东张西望,引起客人不安。

4. 亲切

客房服务是客人每天接触和享受的,客房服务与客人的距离最近,与客人关系最密切。当客人入住酒店以后,客房服务就成为客人感受到的最重要的服务。客人住店,希望自己是受服务人员欢迎的人,希望看到的是服务人员真诚的微笑、听到的是服务人员真诚的话语、得到的是服务人员热情的服务,希望服务人员尊重自己的人格、尊重自己的生活习俗,希望真正体验到"宾至如归"的感觉。

客房服务人员亲切的服务态度,能够最大限度地消除客人的陌生感、距离感等不安的情绪,缩短客人与服务人员之间情感上的距离,增进彼此的信赖感。客人与服务人员在情感上的接近,会使其对酒店的服务工作采取配合、支持和谅解的态度。这样将非常有利于酒店顺利完成日常的服务工作,也有利于提高酒店的声誉。

(二)提供优质的客房服务

1. 保持客房设施功能的完好

服务设施是客房提供优质服务的物质基础,俗话说"巧妇难为无米之炊",没有功能完好的客房服务设施,提供优质服务就是一句空话。"宾至如归"是行内服务水准的基本准则。根据目前国内外一些设计手法,客房设计将更尊重人的隐私权,并逐步融合"家居设计"的成分,将客房变为"家"。

酒店客房是为客人提供住宿服务,满足其物质和精神享受的场所。设施设备必须配套齐全并与酒店的等级规格相适应。各种设备要求造型美观,质地优良,风格、样式、色彩统一配套,给客人以美观和实用、方便之感。不仅如此,客房的所有设备必须是完好的,才可供客人使用。这就要求服务人员平时加强设备的保养和检查,具有吸收和应用新技术的能力,遇有损坏要及时维修,以确保客房使用功能的完整性。

2. 提供热情周到的服务

(1) 主动热情。

主动,是指服务要先于客人开口,它是客房服务意识的集中表现。主动服务包括:主动迎送,主动引路,主动打招呼,主动介绍服务项目,主动照顾老弱病残客人等。

热情,是指帮助客人消除陌生感、拘谨感和紧张感,使其心理上得到满足和放松。客房服务人员在服务过程中要精神饱满,面带微笑,语言亲切,态度和蔼。

(2) 礼貌耐心。

礼貌,是指服务人员要讲礼节,有修养,尊重客人的心理,如与客人讲话用礼貌用语;操作时轻盈利落,避免打扰客人;与客人相遇或相向行走时,让客人先行等。

耐心,是指不厌不烦,根据各种不同类型客人的具体要求提供优质服务。它要求服务人员在工作繁忙时不急躁,对爱挑剔的客人不厌烦,对老弱病残的客人照顾细致周到,客人有意见时耐心听取,客人表扬时不骄傲自满。

(3) 及时周到是指客房服务人员能在最短的时间内提供客人所需的服务,并做到细致入微。这就要求服务人员要善于了解客人的不同需要,采取有针对性的服务,根据每个客人的需要、兴趣、性格等个性特点,确定适宜的服务方式。

三、餐饮服务心理

餐饮服务,是酒店服务中不可缺少的环节。探讨客人就餐心理,提供相应服务,也是酒店服务质量的一个重要方面。抓住消费者的心理就等于赢得了顾客,赢得了餐饮市场的份额。用心理效应积聚客户量、提高顾客的回头率,是餐饮业延续生命周期的法宝。

(一) 客人对餐饮服务的心理需求

餐饮消费者有什么样的心态呢？作为消费者进入一家餐馆进餐时，希望有什么样的消费和招待呢？1994年，美国旅游基金会与宝洁公司，为研究美国旅游市场上经常旅行者的偏好，合作进行了一项调查研究。从餐饮消费者初次和再次选择一所消费地的14个因素来看，排在前6位的依次是清洁、味美、价格合理、位置便利、环境舒适和服务良好。综合其他有关调查结果和一些消费者的感受，以下五个方面是客人对餐饮服务的共性心理需求：

1. 清洁卫生

就餐客人对就餐中的卫生要求非常强烈，这反映了客人对安全的需要。清洁卫生对客人情绪的好坏产生直接影响。只有当客人处在清洁卫生的就餐环境中，才能产生安全感和舒适感。客人对餐厅卫生的要求体现在环境、餐具和食品几个方面。客人总希望在餐厅吃的食物都是新鲜、卫生的，餐具都经过了严格的消毒，希望餐厅的环境整洁雅静、空气清新，在安全、愉快、舒适的环境中，品尝美味佳肴。

2. 快速便捷

客人到餐厅就餐时希望餐厅能提供快速上菜的服务，其原因有以下几个方面：

(1) 习惯。现代生活的快节奏使人们形成了一种紧迫感，养成了快节奏的心理节律定式，过慢的节奏使人不舒服，也不适应。

(2) 一些客人就餐后还有很多事情要去做，所以，他们要求提供快速便捷的餐饮服务。

(3) 心理学的研究表明，期待目标出现前的一段时间，使人体验到一种无聊甚至痛苦。

(4) 客人饥肠辘辘时如果餐厅上菜时间过长，更会使客人难以忍受。当人处于饥饿时，由于血糖下降，人容易发怒。

为了满足客人求速的需要，可采取以下服务策略：

(1) 备有快餐食品。为那些急于就餐者提供迅速服务。

(2) 客人坐定后，先上茶水以安顿客人，使他们在等待上菜过程中不感到太无聊或觉得上菜太慢。

(3) 反应迅速。客人一进餐厅，服务员要及时安排客人就座并递上菜单，让客人点菜。

(4) 结账及时。客人用餐结束，账单要及时送到，不能让客人等待付账。

3. 公平合理

只有当客人认为在接待上、价格上是公平合理的，才会产生心理平衡。如果客人在就餐过程中，并没有因为外表、财势或消费金额上的不同而受到不同的接待，在价格上没有吃亏受骗的感觉，他就会觉得公平合理，就会感到满意。因此，餐厅在制订价格、接待规格上都要注意尽量客观，做到质价相称、公平合理。

4. 尊重

宾客外出对餐饮食品和饮料的需要,主要出于两个原因:一是为了替代家中日常的进餐活动;二是把在餐厅进餐看作是消遣和娱乐活动。宾客对餐厅的需求,实际上隐含着情感、社交、自我实现等较高层次的需要。

俗话所说"宁可喝顺心的稀粥,绝不吃受气的鱼肉",道出了尊重客人在餐厅服务中的重要性。尊重客人体现在客人用餐服务的各个环节,如微笑迎送客人、恰当领座、尊重客人的饮食习俗等。

5. 位置与环境

餐厅的位置与消费价位有直接的关系,好地段肯定在价格上同其他地段有区别,但其中存在着对顾客群定向的选择和餐厅经营类型问题。餐厅的环境能引发食客就餐的兴趣,同时也可营造出享受和尊崇感。有这样一个例子:重庆大足的"荷花山庄"巴渝特色气氛浓烈,客人三三两两可以安坐在一艘花艇内观看艇外各式荷花,品尝巴渝小吃,接受穿着古朴渔家服的"渔家女"热情淳朴的服务,令宾客仿佛来到了世外桃源。这个例子显示的是环境特色的经营理念。

(二)提供优质的餐厅服务

1. 餐厅形象

为了给就餐客人创造一个优美舒适的环境,餐厅应注意环境的美化。

(1)美好的视觉形象。餐厅的门面要醒目,要有独特的建筑外形和醒目的标志,餐厅内部装饰与陈设布局要整齐和谐、清洁明亮,要给人以美观大方、高雅舒适的感觉。餐厅的整个设计要有一个主题思想,或高贵,或典雅,或自然,或中式,或西式,或古典,或现代。色彩也要依据餐厅设计的主题思想来选定。在选择色彩时,要了解不同色彩所产生的心理效果。

(2)优美的听觉形象。优美的听觉形象,能营造良好的进餐气氛,它一方面来自于服务员的文明礼貌语言,另一方面来自于轻松悦耳的音乐配置。播放音乐要因地制宜,根据不同餐厅、不同营业时间来选取不同的乐曲。心理学研究证明,在餐厅播放节奏轻快的音乐,客人停留的时间短些;播放节奏悠扬的音乐,客人停留的时间就长些。此外,在餐厅里播放优美动听的音乐,不仅使客人愉悦,增加食欲,还可掩盖厨房和其他地方传来的噪声。

(3)良好的嗅觉和温度环境。由于餐厅大量客人同时用餐,餐厅里容易混杂各种饭菜味、酒味、油腻味。所以,餐厅应该采用安装空调、换气扇等手段来保持空气清新和恒温环境。此外,服务员不要使用气味浓烈的香水,以免干扰客人对食物的味觉和嗅觉。

2. 良好的食品形象

中餐素以色、香、味、形、名、器俱佳著称于世。就餐的客人不但注重食物的内在质量,也越来越注重食品的外在形式。因此,餐厅提供的食品,既要重视品质,也

要重视形式的美感。要做到这一点,可以从以下几方面着手:

(1)美好的色泽。色泽是客人鉴赏食品时最先反应的对象。在人们的生活经验中,食物的色泽与其内在的品质有着密切的联系。良好的色泽会使客人产生质量上乘的感觉,同时,激发客人的食欲。当然,在客人中,由于种族与文化背景的差异,在颜色的偏好上存在着一定差别,这就要求餐厅服务人员要了解客人的特殊要求,针对不同的服务对象,做出相应的调整,以满足不同客人的需要。

(2)优美的造型。食品不但有食用价值,而且还是艺术作品。通过烹饪大师的切、雕、摆、制、烹等技艺,给客人提供一道道造型优美的美味佳肴,使客人一见则喜、一嗅则奇、一食则悦,给人带来艺术享受。

(3)可口的风味。味道,是菜肴的本质特征之一,也是一种菜主要特色的体现。味道好坏,常常是客人判断菜肴好坏的第一标准,而品味也常常是客人就餐的主要动机。因此,餐厅要根据客人的饮食习惯及求新、求异的饮食特点,制作味道各异的食品,以满足客人在口味体验上的需要。

3. 餐厅员工形象

在餐厅服务过程中,服务人员给客人的第一印象就是仪容仪表,它将会影响客人对服务人员和餐厅的观感。所以,餐厅的服务人员必须注重仪容仪表,从服饰、发型、饰物,以及坐、立、行等各方面都要做到整洁、大方、自然,给客人留下良好印象。此外,服务人员在餐饮服务过程中,还应严格遵守操作程序,为客人提供规范化的服务,切实提高服务质量。

四、商场服务心理

酒店是一个综合性服务行业,一般酒店都设有商品部,专门提供旅游纪念品、字画、文物复制品、日用百货等各种商品,以满足客人购物的需要。

(一)客人对购物服务的心理需求

由于旅游活动的特殊性,客人在购物过程中的心理活动与一般的消费相比,既有共性,也有其特殊性。

1. 求纪念价值的心理

客人希望购买具有纪念意义的工艺美术品、古董复制品、旅游纪念品等旅游商品。一方面是为了留做纪念,把在旅游点购买的纪念品,连同他们在旅行中拍的照片保存起来,留待日后据此回忆难忘的旅行生活;另一方面是为了带回去馈赠亲友,并以此提高自己的声望和社会地位。

2. 求新奇的心理

在客人购物过程中,好奇心起到一种导向作用。人们在旅游地看到一些平时在家看不到的东西时,就产生好奇感和购买欲望。如在西安旅游,客人喜欢购买兵马俑复制品;在南京旅游,客人喜欢购买雨花石;在乡村旅游,客人喜欢购买竹制品、藤制品等。

3. 求实用的心理

这种心理的核心是追求"实用"和"实惠"。有些客人特别注意商品的效用、质量和价格,他们通常喜欢购买物美价廉的实用商品。

4. 求知的心理

这种心理的特点,是通过购物获得某种知识。有些游客特别喜欢售货员和导游能介绍有关商品的特色、制作过程、字画的年代、其作者的逸闻趣事,以及鉴别商品优劣的知识等。甚至有些游客对当场作画或刻制的旅游商品及有关资料说明特别感兴趣。

5. 求尊重的心理

求尊重心理是客人在购物过程中的共同需要。这种需要表现在很多方面,如希望售货员能热情回答他们提出的问题;希望售货员任其挑选商品,不怕麻烦;希望售货员彬彬有礼,尊重他们的爱好、习俗、生活习惯等。

(二)提供优质的旅游商品服务

在硬件方面,酒店商品部的环境布置除整洁、美观外,要有地方特色,能够吸引过往的客人。所备商品要符合游客的购物心理需求,特别是当地名特产品及代表性纪念品更要丰富,同时也要考虑游客对日用品的临时需求,以方便游客。

在软件方面,商品部服务员应掌握以下服务技巧:

1. 善于接触客人

服务员除注意自己的着装和仪容仪表外,更要善于与客人沟通。一般来说,客人刚一进店,服务人员不可过早同客人打招呼。因为过早接近客人并提出询问,容易使客人产生戒备心理,而过迟则往往使客人觉得服务人员缺乏主动和热情,使客人失去购买兴趣。接触客人的最佳时机,是在客人认知与喜欢商品之间。通常表现为:

(1)当客人长时间凝视某一种商品时;

(2)当客人从注意的商品上抬起头来时;

(3)当客人突然止步盯着看某一商品时;

(4)当客人用手触摸商品时;

(5)当客人像是在寻找什么东西时;

(6)当客人的眼光和自己的眼光相遇时。

服务人员一旦捕捉到这样的时机,应马上微笑着向客人打招呼。

商品部服务人员必须善于察言观色,通过对客人的言行、年龄、穿着、神态表情等外部现象的观察,经过思维分析、比较,做出判断,积极主动地发现客人身上明显的生理特点、情绪、需要和行为特点,有针对性地为客人服务。如对于目光集中、步子轻快、迅速地直奔某个商品柜、主动提出购买要求的客人,服务人员要主动热情接待，动作要和客人"求速"的心理相呼应，否则客人容易不耐烦。又如，对于神色自若、脚步不快、无明显购买意图的客人，服务人员应让其在轻松的气氛下自由观赏。

2. 展示商品特征，激发客人购买兴趣

接近客人后的重要工作就是向客人展示商品，让客人观看、触摸、嗅闻，目的是使客人看清商品特征，产生对商品质量的信任，引起其购买欲望，加快成交速度。

展示商品是一项技术性较高的工作，需要服务人员具有丰富的商品知识和熟练的展示技巧。在展示时动作要敏捷、稳健，拿递、搬动、摆放、操作示范等动作不可粗鲁、草率，否则会显得服务人员对工作不负责任，对商品不爱惜，对客人不尊重。

3. 热情介绍商品，增进客人信任

当客人对某一商品关注并对商品进行比较、评价的时候，售货员应适时地介绍商品知识，如名称、种类、价格、特性、产地、厂家、原料、式样、颜色、大小、使用方法、流行性等。所谓适时介绍，就是在分析客人心理要求的基础上，有重点地说明商品，以便"投其所好"。事实表明，服务人员积极热情、详细生动的介绍，可以激发客人的购买欲望，做成生意。有时，客人不一定要买什么，但由于服务人员的主动热情，多方介绍，使客人对商品有了更多的认识，或者因盛情难却而最终达成交易。反之，服务人员若漫不经心，不主动介绍商品，就可能失去做成交易的机会。

例如，有一位外国客人到商店买东西，他看见一件雕刻品，很喜欢，便问服务人员这是什么原料雕成的。服务人员随口答道："石头。"这位客人听后，放下雕刻品就走了。到了另一个商店，他又看到同类雕刻品，服务人员不等客人发问，就主动介绍说，这是由青田石为原料雕成的，青田石是浙江特产，具有玉石的特点，是制印章或雕刻的上品。客人一听，非常高兴，当即购买了一件青石雕刻工艺品。由此可见，同样的商品，以不同的方式介绍，结果大不相同。

4. 抓住时机，促成交易

服务人员在介绍商品的特点后，如果客人仍犹豫不决，就要抓住时机，采用增进信任的办法，打消客人的顾虑，促成交易。增进信任的关键在于掌握客人的喜好。例如，一位客人到商店想选购一个旅行提包，他选了一个，问道："这好像不是真皮的吧？"服务人员答道："这是人造革的，价钱便宜一半，而且轻便。"客人又问："还有没有颜色浅些的？"服务人员解释道："浅色不经脏，这种颜色今年很流行。"于是，客人立即付款买下了这个提包。

总之，服务人员在介绍商品时，要根据客人的年龄、性别、国籍、职业、语气和购买需要等不同情况，采取不同的方式，语言要详略得当。客人无论是否购物，离柜或离店时，服务人员均应热情告别，欢迎再来。那种听任客人离店的做法，是不会给商店树立起良好形象的。

五、康乐服务心理

康乐,顾名思义是健康娱乐的意思,即指满足人们健康和娱乐需要的一系列活动。现代康乐是人类物质文明和精神文明高度发展的结果,也是人们精神文化生活水平提高的必然要求。

酒店的康乐项目主要包含康体与休闲两大类。在酒店中,康乐部可以说是一个新兴的部门,常常会被一些传统观念视为只是装点门面的一个"装饰品"。其实不然,在中国人的传统观念中,旅游者是"入夜而栖""日出而行",无非是住上一宿两日、来去匆匆的"过往客"而已。所以以往酒店的功能往往局限在"住宿""膳食"上。而今,人们的旅游观念有了改变,住酒店不再是"歇歇脚",而是"玩乐""享受"。特别是西方人习惯于体育运动和体育锻炼,这种良好习惯,不允许有"中断""暂停"。因此,在入住酒店的同时,必然要求酒店具有各种娱乐健身设备。

(一)客人对康乐服务的心理需求

酒店康乐中心的经营项目,最终要通过服务才能实现,服务质量的高低,直接关系到经营项目的质量和企业经济效益。现代康乐服务是物质文明和精神文明高度发达的产物,现代康乐活动不仅要求有现代化的物质环境,而且要求有现代化的精神环境。因此,要做好康乐服务应了解客人对康乐服务的心理需求。

客人对康乐服务的心理需求,除对酒店服务的共性心理需求(安全、尊重、细致、周到等)外,还有许多鲜明的特点。

1. 客人需要设施、设备的使用性能完好

无论是康体还是休闲,性能良好的设施、设备都是客人获得身心愉悦的基本条件,客人最怕的是因设施、设备出故障而扫兴。

2. 从业人员具有娴熟的技能,能为客人提供专项咨询、保护和指导性服务

服务人员具有一定的相关知识,会操作,除做好一般性的服务工作外,还能适应客人所需,为其提供指导性服务。

3. 对康乐项目趣味性、新奇性、健身性、高雅性的需求

现代都市生活的紧张繁忙,使人们在忙碌了一天的工作之后,身心甚是疲惫;生活空间狭小,不顺心如意的事时有发生,引起人们的心绪烦躁不安。所有这些都需要通过一定的方式进行调节,以重新恢复身体机能的平衡。人们想通过参与生动活泼的康乐活动放松一下身心,因此康乐项目的趣味性是必不可少的。

探新求异是顾客普遍的一种心理需求,新奇的康乐项目会给人们平淡的生活注入活力、增添色彩。康乐项目越新奇,对游客的吸引力越大。

许多业务繁忙的人,每天都抽出时间从事健身活动,以保持旺盛的精神,适应紧张工作和快节奏的生活需要。康乐项目的健身性能够满足人们追求健康的需求。

20世纪90年代以来,尤其是近几年我国经济取得了飞速发展,国民收入和消费能力大大提高,人们的健身休闲观念增强,生活方式出现多元化趋势。逛商店、游公园等传统休闲方式越来越丧失吸引力。人们对新的休闲方式产生了强烈要求,集健身、娱乐、休闲为一体的现代康乐,正好能满足人们的消费需要。现代康乐能帮助人们消除疲劳、放松神经、舒畅身心、强身健体、陶冶情操,它给人一种高层次的精神享受,是一种高雅的文化消费。正由于这些原因,现代人在进行社会交际、商务洽谈、健身娱乐、休闲度假时,往往都选择康乐消费,有些人甚至于把康乐消费作为生活中不可缺少的内容。

(二)提供优质的康乐服务

1. 认真仔细地检查设施、设备,保持各种设备的完好

加强对设施、设备的维护、保养,以使其处于良好的使用状态,保障客人康体健身的需要。

2. 注重康乐服务人员的素质培养

康乐服务人员应具备良好的职业道德、文明素质,娴熟的技能、技术和良好的心理素质。由于康乐部某些岗位工作时间较长,较易产生厌倦与烦躁感,还要接受来自客人的一切要求,忍受一定的委屈,这就要求员工具备很强的心理承受能力。

3. 做好饮料销售等细微服务工作

饮料销售是康乐服务的一个重要项目。客人在康体活动中,需要补充水分,工作人员应根据客人的需求,及时、热情地提供饮料、小吃等服务。

4. 因地、因店、因时制宜,配备康乐项目

酒店的设施配备应尽量达到客人的期望值,满足不同客人的不同需求,达到客人对康乐项目趣味性、新奇性、健身性、高雅性的期望。因此,酒店康乐设施的设置,以及各个康乐项目的配备,都应因地、因店、因时不同而有所不同。

总之,良好的服务态度,会使客人产生亲切感、宾至如归感;娴熟的服务技能会给客人带来精神和物质享受;敏捷快速的服务效率能节约客人的时间;众多的服务项目可以满足客人多方面的需求;设施、设备的良好运转可保证客人生活的舒适;清洁卫生的环境使客人心情愉快。

案例分享6-1　　　　　**打包盒**

快过年了,上海一家四星级宾馆的中餐厅内,所有的桌子都坐满了客人。其中第18桌落座了3位客人,他们是某大学李教授夫妇以及李教授20多年未见的老同学、刚从美国回来探亲的蔡先生。因故人相逢,李教授为尽地主之谊,一口气点了七八道菜,两道点心,外加四小碟冷菜和三听饮料。

多年不见，3个人边吃边聊，谈得十分投机，不知不觉两个多小时已过去了。由于大家都已年近半百，胃口已大大不如学生年代，所以都快吃饱了，但桌上还剩下不少菜，其中还有两个菜没怎么动，李教授觉得不免有点惋惜。

负责这个区域的服务员小张是旅游学校的毕业生，在用餐过程中，她对这几位客人接待得非常得体，而且脸上自始至终都挂着甜甜的微笑。此刻她见3位客人已有离席之意，便准备好账单，随时听候招呼。果然，李教授向她招手了。

账很快便结清，当小张转身送来发票和找回的零钱时，她手里多了几个很精美的盒子，里面有若干食品袋。这时，她很有礼貌地对客人说："剩下这些菜多可惜，请问是否需要打包带走？"李教授见小张手中拿着饭盒，很高兴地对她说："你想得真周到，我也正想打包呢！"于是，他马上接过饭盒，准备打包。他发现这饭盒和其他餐厅的不一样，上面印有两行书法工整挺拔的题字："拎走剩余饭菜，留下勤俭美德。"这优美的书法，配以餐厅的装潢布置，给客人以一种高雅文化的享受。李教授便问小张："谁写得这手好字？而且寓意深刻呀！"小张告诉李教授："这是宾馆陈总经理亲自题的字。陈总是个书法迷，他练了很多年书法，还获过奖呢！而且这盒子也是他精心设计的。"

"我们不能辜负总经理先生的一片心意。把剩下的饭菜全打包带回家，明天还能美美地吃一顿呢！"豪爽的李教授说着便干了起来。

思考题

1. "打包"现象说明了一种怎样的消费趋势？
2. 结合本案例，谈谈酒店和餐馆主动提供"打包"服务的作用。

案例分享 6-2　　　　**少了一条浴巾**

"这位女士，对不起，刚才退房时您有没有见到浴巾？"服务员问一位刚退房的客人，因为在清房时服务员发现少了一条浴巾。"我没见到过浴巾，你们原来就没放浴巾。我要赶火车，把押金退还给我吧。"客人有点性急。"这可不行，房间里少了非一次性用品按规定是要赔偿的。您是否再去找找看。"服务员解释。"我真的没见过浴巾。你疑心是我拿的就查我的包好了。我要赶火车，误了点怎么办,你们会赔偿吗?你们不是扣吗?好,一百元钱,我没有时间了,不跟你们啰唆了。"客人气呼呼地留下一百元钱走了。客房部经理早上一上班,就听说了这件事,马上找来当班服务员了解事情经过,又把清理卫生的服务员找来询问。结果发现,房间少浴巾乃是服务员在搞好卫生后没有把干浴巾放入。这是酒店工作上的过失。事后,酒店根据客人的登记地址,写了一封道歉信,并把一百元钱汇上。

思考题

谈谈你对该案例中服务员的做法有何见解,你会如何处理?

案例分享6-3　　顾客的告白

以下记录了海外某公司收到的一封顾客来信:

我是一个很好的顾客,无论酒店的服务如何,我从不投诉。我发现每当自己做出投诉,对方的态度都很讨厌。我从不抱怨,从不唠叨,从不指责别人。我也没有想过要在公共场所大吵大闹,这样做太伤和气!别忘记我是一个很好的顾客。让我告诉您我的另一方面:我就是那种受到不良对待后,永不再光顾的客人!没错,这样做不能让我即时发泄不满的情绪,远不及当面指责他们痛快;但从长计议,这可是致命的报复!其实,像我这样的顾客,加上我的众多"同道",大概足以拖垮一家酒店!像我这样"好"的人在世间多的是。当我们受到不良的待遇时,我们便会光顾第二家酒店。哪家酒店和职员够殷勤,懂得重视客人,我们便到哪里去。总的来说,那些不懂得以礼待客的酒店每年会因此损失达数百万的收益。当我们看到这些酒店不惜重金,企图用宣传攻势使我回心转意时,我觉得他们是多么可笑。想当初,如果他们懂得以亲切的态度和殷勤服务挽留我这个顾客,就不至于到此地步。

思考题

作为服务行业的从业人员,以上的顾客告白对我们有何警示作用?

案例分享 6-4　　钥匙的去向

一天中午,某酒店一位客人匆匆来到前台,将房间钥匙交给一名收银员,称半小时后回来结账。

当时,该收银员正准备去用午餐,考虑到客人要半小时后才能回来结账,而自己用餐时间不到半小时,就顺手将客人交来的钥匙放到了柜台里边,未向其他同事交代就吃饭去了。

大约一刻钟后,客人回到前台,询问另一名当值的收银员账单是否准备好。当值收银员称没有看到客人钥匙,客人听后非常生气,于是投诉酒店。

思考题

试分析本案例中存在的沟通问题。

案例分享 6-5　　住一天,还是住三天

正值旅游旺季,两位外籍专家出现在杭州某大宾馆的总台前。总台服务员小刘是个新手,他查阅了一下订房登记单,马上简单地对客人说:"你们预订了一个标准间B档的客房,明天一早退房。"

客人听后脸色陡然一变,很不高兴地说:"接待单位在为我们预订客房时,曾经问过我们要住几天,我们明明说好住3天,怎么现在变成了仅住1天呢?"

小刘仍用呆板的毫无变通的语气说:"我们这两天房间特别紧张,明天已经没有标B的房间了,当时你们接待单位来订房时已经跟他们说过了,他们也同意了的。"

客人听罢更加恼火,大声讲:"你们要解决住宿问题!我们根本没有兴趣也没有必要去追究预订客房差错的责任问题。"

正当小刘与客人形成僵局之际,前厅值班经理闻声前来,首先向客人表明他是代表总经理来听取意见的。他先让客人慢慢地把意见说完,然后以抱歉的口吻说:"你们提的意见是正确的,眼下追究接待单位的责任并不是主要的。这几天正当旅游旺季,双人标准间B档很紧张,我设法安排一间套房,请你们明后天继续在我们宾馆做客。虽然套房房金要高一些,但设备条件还是不错的,我可以给你们打个六折。"

客人觉得这位值班经理的态度是诚恳的,提出的补救办法也是符合情理的,于是同意照办了。

思考题

试分析本案例引起客人生气的原因,以及处理过程中的得与失。

案例分享6-6　几多道歉,几多缺憾

华中地区某大城市的一家酒店里,住进一个20来人的旅游团队。他们来自南美洲,成员都是退休了的蓝领阶层。

他们白天游览几个著名景点之后,回到宾馆已是下午5点,各自进房梳洗一番,因为离晚餐还有半个小时,于是结伴一起来到商品部。

酒店商品部的面积不大,但布置十分豪华,颇具欧洲风格。商品种类不少,且大多有着精美的包装。南美客人一个个柜台浏览过去,站在柜台内的4名服务员,从他们快速移动脚步这一点判断出:他们没有发现可买的商品。

客人很快便走遍了商场,正快快地朝门口走去时,一位口齿伶俐的服务员用英语询问客人是否需要帮助。一位略胖的太太说他们想带几套有关当地名胜的明信片回去,但走遍了商场却没有找到。

"很对不起,"服务人员坦诚地告诉客人,"商场里没有明信片出售。"

另一位头发已经花白、颇有绅士风度的客人告诉服务员,他想买几件具有浓郁地方特色的玩具送给孙子、孙女。服务员听后又是一副无可奈何的神色:"十分抱歉,我们商场主要出售南方出产的玩具,还有一些香港产的电动玩具……"

"听说这儿木雕工艺水平很高,可是我没有找到,是不是……"这是一位高个子太太提的问题。

"对不起,我们工艺品柜台供应油画、国画以及苏州的刺绣、无锡的泥娃娃、贵州的蜡染服装等。"服务员感到阵阵内疚。

南美客人怀着满肚子的无奈,离开了商品部。

思考题

分析该案例,你认为酒店商品部在旅游商品准备上应考虑哪些方面?

心理测验 6-1

阿希实验

"阿希实验"是研究从众现象的经典心理学实验。它是由美国心理学家所罗门·阿希在 40 多年前设计实施的。所谓从众，是指个体受到群体的影响而怀疑、改变自己的观点、判断和行为等，以和他人保持一致。阿希实验就是研究人们会在多大程度上受到他人的影响，而违心地进行明显错误的判断。

阿希请大学生们自愿做他的被试，告诉他们这个实验的目的是研究人的视觉情况。当某个来参加实验的大学生走进实验室的时候，他发现已经有 5 个人先坐在那里了，于是他只能坐在第 6 个位置上。事实上他不知道，其他 5 个人是跟阿希串通好了的假被试者（所谓的"托儿"）。

阿希要大家做一个非常容易的判断——比较线段的长度。他拿出一张画有一条竖线的卡片，让大家比较这条线和另一张卡片上的 3 条线中的哪一条线等长。判断共进行了 18 次。

事实上这些线条的长短差异很明显，正常人是很容易做出正确判断的。然而，在两次正常判断之后，5 个假被试故意异口同声地说出一个错误答案。于是许多真被试开始迷惑了，是坚定地相信自己的眼力呢，还是说出一个和其他人一样，而自己心里认为不正确的答案呢？

结果当然是不同的人有不同程度的从众倾向，但从总体结果看，平均有 33% 的人判断是从众的，有 76% 的人至少做了一次从众的判断，而在正常的情况下，人们判断错的可能性还不到 1%。当然，还有 24% 的人一直没有从众，他们按照自己的正确判断来回答。一般认为，女性的从众倾向要高于男性，但从实验结果来看，并没有显著的区别。设想一下，你在这个实验中会是什么样的表现呢？

阿希实验给我们酒店服务人员的启示，是不能忽视客人的从众心理，我们的服务工作做好了，现实的客人会影响许多潜在的客人，增加客人对酒店的信任，为酒店赢得更多的客人光顾；如果服务工作有缺陷，应尽量避免有气的客人当着其他客人的面"出气"，更要避免许多客人凑在一起"出气"，要尽可能让有气的客人"分别出气""单独出气"，这样才有利于消除客人的抵触情绪，有利于使问题得到圆满解决。

思考与练习

1. 你如何理解客人的角色特征？
2. 客人在酒店的需求心理有哪些？

3. 你认为酒店从业人员应具备哪些基本心理素质？
4. 如何根据客人对前厅、客房、康乐服务的心理需求做好相应的工作？
5. 提供优质的餐饮服务应做好哪几方面工作？
6. 酒店商品部如何根据客人的购物心理选择备购物品？

第7章

导游服务心理

引　言

通过本章的学习,你会明确导游员应具备的基本心理素质,平时注重自身职业心理素质的养成;学会分析游客游览过程中的心理活动,以便做好针对性服务。

学习目标

1. 能明确导游员在仪表、气质、性格、情感、意志和能力等方面的基本心理要求。

2. 根据游客在旅游过程中的不同阶段的心理特征,能提供针对性的服务。

第一节　导游人员的基本心理要求

导游人员是运用专门知识和技能,为旅游者组织安排旅行和游览事项,提供向导、讲解和旅途服务的人员。导游工作是一项综合性很强的工作,工作范围广,责任重大,作为"民间大使",往往代表了旅游地的形象。日本导游专家大道寺正子认为:"优秀的导游最重要的是他的人品和人格。"人品和人格是心理素质的体现。对导游从业人员的基本心理要求,应从以下几方面加以培养。

一、仪表、气质与服务心理

旅游业是服务行业,导游人员则是旅游业的门面。顾客从不与工业产品的生产者见面,可是在旅游活动中游客却与导游朝夕相处。导游员本身就是产品的一部分,导游的态度、行为和形象,与游客对旅游产品的看法有至关重要的联系。这就意味着导游员要注重自身形象的塑造,其带团期间所做的每一件事情,都是在宣传自己和其所在的旅行社。

仪表、气质与人的行为表现是紧密联系的,旅游服务人员的服务表现,应该是外部形象仪表美和内在气质品德美的和谐统一。因此,我们的形体、容貌应给人留下健康向上的感觉;服务穿着应给人舒适亲切的感觉。此外和蔼的笑容、体贴的言语和饱满的热情,都会在客人心里留下良好的第一印象。

(一)仪表与服务心理

仪表,是指导游人员的容貌、姿态、服饰等,是导游人员精神面貌的外观体现。它与导游人员的道德、修养、文化水平、审美情趣及文明程度有着密切的联系。亚里士多德曾经说过:美丽比一封介绍信更有推荐力。当然,仪表还应包括言谈、举止和风度等多种因素。

有几项研究,曾比较过异性约会中外貌、性格、兴趣等各种因素,发觉对方外表吸引力与第二次约会的相关系数高达69%到89%。这种情况不仅限于异性之间。在另一个研究中,心理学家让被试者扮演法官,需要宣判的案例都附有"罪犯"的照片。结果这些被试者对罪行相同的罪犯判决却不同,相貌姣好者平均被判刑两年零八个月,面目狰狞者平均被判刑五年零两个月。可见外表对人心理和人际关系的影响之大。

外貌吸引产生的原因一般认为有两个方面:第一,爱美是人的本质力量的一种表现,审美需要是人的一种高层次的、重要的心理需要;第二,美好的外表会使别人以为此人还具有其他一系列良好的品质,这就是人际知觉中"晕轮效应"带来的人际吸引力。

如果导游员在旅游者心目中树立起良好的形象,他就有将旅游者团结在自己周围的可能;如果旅游者信任导游员,他们就会帮助导游员解决困难,正确对待旅游活动中出现的问题和矛盾,积极配合、协助导游员顺利完成整个旅游过程。导游人员的仪表应清新、高雅,保持端庄优美的风度,还应精神饱满、乐观自信、热情友好,努力使旅游者感到你是一位可信赖的导游员。

塑造美好的第一印象。导游人员第一次亮相时需要重视:出面、出手、出口。"出面"是指导游员要显示出自己良好的仪容仪表、神态风度;"出手"是指导游员表现在动作、姿态等诸方面的形象;"出口"则指导游员所使用语言的语音、语调、语词的丰富性和正确性。

(二)气质与服务心理

气质,是人的一种心理特征,它包括人与外界事物接触中表现出来的感受性、耐受性,以及反应的敏捷性、情绪的兴奋性和心理活动的内向性或外向性等特点。在旅游服务中,导游员为客人提供的是面对面的服务。要做好导游服务工作,服务人员必须具备一定的气质特征。

1. 感受性、灵敏性不宜过高

感受性,是指人对外界刺激产生感觉的能力和对外界信息产生心理反应需要达到的强度;灵敏性,则是指服务人员心理反应的速度。

导游人员在工作中接待的客人来自四面八方。他们的年龄、文化背景、文化程度各不相同。如果导游人员感受性太高,则注意力会因外界刺激的不断变化而分散,从而影响服务工作的有效开展。当然,导游人员的感受性也不可过低,否则将对客人的服务要求视而不见,会怠慢客人,降低服务质量。此外,导游人员的灵敏性要求不可过高,否则,会让客人产生不稳重的感觉,也无法使自己保持最佳的工作状态。

2. 耐受性和情绪兴奋性不能低

耐受性,是指人在受到外界刺激时,表现在时间和强度上的耐受程度和在长时间从事某种活动时注意力的集中程度。有的导游员长时间陪团仍能保持注意力的高度集中,而有的导游员则陪团时间一长,就感到力不从心。前者耐受性强,后者则耐受性弱。情绪兴奋性,是指情绪发生的速度和程度。

在导游服务中,一位导游在自己熟知的景点,一遍又一遍地重复着自己早已烂熟于心的解说词。重复的工作使人感到厌倦,工作的热情受到极大的影响,而这些情绪、思想却不能表露出来。因为,对游客来讲是第一次来这些景点,充满新奇和乐趣,导游员要以游客愉悦为目的,不能扫游客的兴。它要求导游员要有极大的克制力,在每天的工作中都能以微笑、真诚对待每位游客,使客人时时感受服务人员饱满的工作热情和高效、优质的服务。因此,导游员必须具备较高的耐受性和情绪兴奋性。

3. 可塑性要强

可塑性,是指人适应环境的能力和根据外界事物的变化而改变自己行为的可塑程度。凡是容易顺应环境、行动果断的人,表现出较强的可塑性;而在环境变化时,情绪上出现纷扰、行动缓慢、态度犹豫的人表现出较弱的可塑性。

在旅游服务中,导游人员必须掌握一定的服务程序和服务规范,但在具体服务过程中,导游人员还必须根据游客需求的变化进行灵活的调整,否则会给游客一种服务生硬的感觉。游客的个性是多样的,游客的需求也是多样的,要满足游客不同的需要,真正体现"游客至上"的服务宗旨,服务人员必须具备较强的可塑性,方可做好有针对性的服务,才能真正提高服务质量。

二、性格、情感与服务热情

(一)性格与服务热情

性格,是指一个人在先天生理素质的基础上,在不同环境熏陶下和实践活动中逐渐形成的比较稳定的心理特征。如热情、开朗、活泼、刚强或淡漠、沉默、懦弱、温柔等。

良好的性格特征可以使服务人员始终保持最佳服务状态,使客人感受到被尊重,使主客关系变得融洽;对服务员个人而言,良好的性格特征也可使其从客人满意中,获得个人心理的满足。服务工作所要求的热情服务应当内化为导游员性格特征的自然流露,而不是表面上的逢场作戏。导游员一般应该具备下列性格特征:

独立、外向、热情、开朗、幽默、乐观、富于理性和同情心;时时保持灿烂的笑容,用真诚和热情赢得游客的信任,用坚忍和耐心化解游客的不满,一定要记住,在无人格污辱和身体侵犯的情况下,游客一定是对的。这才是一个优秀导游员应有的素质。

（二）情感与服务热情

导游员对导游工作的热爱、对游客的爱都是其情感的体现,爱一行才能干好一行,工作起来才会有热情,而服务热情对导游工作是必不可少的。旅游业是一个"高接触"行业,导游员不可避免地要与各种各样的游客频繁接触,与他们进行特殊的人际交往。要让游客在与自己的交往中感到轻松、亲切和自豪,就必须调整好自己的情绪状态。

 特别提示

游客是要"进门看脸色"的

当游客刚刚接触到导游员时,即使这位导游员什么事还没有为游客做,甚至什么话都还没有说,但只要他的情绪状态好,就可以说他已经为客人提供了一种"心理服务"。

我们常讲"出门看天气,进门看脸色"。游客是要"进门看脸色"的,当游客看到的不是一张"冷面孔",而是"笑容可掬,满面春风"时,游客那份由陌生引起的紧张感就放松了。相反,如果导游员给游客的第一印象是垂头丧气、愁眉苦脸,"好像谁欠了他八百元钱似的",他没做什么就已把游客给得罪了。游客会想:"怎么回事?怎么一见到我就这个模样?"尽管这位导游员并不是成心要和哪位游客"过不去",他只是在为自己的事而烦恼,但是,游客怎么会知道你有什么烦恼呢?游客只会觉得这是你对他的不尊重。

作为导游员,本来就不应该把自己的烦恼带到工作中去。著名导演斯坦尼斯拉夫斯基曾经说过:"演员一走进化妆室,就应该像脱掉自己的大衣一样,把个人的忧愁烦恼全都抛在一边!"导游员在进入自己的角色时,也应该这样。

 特别提示

游客情绪是容易受到感染的

当一个人和别人在一起的时候,他的情绪状态如何,就不仅仅是他个人的事情

了。这是因为他的情绪会向周围扩散，会使周围的人受到感染。

作为导游员，你之所以必须调整好自己的情绪状态，不仅是因为你的情绪状态会通过你的表情向游客传递重要的信息，而且因为你的情绪状态会通过你的表情使游客受到感染。绝不要以为一个人的情绪状态如何，只是自己的"私事"。当一个人待在他自己的小房间里的时候，也许我们可以说他的情绪状态如何只是他个人的事；但当他和别人在一起的时候，其情绪状态如何就不再是他个人的事情了。其情绪状态会产生一种"社会效果"。这是因为其情绪会向周围"扩散"，会使周围的人受到"感染"。这种感染作用是通过人的模仿本能而实现的，所以常常是非常强大的，甚至是不可抗拒的。为什么我们总是愿意和那些乐观的、开朗的人待在一起，而不愿意和那些"有事没事老发愁"的人待在一起呢？就是因为我们总是免不了受别人的感染。

有人说："有高高兴兴的导游员才会有高高兴兴的游客。"这的确是说到了点子上。作为导游员，你要为游客提供"心理服务"，要让游客高高兴兴，一个最起码的要求，就是你自己先要高高兴兴。所以，在你上岗之前，一定要从镜子里看一看自己是不是一副高高兴兴的模样。如果不是，那就一定要先调整好自己的情绪再上岗。即使已经调整好了，也还要注意是否能"保持"这种良好的情绪状态。一旦发现自己的情绪"偏离"良好的状态，就要及时加以调整。所以，当导游员与游客在一起的时候，必须时时注意自己是否处于良好的情绪状态。

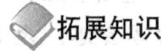 拓展知识

情绪谱

人要及时地对自己的情绪状态进行调整，前提条件是要知道自己的情绪状态发生了什么样的变化。

也许你会说："我的情绪状态发生了什么样的变化，我还会不知道吗？"事实上，问题并不像你所想象的那么简单。当一个人的情绪状态发生变化时，他的注意力往往全部集中在使他的情绪发生变化的那个对象上面。所以，人们往往并不能及时地察觉到自己的情绪发生了什么样的变化，也不去考虑这种变化会对周围的人产生什么样的影响，当然也就谈不上及时地加以调整。比如，小李说了一句让你很生气的话，你就会把全部的注意力都集中到小李的身上，你满脑子都在想："这个小李，怎么能这样说我？"在场的人全都看出来你是生气了，但是你却并没有考虑："我是不是生气了？我这样会不会对周围的人产生不好的影响？我是不是应该调整一下自己的情绪状态？"你是不会想这些的，因为你的全部注意力都在小李的

身上。

人的情绪状态,主要是在七种不同的状态之间变来变去,心理学家曾用七种不同的颜色来代表这七种不同的情绪状态,排列起来就成了下面这样一个"情绪谱":

"红色"情绪——非常兴奋;
"橙色"情绪——快乐;
"黄色"情绪——明快、愉悦;
"绿色"情绪——安静、沉着;
"蓝色"情绪——忧郁、悲伤;
"紫色"情绪——焦虑、不满;
"黑色"情绪——沮丧、颓废。

如果你能把这个七色"情绪谱"牢记在心,并经常用来"对照检查",看自己是处于"情绪谱"上的哪一种情绪状态,久而久之,你就会养成一种"敏感性",能够及时地觉察自己情绪状态发生了什么样的变化。有了这种"敏感性",你才有可能对自己的情绪状态做及时的调整。

七色"情绪谱"除了能帮助我们养成一种"敏感性"之外,还有一个用处,就是我们可以据此思考。在工作岗位上,我们应该处于什么样的情绪状态呢?一般来说,导游员在与游客接触时,应该以"情绪谱"上的"黄色"情绪作为自己情绪状态的"基调"。这样就能给游客一个精神饱满、工作熟练、态度和善的良好印象。情绪变化的幅度不能太大,向上不能超过"橙色",向下不能超过"绿色"。

要掌握"情绪谱"上的"黄色"情绪与"橙色"情绪的区别,先以"黄色"情绪为"基调",在需要让游客看到你非常高兴的时候,再从"黄色"变为"橙色"。

在遇到问题和麻烦的时候,则应使自己处于"绿色"情绪状态,避免忙中出错,或因急躁而冲撞了游客。

"蓝色"、"紫色"和"黑色",显然在工作中都是不应有的、消极的情绪状态;而"红色"容易使人失去控制,所以,也是工作中不应有的情绪状态。

三、意志、能力与服务水平

(一)意志与服务水平

作为导游员,要想在接待服务环境中把自己锻炼成一名优秀的工作者,不断克服由各种主客观原因造成的困难,就要不断发挥主观能动性,增强自己的意志素质。

一个自觉性较强的导游员,往往具有较强的主动服务意识,在工作中能不断提高业务水平,并积极克服工作中所遇到的困难。

具有意志果断性的导游员,在面对各种复杂问题时能全面而又深刻地考虑行动的目的及达到目的的方法,懂得所做决定的重要性,清醒地了解可能发生的结果,能及时正确地处理各种问题。

具有坚韧意志的导游员,能排除与目的相悖的各种主客观诱因的干扰,做到面临纷扰,不为所动,同时能围绕既定目标做到锲而不舍、有始有终。

有自制力的导游员,能克制住自己的消极情绪和冲动行为,不论在何种情况下,无论发生什么问题,无论遇到多么刁钻的游客,都能克制并调节好自己的情绪,做到不失礼于人。一般具有自制力的导游员,组织性、纪律性特别强,情绪较稳定。

(二)能力与服务水平

服务水平的高低,依赖于与之相适应的能力结构。我们认为,一名合格的导游员的基本能力,应由以下几个方面组成。

1. 较强的认识能力

高水平的服务,应该是导游员尽量把工作做在游客开口之前。这就要求导游员有较强的认识能力,能充分把握服务对象的活动规律。导游员较强的认识能力包括三方面的内容:一是观察能力。导游员要善于观察游客的特点,并养成勤于观察的习惯,从而全面、迅速地把握情况。二是分析能力。导游员应善于透过现象看本质,分析游客的好恶倾向及引起情绪变化的原因,并善于因势利导,采取恰当的方式和措施。三是预见能力。有较强的预见能力,工作才能主动,才能根据事物的发展规律,提早决定自己应采取的措施。在导游服务中,预见能力还可以提早消除各种不利因素,防患于未然。

2. 良好的记忆能力

良好的记忆能力,对于搞好导游服务工作是十分重要的。良好的记忆能力能帮助导游人员及时回想起在服务环境中所需要的一切知识和技能。良好的记忆力是导游员搞好优质服务的智力基础,也是百问不厌的心理支柱。为此,强化导游人员的记忆力,有助于提高服务水平。

3. 较强的自控能力

自控能力,是导游员必须具备的优良品质之一。导游员的自控能力体现了他的意志、品质、修养、信仰等诸方面的水平,尤其在与游客发生矛盾时,能否抑制自己的情感冲动和行为倾向,以大局为重,以游客为重,真正做到"客人至上",这是对导游人员心理素质优劣重要的检验标准之一。但自我控制并不是怯懦,而是大事讲原则,小事讲风格,这是一种品质高尚的表现。

4. 较强的应变能力

导游人员的应变能力,是指处理突发事件和技术性事故的能力。它要求导游人员在问题面前沉着果断,善于抓住时间和空间的机遇,排除干扰,使问题的解决朝着自己的意愿方向发展。同时,在处理问题过程中,既讲政策性,又讲灵活性,善于听取他人的意见,从而正确处理各种关系和矛盾。

5. 较强的语言表达能力

语言，是导游人员与游客沟通的媒介。没有较强的语言表达能力，导游人员就无法有效地与游客沟通。导游人员要特别注重口头表达能力的培养，要能在任何情况下，用简洁、准确的语言表达自己的意向。准确的语言不仅可以生动、有效地表达出自己的想法、意见，而且可以防止产生歧义。语言不准确，往往会使游客产生误会。

6. 较强的公关交际能力

导游工作是一种与客人打交道的艺术。导游人员除了与游客交往之外，还必须协调好与旅游部门和其他相关部门的关系。一个缺乏社交能力的人，往往会人为地在自己与社会、自己与周围环境、自己与他人之间筑起一道心理屏障。这样的人是与导游服务工作的要求格格不入的。

7. 良好的组织协调能力

导游面对的常常是十几个或几十个人的团体，负责安排食、宿、行、游、购、娱等各项工作，事无巨细都要亲力亲为，没有良好的组织协调能力，将会遇到许多棘手的问题。

总之，能力是具有复杂结构的各种心理素质的总和。导游人员应具有的能力素质，作为一个互相制约的多元化的能力系统，其构成要素之间是相互联系、紧密结合在一起而发挥作用的。

第二节 游客在旅游过程中的心理活动分析及服务

一、旅游者在旅游初始阶段的一般心理特征及服务

旅游者出门远行，离开了自己所熟悉的生活环境，其心理会发生显著变化。一般情况下，旅游者会对自己的旅行充满想象，对服务充满期待。

（一）对安全、方便的期待

旅游者带着美好的憧憬踏上旅途，一路上都在为正在经历和即将经历的新鲜事而激动。但是一想到就要进入一个陌生的世界，又不免有些紧张，对于此行是不是一切都会非常顺利，似乎又多少有些怀疑。他们甚至担心自己会不会迷路，会不会失窃等。

显然，旅游者的紧张感，是旅游者在旅游活动中对安全、便利等缺乏足够信息或信心，而产生的那种"不知道会发生什么事"和"不知如何是好"的紧张心情。来到异国他乡的旅游者，特别是缺乏经验的旅游者，有这样的紧张心情是不足为怪的。

特别提示

旅游工作者与旅游者在一起时的环境意识不一样。当旅游工作者与旅游者在一起时,旅游工作者是生活在"自己家里",而旅游者却是生活在"别人家里"。忘记这一点,旅游工作者就不可能为"人生地不熟"的旅游者提供周到的服务,甚至会对旅游者提出的一些问题感到"莫名其妙"。

为了使旅游者的旅游活动能顺利进行,导游人员在服务初始阶段要给予游客更多的关心,要设身处地地多为旅游者着想,尽量预见他们可能会遇到的困难,并及时给予帮助,使游客确立对安全的信心,感觉生活的便利,让他们带着轻松愉快的心情去享受旅游中的种种乐趣。

(二)对服务态度的期待

旅游者在与导游员的最初接触中,不仅期待导游员帮助他们解决安全、方便等方面的实际问题,而且还期待着导游员成为他们的"知心人",对他们态度和善、热情,在主客交往中获得亲切感和自豪感。

(三)对效果的期待

从心理学角度分析,旅游者所购买的旅游产品是一种"经历",属于"无形"的产品。这种"经历产品"与其他产品一样,有质量高低之分,只是"经历产品"的质量主要与游客在旅游经历中的心理感受相关。所以,游客每次旅游之前,都会对此次旅游所涉及的旅游地、酒店、旅行社、旅游交通和旅游企业的服务,充满一种朦胧的想象。如果旅游给游客带来了许多的亲切感、自豪感和新鲜感,他就会觉得这是一次非常愉快的经历,就会感到心满意足;如果旅游使游客感到厌倦、隔膜、孤独,使他感到"气不顺",他就会认为这是一次很不愉快的经历,就会感到失望。所以,游客对服务效果的期待,往往成为他衡量服务质量的一把尺子。

客人期待的感觉难以用准确的语言去描述,甚至客人本身也无法精确描述他所期待的服务究竟是什么样。但他对服务的体验决定了他对旅游服务的评价。主客交往是旅游经历的重要组成部分,对旅游者的感觉往往能产生决定性的影响。许多旅行社、酒店、航空公司之所以能吸引众多的回头客,原因并不在于他们的设施有多好,而在于服务人员与客人建立了融洽的主客关系。

特别提示

第一印象至关重要

塑造良好的第一印象,是服务初始阶段的主要工作目标。第一印象至关重要,它不仅能在服务工作一开始就给人一个好印象,还为以后各阶段的服务打下了坚实的基础。

第一印象极为鲜明牢固,在导游服务中给游客留下的第一印象,往往会成为旅游者对导游人员的基本印象。我们对一个人的评价,很大程度上也是依赖于对他的最初印象。苏联学者博达列夫做过这样一个实验,他向两组大学生分别出示同一个人的照片,出示之前,对甲组说,这是一个德高望重的学者;而对乙组说,这是一个屡教不改的罪犯。然后,让两组学生分别从这个人的外貌说明其性格特征。结果出现了截然不同的评价。甲组的评价是:深沉的目光,显示思想的深邃和智慧;高高的额头,表明在科学探索的道路上无坚不摧的坚强意志。乙组的评价是:深隐的眼窝,藏着邪恶与狡诈;高耸的额头,隐藏着死不改悔的顽固抵赖之心。这个例子说明,第一印象是很重要的。尽管第一印象不一定准确,甚至与实际情况相反,但要改变它,却需要费较大周折和较长时间,也可能需要几倍的努力。

服务对象的不断变换,是导游服务工作的一个显著特点。在与客人的短暂接触中,双方都来不及进行更多的了解,无法达到"路遥知马力,日久见人心"的境地。因此,给游客留下良好的第一印象便显得尤为重要。导游员要给游客留下美好的第一印象,不仅需要富于爱心和善解人意,而且需要善于"表现"。由于导游员与游客的交往一般都是"短"而"浅"的,所以,游客对导游员的良好第一印象,多来源于导游员"溢于言表"的友好表现。因此,导游员应注重仪容仪表,讲求形象美;注重礼节礼貌,讲求行为美;注重语言表达,讲求语言美。

二、旅游者在旅游中间阶段的一般心理特征及服务

旅游中间阶段,是导游人员服务工作的重点。随着主客交往的逐步加深,双方彼此有了进一步的了解,开始相互适应。在这一阶段,导游员的服务水平将全面展示在游客面前。游客对服务质量有了更深的体验,同时游客也会在初始阶段的基础上,对导游员提出更全面、更具体、更具个性化的要求。故而,导游员做好旅游中间阶段的服务工作,对游客心理满足具有决定性的作用。

(一)对主动服务的要求

游客在旅游活动期间,都希望导游人员能主动关心他们、理解他们,把他们当作有血有肉的人,能主动提供他们所需的服务。所谓主动服务,就是要服务在客人开口之前,也叫超前服务。

导游人员要有游客至上的态度,充分发挥主观能动性,主动了解客人的需求和心理,认真观察游客的需求变化,通过听声音、看表情,才能把服务做在游客开口之前。

(二)对热情服务的要求

游客都希望得到导游员自始至终热情、友好的服务,而且这种热情应该是真诚的和发自内心的。热情服务在工作中多表现为精神饱满、热情好客、动作迅速、满面春风。游客对导游员服务态度的评价,很大程度是依据导游员是否热情、微笑和有耐心,特别对于导游员在非本职工作范围的"分外"热情服务和帮助,游客会感到更大的心理满足。这就要求导游员要热爱自己的工作,对游客心理有深入的理解。例如:旅游目的地的种种景观,常常会使旅游者因为感到新奇而激动,而导游员对此却早已是"司空见惯"。对于旅游者来说,也许今生今世就只来这一次,而对于导游员来说,是经常要来、天天要来,甚至是一天要来几次。在这种情况下,导游员必须提醒自己,我并不是"故地重游的旅游者",而是"为旅游者提供服务的导游员"。设想一下,当旅游者为旅游景观的新奇而激动的时候,如果导游员显得"无动于衷",甚至是一副"不耐烦"的神情,旅游者将是多么的扫兴。所以,导游员应该理解游客的心理和情感。

(三)对周到服务的要求

所谓周到服务,是指在服务内容和项目上,想得细致入微,做得无微不至,处处方便游客、体贴游客,千方百计帮助游客排忧解难。例如,在景区游玩,游客自由活动前,导游员除告诉游客集合的时间、地点外,还应提醒游客记住车牌号、车型及自己的手机号,甚至指点景区卫生间的位置。这样做使游客感到导游员处处为游客着想,服务细致周到。同时,也免去了多个游客分别来询问的麻烦,节省了游客的时间。

景区周到服务不仅包括规范化服务,而且包括个性化服务。游客的需求是多层次的,一些高层次、深层次的要求,往往不是按标准操作的规范服务所能完全解决的。这就需要针对不同游客的不同需求特点,尽可能地为他们提供周到、细致的优质服务。导游员没有选择游客的权利,必须给来自不同地域、不同文化背景、不同年龄、不同性别及不同人格类型的旅游者以旅游的乐趣、舒适和尊严。

(四)对友好交往的要求

人们在社会中生活,必然相互交往。游客在旅游期间面对新的环境,迫切希望同其他游客、导游人员进行友好交往。这种友好的人际交往,能使游客心情愉悦、主客关系融洽,从而获得心理上的欢乐和享受。

融洽主客关系的关键是导游员必须尊重客人,并以此来赢得客人的尊重。导游员不仅要尊重那些表现良好的游客,而且对那些"表现不好"或"行为失当"的客人,也要表现出尊重和耐心。导游人员不能因为某些游客的素质低,就不注意自身素质的提高,可以说,越是低素质的游客,越需要高素质的导游员为其服务。

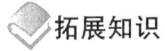 拓展知识

文明旅游十大提醒语

国家旅游局于2014年初向社会发布了"文明旅游十大提醒语",内容如下:

针对树立文明旅游意识的提示:

1. 文明是最美的风景
2. 旅途漫漫　文明相伴
3. 旅游美时美刻　文明随时随地
4. 文明游天下　快乐你我他
5. 一花一木皆是景,一言一行要文明

针对具体不文明旅游行为的提示:

6. 游遍天下山川　只留脚印一串(用于提醒保护生态环境)
7. 出游讲礼仪　入乡要随俗(用于提醒尊重别人权利)
8. 垃圾不乱扔　举止显文明(用于提醒维护环境卫生)
9. 多看美景,不刻美名(用于提醒保护生态环境和文物古迹)
10. 平安是福　文明是金(用于提醒出游安全)

三、旅游者在旅游终结阶段的一般心理特征及服务

旅游终结阶段,是指客人即将离去,导游与游客交往即将结束,直至游客离开的这一段时间。这一阶段,是客人对旅游期间所接受到的服务进行整体回顾和综合评价的阶段。导游人员怎样在这较短的时间里,对自身的整体服务起到最好的补充作用呢?首先要了解游客此时的心理。游客的心理是复杂的,如果导游员忽视了这最后的服务环节,就无法给整个服务工作画上一个圆满的句号,也将使游客带着一些遗憾而离去。

(一)游客的心情既兴奋又紧张

兴奋,是因为旅游活动即将结束,马上要返回家乡,又可见到亲人和朋友,可向他们述说旅游的所见所闻,同他们一道分享旅游的快乐。此时,由于游客情绪兴奋,头脑不易冷静、清晰,出发前经常容易丢三落四,忙中出错,导游员应设法平静大家的情绪并做好提醒工作。

紧张,是由于想尽快办完一切相关事宜,还有相当一部分游客表现出难以适应原来家乡社会的心理感受。这时,导游员应设法放松游客的心情,用旅游的快乐与到家的温馨来引导游客的感觉,把对客人诚挚美好的祝愿说得感人肺腑,让游客带着"服务的余热"踏上新的旅途,使游客产生留恋之情和再次惠顾之意。这样既树

立了旅行社对外的良好社会形象,又扩大了潜在客源,势必能提高旅行社的经济效益。

(二)游客将回顾和评价旅游活动中所接受的各种服务

如果游客对此次旅游活动和所接受的各种服务持肯定态度,他们会产生依恋之情,希望有机会重游此地,或因此次旅游的良好印象,体会到旅游活动的极大乐趣,而引发再去别的旅游景点旅游的动机;如果游客对此次旅游活动和所接受的各种服务感到不满,如导游员态度差,吃不好,住不好,产品质量差等,就会在心理上产生极大的不愉快。这种不愉快的经历会长时间保留在他们的记忆中,影响客人及周围的人对旅游的兴趣。

旅游终结阶段,是旅游企业和导游人员创造完美形象,对游客后续行为施加重要影响的服务阶段。根据"近因效应",人们在认知过程中,新近得到的信息比先前得到的信息,具有更大的影响力。通俗地说,就是在对朋友长期的了解中,最近了解的东西往往占优势,掩盖着对该人的一贯了解。这种现象,心理学上叫"近因效应"。比如说,两位有十几年交情的朋友,可能会因为新近发生的一件不愉快的事,而忘却多年的友谊,反目为仇。所以,"近因效应"给导游服务的启示是,我们不能忽视旅游终结阶段的服务质量,不能因为临近散团而松懈自己,怠慢了游客,从而影响到客人对整个旅游服务的评价,以致前功尽弃。导游服务工作要自始至终追求完美。

案例分享7-1　　一碗长寿面

杭州某国际旅行社的徐先生曾接待过一个由一家三口组成的美国散客团,儿子是一名大学生。在办理酒店入住的时候,他无意中看到了这个年轻人的护照,并意识到第二天就是他的生日,于是徐先生就把这件事放在了心上。

第二天午餐的时候,徐先生特意要求餐厅的服务员准备了一碗面。当服务员上面的时候,徐先生在小伙子旁边说:"今天是你的生日,我特意为你准备了一碗面,祝你生日快乐!"这位年轻的大学生听了,感到十分奇怪,就问徐先生:"生日和面有什么关系?"徐先生解释说:"在西方国家,大家都吃生日蛋糕,虽然很多中国人现在庆祝生日的方式也向西方学习,但是中国传统的生日是吃面的,叫作'长寿面',它的特殊含义是:希望你健康长寿。"美国客人听了恍然大悟,并且为能够了解中国的传统文化而非常高兴。

思考题

请用你所学的导游服务心理加以分析。

案例分享 7-2

一张团体照

某年 4 月中旬，导游徐先生接待了来自美国的一家保险公司——宏利人寿（Manulife）的奖励旅游团。团员们来自北美及亚洲的各个国家和地区。

团队抵达杭州当晚，就观赏了主题公园宋城的表演"宋城千古情"。宾客们被杭州悠久灿烂的文化、缠绵悱恻的传奇爱情故事所震撼。晚上 10 点领队问导游徐先生，杭州哪里拍集体照比较好，团员们打算在美丽的西子湖畔拍一张集体照，留下大家在杭州旅游的愉快记忆，把杭州的美景带到世界各地去。徐先生考虑了一下，告诉他"花港观鱼"的牡丹亭是一个绝佳的地方。因为"花港观鱼"是西湖的十大风景之一，牡丹亭及亭前的"梅影坡"也是中国江南园林经典之作，而且牡丹亭前有宽阔的草坪，适合拍集体照。

领队听了以后，非常满意，点头表示同意，让导游徐先生带他们去花港观鱼的牡丹亭拍照。但徐先生仔细一想，明天游船时间订的是 10:30，等游完湖后再赴花港观鱼拍照已经近中午 12 点。到那时，在阳光的照射下，拍摄效果肯定不佳。于是徐先生决定，跟游船公司商量将游船时间变更为早上 8:30，并把想法告诉了领队，领队大加赞赏。

晚餐时，拍摄公司的工作人员拿着衬以西湖四季不同风光背景的图片发给每位团员时，大家都露出了满意的神情，表示他们会再来杭州游玩。

思考题

请从导游员的基本素质要求角度加以分析。

心理测验 7-1

导游员气质类型测试

下面 60 道题，可以帮助你大致确定自己的气质类型，请根据自己的情况在"很符合、比较符合、介于符合与不符合之间、比较不符合、完全不符合"五个答案中选择一个适合自己的。很符合 2 分，比较符合 1 分，介于符合与不符合之间 0 分，比较不符合 -1 分，完全不符合 -2 分。

1. 做事力求稳妥，一般不做无把握的事。
2. 遇到可气的事就怒不可遏，想把心里话全说出来才痛快。
3. 宁可一个人干事，不愿很多人在一起。

4. 到一个新环境很快就能适应。
5. 厌恶那些强烈的刺激,如尖叫、噪声、危险镜头。
6. 和人争吵时总是先发制人,喜欢挑衅。
7. 喜欢安静的环境。
8. 善于和人交往。
9. 羡慕那种善于克制自己感情的人。
10. 生活有规律,很少违反作息制度。
11. 在多数情况下情绪是乐观的。
12. 碰到陌生人觉得很拘束。
13. 遇到令人气愤的事,能很好地克制自我。
14. 做事总是有旺盛的精力。
15. 遇到问题总是举棋不定,优柔寡断。
16. 在人群中从不觉得过分拘束。
17. 情绪高昂时,觉得干什么都有趣;情绪低落时,又觉得什么都没意思。
18. 当注意力集中于一事物时,别的事很难使我分心。
19. 理解问题总比别人快。
20. 碰到危险情境,常有一种极度恐怖感。
21. 对学习、工作、事业怀有很高的热情。
22. 能够长时间做枯燥、单调的工作。
23. 符合兴趣的事情,干起来劲头十足,否则就不想干。
24. 一点小事就能引起情绪波动。
25. 讨厌做那种需要耐心、细致的工作。
26. 与人交往不卑不亢。
27. 喜欢参加热烈的活动。
28. 爱看感情细腻、描写人物内心活动的文学作品。
29. 工作学习时间长了,常感到厌倦。
30. 不喜欢长时间谈论一个问题,愿意实际动手干。
31. 宁愿侃侃而谈,不愿窃窃私语。
32. 别人总是说我闷闷不乐。
33. 理解问题常比别人慢些。
34. 疲倦时只要短暂的休息就能精神抖擞,重新投入工作。
35. 心里有话宁愿自己想,不愿说出来。
36. 认准一个目标就希望尽快实现,不达目的,誓不罢休。
37. 学习、工作一段时间后,常比别人更疲倦。
38. 做事有些莽撞,常常不考虑后果。

39. 老师讲授新知识时,总希望他讲得慢些,多重复几遍。
40. 能够很快地忘记那些不愉快的事情。
41. 做作业或完成一件工作总比别人花的时间多。
42. 喜欢运动量大的剧烈体育运动或参加各种文艺活动。
43. 不能很快地把注意力从一件事转移到另一件事上去。
44. 接受一个任务后,就希望能把它迅速解决。
45. 认为墨守成规比冒风险强些。
46. 能够同时注意几件事物。
47. 当我烦闷的时候,别人很难使我高兴起来。
48. 爱看情节起伏跌宕激动人心的小说。
49. 对工作抱认真严谨、始终一贯的态度。
50. 和周围人的关系总相处不好。
51. 喜欢复习学过的知识,重复做能熟练做的工作。
52. 希望做变化大、花样多的工作。
53. 小时候会背的诗歌,我似乎比别人记得清楚。
54. 别人说我"出口伤人",可我并不觉得这样。
55. 在体育活动中,常因反应慢而落后。
56. 反应敏捷、头脑机智。
57. 喜欢有条理而不甚麻烦的工作。
58. 兴奋的事情常使我失眠。
59. 老师讲新概念,常常听不懂,但是弄懂了以后很难忘记。
60. 假如工作枯燥无味,马上就会情绪低落。

记分:

胆汁质型得分:2、6、9、14、17、21、27、31、36、38、42、48、50、54、58 的得分之和。
多血质型得分:4、8、11、16、19、23、25、29、34、40、44、46、52、56、60 的得分之和。
黏液质型得分:1、7、10、13、18、22、26、30、33、39、43、45、49、55、57 的得分之和。
抑郁质型得分:3、5、12、15、20、24、28、32、35、37、41、47、51、53、59 的得分之和。

确定气质类型的标准:

1. 如果某类气质得分明显高出其他三种,均高出 4 分以上,则可定为该类气质。如果该类气质得分超过 20 分,则为典型;如果该类得分在 10~20 分,则为一般型。

2. 两种气质类型得分接近,其差异低于 3 分,而且又明显高于其他两种,高出 4 分以上,则可定为这两种气质的混合型。

3. 三种气质得分均高于第四种,而且接近,则为三种气质的混合型,如多血—胆汁—黏液质混合型或黏液—多血—抑郁质混合型。

胆汁质类型特点:精力充沛、情绪发生快而强、言语动作急速而难于控制;热情、显得直爽或胆大、易怒、急躁等。

多血质类型特点：活泼好动、敏感、情绪发生快而多变、注意和兴趣容易转移、思维言语动作敏捷、善于交际、亲切、有生气，但也往往表现出轻率、不真挚等。

黏液质类型特点：安静、沉稳、情绪发生慢而弱、言语动作和思维比较迟缓、注意稳定、显得庄重、坚忍，但也往往表现出执拗、淡漠。

抑郁质类型特点：柔弱易倦、情绪发生慢而强、体验深沉、言行迟缓无力、胆小、忸怩，善于觉察到别人不易觉察到的细小事物，容易变得孤僻。

气质本身无优劣之分，任何一种气质都有其积极和消极的方面，气质也不能决定一个人活动的社会价值和成就的高低。

了解自己和游客的气质特点在旅游交往中有着重要意义。一般来讲，如向黏液质者提出要求，应让他有时间考虑，对抑郁质者应多给予关心和鼓励，与胆汁质者打交道应避免发生冲突等。

因此，导游人员要正确对待自己的气质类型，经常有意识地控制自己气质的消极品质，发扬积极品质，克服气质弱点，以利于形成良好的个性，与游客共创和谐的旅游交往气氛。

思考与练习

1. 导游人员应具备的能力结构？
2. 导游员如何给客人留下美好的第一印象？
3. 在旅游服务的中间阶段，客人有哪些心理特征？如何做好针对性服务？
4. 服务人员如何在服务终结阶段做好工作？
5. 实际尝试做一次旅游者，感受导游的服务，体验旅游者的心理，谈一谈旅游者需要什么样的旅游服务？

第8章

旅游企业的团队心理

引　言

在管理学中,有关团队的建设和沟通问题越来越受到人们的重视。对当今飞速发展的旅游企业来说,现代管理的理论方法是不可或缺的。本章以团队为切入点,从管理者心理的角度来探讨团队的实质、团队心理建设的理论方法、沟通技巧等问题。

学习目标

1. 能了解旅游企业团队的类型、特征及影响团队效能的主要因素。
2. 能了解旅游企业团队的角色心理、人际关系和团队精神的培养。
3. 理解团队的真谛、沟通的原理,能运用沟通的技巧。

第一节　旅游企业团队概述

一、旅游企业团队的含义

现代企业越来越流行团队管理,并渐渐得到普及。20世纪80年代日本在企业管理中真正使用团队管理方式,90年代美国也开始流行团队管理。管理学家们对团队有过不少的定义。

具有代表性的是乔恩·R.卡曾巴赫(John. R. Katzenbach)在其著作《团队的智慧》中所给出的概念:团队就是由少数有互补技能,愿意为了共同的目的、业绩目标和方法而相互承担责任的人们组成的群体。卡曾巴赫和斯密司等人还进一步把团队和群体的概念做出了区分,他们把群体定义为:为了实现某个特定的目标,由两个或两个以上相互作用和相互依赖的个体组合而成的集合体。在工作群体(Work Group)中,成员进行相互作用主要是为了共享信息,进行决策,帮助每个成员更好地承担起自己的责任;工作团队(Work Team)则不同。它通过成员的共同努力能够产生积极的协同作用,团队队员努力的结果导致团队绩效远远大于个体绩效之和。

表8-1 工作群体与工作团队的比较表

指标	工作群体	工作团队
目标	共享信息	集体绩效
协同效应	中性(有时消极)	积极
责任	个体责任	个体责任和共同责任
技能	随机的和不同的	相互补充

特别提示

这些界定有助于我们明确了解,为什么现在有许多旅游企业围绕着工作团队重新构建工作流程。管理层这样做的目的,是通过工作团队的积极协同作用来提高组织绩效。团队的广泛使用为组织创造了一种潜在的可能性:能够使组织在不增加投入的前提下,提高产出水平。但是请注意,我们这里说的是"潜在可能性"。组建团队不是变戏法,并不能保证一定能产生积极的作用。仅仅把工作群体换一种称呼,改叫工作团队,并不能自动提高组织绩效。

肖余春在《组织行为学》(2006)一书中根据以上研究,结合我国管理实际,给团队下了如下定义:团队是介于组织和个人之间的,人数较少,有共同的目标和责任,有一定程度授权,成员角色多元化并不断学习的新型群体。据此,我们也可以将旅游企业团队的概念理解为,是介于旅游组织和个人之间的,人数较少,有共同的目标和责任,有一定程度授权,成员角色多元化并不断学习的新型群体。

二、旅游企业团队的类型与特征

(一)团队的类型

团队自出现以来,已经演变出许多形式。旅游企业团队的基本类型可以从两个方面来划分:一是从继承传统组织理论的角度,团队可以划分为正式团队、非正式团队和超级团队三种;二是从现代团队理论的发展趋势角度,可以划分为功能团队、解决问题团队、功能交叉团队、自我管理团队和虚拟团队等。

超级团队同时具有正式团队和非正式团队的特征,它是管理人员为完成某种特定的目标,有意识地组建起来的,但团队的运行具有明显的非正式团队的特点。例如,为完成某项旅游研究项目,而组建起来的项目研究小组。

虚拟团队是通过远距离通信和信息技术将地理上、组织上分散的员工组织起来从而完成组织任务的小组。这种团队很少面对面开会或一起工作。虚拟团队可以临时组建用来完成特殊任务,也可以用来完成持久的战略计划。虚拟团队是现代科技革命的产物,它是一种以现代通信技术为基础的"网上"团队。例如,将来会有越来越多的跨国、跨地区的旅游企业在网上进行办公。

(二)团队的特征

传统团队有着广泛的外延,学习型团队则有着更为丰富的内涵。关于团队的特征,很多学者从不同的角度进行了研究。例如,盖伊·拉姆斯登(Gay Lumsden)的团队三特征说,认为当一个团队形成了一种"团队的感觉"时,就会呈现出"个性、协同性和凝聚力"这三种特征。又如,旅游企业高效的自我管理团队应具有的特征有:目标性、技能性、信任性、承诺性、良好的沟通性、谈判的技巧性、有效的领导性、良好的内部支持和外部支持性等。

三、影响旅游企业团队效能的因素

团队的产生和发展有其阶段性的规律,在各个阶段中,实际上都存在许多影响其效率的因素。旅游企业团队会时刻受到许多无法确定的因素影响,当遇到困难无法解决或冲突无法平息时,团队的效能就会受到影响。肖余春认为影响团队的效能的关键因素有以下七个。

(1)背景。一个团队中所有的人力、财力、资产状况以及组织模式等都是一个组织背景的主要部分。随着世界经济形势的快速发展,在现代的旅游企业团队中,我们在背景因素中还应考虑信息技术、网络系统、报酬体系、价值取向、集体主义和个人主义等因素对团队绩效的重要影响。

(2)目标。在现代的旅游企业团队建设中,目标的清晰度越来越高,达到目标的难度也越来越大,需要团队成员的通力合作才能达到目标。目标实际上是整体成员期望接纳的结果。换句话说,学习型组织中的团队目标是全体成员共同期望的一种产出(Outcome),而不仅仅是成员的个人目标。

(3)规模。有效团队的规模人数一般为2~16人。在现代网络技术支撑下,团队的规模也可以增大。一般来说,较多人数的团队适合完成较简单的任务。问题解决型团队由10人以下组成较理想。

(4)团队成员的角色多元化。成员角色地位的异同会影响到团队的行为、动力和产出。管理者是无法改变团队成员的基本个性与态度的,但是,管理者影响团队成员的行为角色却常常有效果。在未来的团队中,团队成员的角色类型可包括:任务定位型、关系定位型和自我定位型。现代旅游企业中,员工的多元化倾向越来越明显,管理者应该充分考虑成员的个体差异,赋予他们各自适合的角色。

(5)规范。规范实质上就是指团队成员已经认同并接受的规章和行为模式。

规范有助于成员为追求共同的目标而建立良好的行为习惯。目前,先进的旅游企业都有自己的一套行为规范。每个团队都在建立自己的规范并以此来约束自己的员工。需要注意的是,规范并不等于规章制度,它对人的心理行为有积极的影响,也有消极的影响。

(6)凝聚力。凝聚力是一种团队动力,取决于团队目标和个人目标的一致性程度。如果成员有强烈的团队归属感并接受团队目标,那么这个团队的凝聚力就高。凝聚力是影响团队绩效的一个重要变量。团队成员之间能够相互吸引,彼此喜欢,又能与团队目标保持高度一致,一般出现在稳定与运行阶段。管理者的一个重要使命就是让团队保持高度的凝聚力。

(7)领导。组织中的领导因素在现代管理中成为不可缺少的一部分。领导者最终目的是率领团队实现组织既定目标。领导可以有各种风格,但在现代组织飞速变革的时代,最重要的领导特征表现为应变能力、战略管理能力,以及民主开放的思想。在新型的组织中,这些对领导的要求已成为一种趋势。

第二节 旅游企业团队的心理建设

成功团队往往具有以下八个方面的心理特征:一是团队中所有成员明确团队目标,并能全身心投入;二是团队成员具有强烈的归属感和责任感;三是团队成员注重沟通,肝胆相照,共同努力;四是团队成员积极参与决策,为提供有效的解决问题方案献计献策;五是团队成员坦然接受批评,欢迎不同声音;六是一旦作出决策,团队成员会全力以赴加以实施;七是团队的人员构成具有灵活性,根据任务的需要可随时增减;八是团队成员关注客户,注重与外界有效沟通。

那么,如何才能建设旅游企业的成功团队呢?本节将从团队的角色心理、人际关系和培养团队精神三个心理层面来回答这个问题。

一、旅游企业团队的角色心理

团队角色心理的理论方法越来越被旅游企业管理者所喜爱,以下介绍被广泛使用的几种角色定义法模型。

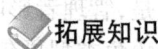
拓展知识

贝尔宾模型

贝尔宾(R. M. Belbin)提出了团队建设应遵循的五条原则:一是每个团队既承

担一种功能,又承担一种团队角色;二是一个团队需要在功能及团队角色之间找到一种令人满意的平衡,这取决于团队的任务;三是团队的效能取决于团队成员的各种相关力量,以及按照各种力量进行调整的程度;四是有一些团队成员比另一些更适合某些团队角色,这取决于他们的个性和智力;五是一个团队只有在具备了范围适当、平衡的团队角色时,才能充分发挥其技术资源优势。

贝尔宾提出的角色理论证明,成功的团队是通过不同性格的人结合在一起的方式组成的,同时,成功的团队中必须包括担任不同角色的人。

表8-2 贝尔宾的八种团队角色表

团队角色	在团队中的作用	特 征
主席 (Chairman)	阐明目标和目的,帮助分配角色、责任和义务,为群体作总结	稳重、公正、自律、自信且信任别人,略外向,积极思考且对人有控制力。对达成外在或组织的目标有强烈的内驱力。能作出坚定的决策
造型师 (Shaper)	寻求群体进行讨论的模式,促使群体达成一致,并作出决策	有较高的成就动机,精力旺盛有干劲,具有煽动性、督促团队向前走,外向、好交际、喜欢辩论、急躁、易怒(易激动)、无耐心
开拓者 (Planter)	提出建议和新的观点,为行动过程提出新的视角	个性强、聪明、知识渊博、想象力丰富,但非正统、不实际、不善于具体操作,显得高高在上,有些孤独
监控者 (Monitor-evaluator)	对问题和复杂事件进行分析,评估其他人的贡献	聪明、冷静,言行谨慎、公平客观、理智、好批评,但不情绪化、不易激动。喜欢对事情反复考虑,做出决定慢但很少出错,缺少灵感,不能激励别人
企业员工 (Company Worker)	把谈话和观念变成实际行动	勤勤恳恳、任劳任怨、实际,即使对工作无兴趣也会认真完成,信任他人且对他人宽容,守纪律、保守、不灵活
团队成员 (Team Worker)	对别人提供帮助和个人支持	敏感,喜欢社交,信任他人且对人有强烈的兴趣,以团队为导向,促进团队精神,减少团队成员间的摩擦,但不起决定作用,工作中优柔寡断
资源调查者 (Resource-investigator)	介绍外部信息,与外部人谈判	好奇心重,求知欲强,喜欢了解周围发生的事,性格外向、喜爱社交、直言不讳、多才多艺,具有创新精神
完成者 (Compietor-finisher)	强调完成既定程序和目标的必要性,并且完成任务	对任何事情善始善终,坚持不懈,注意细节,且有条不紊,是一个完美主义者,但好事事担忧,焦虑感强

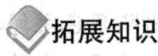 **拓展知识**

团队管理轮盘

马杰里森(Margerison)和麦卡恩(McCann)提出了"团队管理轮盘"思想。他们将八个特定角色划分为四类：开拓者、建议者、控制者和组织者。在这个模型中，正是调整各种各样团队成员及其行为的联系人，充当了团队与"外部"的代表，即某种程度上给整个团队带来了凝聚力。显然，成功的团队包含来自参与者的不同贡献，不同的角色对于整个成功都至关重要。

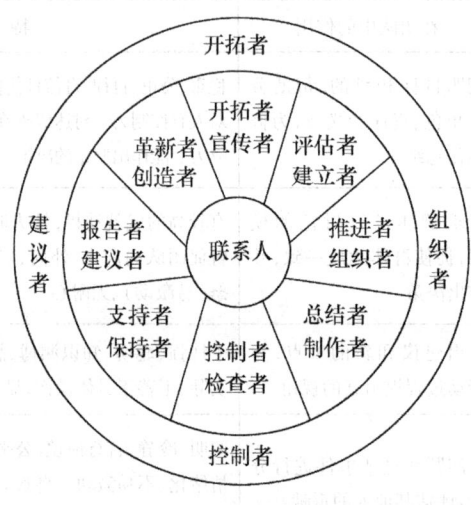

图8-1 团队管理轮盘

二、旅游企业团队的人际关系

(一)人际关系概述

人际关系是指人与人之间心理上的关系、心理上的距离。如表现为亲近、疏远、友好、敌对等，这些关系是在人与人之间发生社会交往和协同活动的条件下产生的。人际关系的形成包括认知、情感和行为三方面的心理因素，其中情感因素起主导作用。人际关系是人际交往的结果。人们通过人际交往认识社会、了解自己和他人，并协调相互之间的关系，以便更好地适应人际环境。人际交往的功能主要表现为信息沟通功能、心理保健功能、自我认识功能、个性发展和完善功能四个方面。此外，人际交往也能产生互酬效应，即能力、性格、感情、兴趣、信息等方面的互酬；还能增强人际魅力。

人际关系法是指集中建立社会和团队成员个人之间高水平的了解的方法。例如，帮助团队人员学习如何倾听，或者明白团队中其他成员过去的经历。其基本思想是，成员相互之间的个性了解越多，交流的能力就会越强，有助于人们更加容易地在一起工作。这将鼓励人们将其他成员看做"我们"，而不仅仅简单地把他们看作是与自己一起工作的人。

（二）影响人际关系的因素

人际关系状况对搞好本职工作，提高旅游企业的生产效率，完成组织目标都起着很重要的作用。在现实生活工作中，人们都知道人际关系的重要性，但一些人却对自己为何身陷困境，以及怎样改善和增进人际关系等方面的知识，知之甚少。下面我们对影响人际关系的因素加以探讨。

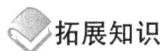拓展知识

人际吸引的假设

所谓人际吸引，是指一个人被他人肯定或否定的程度。也可以说是人与人之间情感上亲疏与远近的距离感。在同一个旅游企业内，人与人之间心理上的距离极不相同，有的心心相印，有的只是点头之交，有的势不两立，差距悬殊。

关于人际吸引问题的假设，主要有以下两种理论：

（1）互利假设。关于人性有一种理性假设。这种观点认为，正常的人都追求和期望以最小的投入和付出，来换取最大的报偿和收益。这是人的行为原则。从这个观点出发看待人际关系，自然就会得出下面的结论：人们之间良好关系和友谊的建立与维持，要看双方认为这个关系对双方是否有益。如果双方认为友谊关系的存在对彼此是有价值的，就是说利大于弊，好处多于坏处，或者说双方都感到为此做出的努力是值得的，双方都得到了心理满足，从而建立并维持友谊关系。反之，如果双方都感到这种关系的存在对彼此没有益处，则会采取行动终止目前的关系。即使其中一方感到当前的关系对自己有利，这种业已存在的关系也无法继续维持下去。这就是互利假设。

（2）自尊增高假设。良好的人际关系，或者说友谊关系表现为双方的相互选择，即你喜欢我，我也喜欢你，友谊就是你选择了我，我选择了你。和自己喜欢的人在一起心情愉快，这是人之常情。自尊增高假设认为：友谊关系能提高人的自尊感、自我价值感和自信心。通常情况下，朋友会给你更多的理解、支持、赞许和尊重。和朋友在一起，彼此能有自尊增高感，相互之间的自尊需要能得到较好的满足。这些在一般关系的人那里是很难得到的。人们喜欢那些喜欢自己的人，这是人际交往的规律。同样，对于那些经常和自己过不去的人会越来越不喜欢。

总之,人们喜欢那些喜欢自己的人,他人对自己的评价影响着自己喜欢那人的程度。而争论、批评、贬低则会驱逐朋友、消灭友谊。所以在与朋友交往及家庭生活中,最好不要试图把辩论会搬进来,经常发生争论会破坏良好的人际关系。

怎样使自己成为人际交往中的宠儿?怎样让别人喜欢自己?哪些因素能促进良好人际关系的建立和维持?心理学在这方面有一些颇具价值的研究成果。

1. 增进人际吸引的因素

(1)接近性。时空距离接近,或由于工作的需要,互相接触交往频率高,都容易形成共同的经验、话题、感受,所以人际关系密切,相互吸引力增强。尤其是同陌生人交往的早期阶段更是如此。

弗斯廷格以麻省理工学院已婚学生为对象,研究他们之间的相互吸引力与彼此居住距离的关系,结果发现,相互交往的多寡与居住距离的远近成反比。他们选择的新朋友,多为隔壁邻居。

塞奇特等以品尝饮料的可口度为借口,要求不相识的被试者(女孩子)走动于试验亭之间。在不同的亭子里,每个被试者与其他5个不相识的女孩子有不同次数的见面机会(只许见面不准交谈)。然后,要求被试者评定对所见的不同女孩子的喜欢程度。结果发现:相互见面的频率和相互喜欢的程度成正比,即见面次数越多,相互喜欢的程度越深;反之,亦然。

研究还表明,双方的第一印象恶劣时,时空越接近,人际反应越消极。

(2)相似性。相似性因素,包括年龄、性别、籍贯、社会地位、学力水平、经济收入、职业、习惯、兴趣、价值观、信念、态度等。其中以信念、态度、价值观为最,正所谓"志同才能道合"。

相似性之所以具备吸引力,是因为相类似的人,或因共同活动多,交往机会多,主动接近且相愉相悦(如兴趣爱好类似的人);或因经过社会比较,能互相正确反映自己的能力、情感和信仰,双方都产生相当的社会强化,提高和维护双方的自尊(如态度一致、情趣相投的人);或因彼此容易沟通,较少因意见传递困难而造成误会或冲突,即使是初次见面,亦会减少陌生感。

(3)互补性。现实生活中,脾气暴躁的人和耐心随和的人能友好相处;喜欢主动支配他人者和期待他人支配自己的成了好朋友;活泼健谈的人和沉默寡言的人结为亲密伙伴,乃至夫妻。这都是由于彼此特点互补的结果。

一般来说,互补因素对人际吸引的作用,多发生于友谊深厚的朋友之间,特别是异性朋友和夫妻之间。研究发现,短期的伙伴,推动吸引的动力是相似的价值观念;而长期的伴侣,推动吸引的动力则需要互补性。

(4)才能。才能出众的人,一般具有较大的吸引力,比较容易令人由敬佩转为喜欢。然而,十全十美的人反而不如有才能但偶有失误的人更具有吸引力。

社会心理学家阿诺森安排被试者听四种不同的录音,并告知被试者,这些录音都是有关所谓"大学急智杯"比赛候选人的。其实,四种录音的内容虽有不同,却都是由一人所录。其中两个录音中所显示的候选人显得十分聪明,学业与课外活动也很好;另外两个录音的候选人显得天资中等,学业也是中等。录音中有一位聪明者和一位中等资质者,因不小心打翻了咖啡,溅得满身,其他两位没发生意外。听完四种录音后,请被试者指出他们对不同候选人的喜欢程度。结果发现,那位聪明而打翻咖啡的候选人最受欢迎;而中等资质且打翻咖啡的候选人最不受欢迎。稍后的类似实验发现,意外的小失误对一般人来说,往往增加吸引力,只对自尊心很强或很弱的人才降低吸引力。

(5)仪表,指人的长相、穿着、体态、风度等外在因素。仪表影响人际吸引的程度,特别是在第一次见面时,尤为重要。

研究表明,仪表吸引对长期人际关系而言,并没有持久的作用,随着交往的延续,仪表作用逐渐让位于道德品质等内在因素的作用。仪表吸引,对从事政治、外交、司法、教育、表演、公关等直接与他人接触工作的人,是必须注意的,同时,开朗的性格与幽默、风趣,亦不可缺少。

2. 阻碍人际吸引的因素

据研究,阻碍人际吸引的因素多为不良性格特征。其表现是:

(1)不尊重别人的完整人格,缺乏感情,甚至把别人当作工具或物体来使唤的人。

(2)只关心自己的利益和兴趣,忽视别人的处境和利益。

(3)爱操纵别人,为人不诚实,不择手段为自己谋利益。

(4)过分服从并取悦于人,过分畏惧权威而又不关心部下。

(5)过分依赖他人而又丧失自尊。

(6)嫉妒心强。

(7)多疑乃至敌对,情绪偏激。

(8)过分自卑,缺乏自信,对人际关系过于敏感,过分批评别人而又过分自夸。

(9)性格孤僻,独来独往。

(10)偏见过甚,心理防卫过分,报复心过强。

(11)好高骛远,目标过高而又苛求别人。

(三)人际风格特征及其人际关系技巧

人际关系法强调的是团队工作中的人际特征。暗含的观点是,如果人们相互之间能足够地了解,将会有效地一起工作。它根植于人文主义心理学的这一思想,作为对机械的行为心理的反映,出现于 20 世纪 50 年代。在组织工作中,它曾具有很多不同的形式,处于组织机构中的不同地位,但从根本上讲,人际关系法强调开放而公正地对待人与人的关系,产生一种互相信任的气氛并建立有效的团队。

人际风格经常被分为分析型、支配型、表达型、和蔼型四种。旅游从业人员应熟练掌握不同人际风格类型的特征,以便选择与之相适应的方法进行沟通。

1. 分析型人际风格特征及其人际关系技巧

(1) 人际风格特征。严肃认真,动作缓慢,有条不紊,合乎逻辑,语调单一,语言准确,注意细节,有计划、有步骤,沉默寡言,表情单调,喜欢有较大的个人空间等。

(2) 人际关系技巧。与分析型人沟通时要注重细节、遵守时间,尽快切入主题。要一边说一边记录,像他一样认真,一样一丝不苟,不要和他有太多的眼神交流,更避免有太多的身体接触。交谈时身体不要前倾,应该略微后仰,因为分析型人注重安全,要尊重他的个人空间。在谈话过程中一定要用很多准确的专业术语。多列举一些具体的数据,多做计划或使用图表。

2. 支配型人际风格特征及其人际关系技巧

(1) 人际风格特征。果断,独立,有能力,有作为,好指挥人,强调效率,语速快且有说服力,热情,语言直接,有目的性,面部表情较少,使用日历,有计划性,情感不外露,为人审慎等。

(2) 人际关系技巧。与支配型人沟通时,回答问题一定要非常准确。你也可以问一些封闭式的问题,他会觉得你效率非常高。对于支配型的人,要讲究实际情况,有具体的依据和大量创新的思想。支配型的人非常强调效率,要在最短的时间里给他一个非常准确的答案,而不是一种模棱两可的结果。同支配型的人沟通的时候,一定要非常直接,不要有太多的寒暄,直接说出你的来意,或者直接告诉他你的目的,要节约时间;说话时声音要洪亮,充满信心,语速一定要比较快,如果你在支配型的人面前声音很小缺乏信心,他就会产生怀疑。在支配型的人沟通时,一定要有计划,并且最终要落到一个结果上,他看重的是结果。在和支配型人的谈话中不要有太多的感情流露,要直奔结果,从结果的方向说,而不要从感情的方向去说。你在和他沟通的过程中,要有强烈的目光接触,目光的接触是一种信心的表现。同支配型的人沟通的时候,身体要略微前倾。

3. 表达型人际风格特征及其人际关系技巧

(1) 人际风格特征。外向,合群,直率友好,令人信服,活泼、热情,不注重细节,动作迅速,语调激昂,语言有说服力,幽默等。

(2) 人际关系技巧。在旅游活动过程中与表达型人沟通时,声音一定要相应地洪亮,要有一些动作和手势。如果我们很死板,没有动作,那么表达型人的热情很快就会消失,所以与其沟通要有相应配合,当他做出动作时,我们一定要看着他,否则,他会感到非常失望。表达型的人往往只见森林,不见树木,所以与表达型的人沟通过程中,我们要多从宏观的角度去分析,说话要非常直接。表达型的人不注重细节,甚至有可能说完就忘,所以达成协议后,最好有一个书面的确认用以备忘。

4. 和蔼型人际风格特征及其人际关系技巧

(1) 人际风格特征。友好,合作,赞同,面部表情和蔼可亲,频繁的目光接触,说话慢条斯理,耐心,声音轻柔,常使用鼓励性的语言等。

(2) 人际关系技巧。和蔼型的人看重的是双方良好的关系,而不看重结果,与其沟通时,首先要处好关系;和蔼型人有一个特征,就是在办公室里经常摆放家人的照片,当你看到这个照片的时候,千万不要视而不见,一定要对照片上的人物进行赞赏,这是他最大的需求。沟通的过程中要时刻充满微笑。如果你突然不笑了,和蔼型人就会想,他为什么不笑了?是不是我哪句话说错了?会不会是我得罪了他?是不是以后他就不来找我了?等等,他会想得很多,所以在沟通中,一定要注意始终保持微笑;与语速放慢,声音轻柔,不要对其形成压力,要鼓励他,去征求他的意见。可以多提问,如"您有什么意见?您有什么看法?"等。问后你会发现,他能说出很多非常好的意见;如果你不问的话,他基本上不会主动去说。遇到和蔼型的人,一定要时常注意同他保持频繁的目光接触。每次接触的时间不宜过长,但是频率要高,不要盯着他不放,要接触一下回避一下,沟通效果会非常好。

三、旅游企业团队精神的培养

团队价值法认为团队建设的核心是,在团队成员之间就共同价值观和某些原则达成共识,因此,建设团队的主要任务是建立上述共识。团队价值法被许多人所认同,在旅游企业团队建设中,集中表现在团队精神的培养。

(一)团队精神的内涵

1. 团队精神的概念

团队精神是团队的灵魂,是成功团队的特质。每个旅游企业团队成员都能感受到团队精神的存在并在它的感召下努力工作。

在一些旅游企业团队中人们觉得心情比较舒畅,干劲也很足,大家的协作性很强,能够创造出一些使人骄傲的业绩;在另外一些团队中人们则觉得勾心斗角的情形较多,心情压抑,团队在内忧外患中生产力直线下降,业绩惨淡。富于团队精神的团队,其成员的个人智商可能是 100,但加在一起,团队智商则可能会达到 150 甚至更高;反之缺乏团队精神的团队,即使个人智商达到 120,但团队组合到一起的智商却可能只有 60~70。出现这种情形的关键因素,就是团队中的文化成分,也就是所说的团队精神。

团队精神,是指团队成员为了团队的利益和目标而相互协作、尽心尽力的意愿和作风。

2. 团队精神的内容

团队精神包含三个层面的内容:

(1) 团队的凝聚力。旅游企业团队的凝聚力是针对团队和成员之间的关系而言的。团队精神表现为团队强烈的归属感和一体性,每个团队成员都能强烈感受到自己是团队中的一分子,因而能够把个人工作和团队目标联系在一起,对旅游企业团队表现出一种忠诚;对团队的业绩表现出一种荣誉感;对团队的成功表现出一种骄傲;对团队的困境表现出一种忧虑。

当个人目标和团队目标一致的时候,凝聚力才能更深刻地体现出来。

(2)团队的合作意识。团队合作意识,是指旅游企业团队及其成员具有协作和共为一体的特点。团队成员间相互依存、同舟共济、互敬互重、礼貌谦逊;他们彼此宽容,尊重个性的差异,形成一种信任关系;待人真诚,遵守承诺,互相帮助,互相关怀,共同提高;利益和成就共享,风险和责任共担。

良好的合作氛围是高绩效团队的基础,没有合作就谈不上取得很好的业绩。如果一个旅游团出发,导游说先去颐和园,司机却要先到圆明园,双方僵持不下,旅游车就可能要停在半路上,必将引起游客的强烈不满。

(3)团队士气的高昂。这一点是从团队成员对团队事务的态度体现出来的,表现为团队成员对团队事务的尽心尽力及全方位的投入。

(二)团队凝聚力培养

置身于一个团队之中与感觉到我们属于这个团队是两回事。团队的凝聚力是将一个团队的成员联系在一起的一条看不见的纽带,因此团队成员才能认为自己是属于它的,并且认为自己不同于"其他人"——团队规范是使团队具有凝聚力的重要因素。有一些证据表明,具有高度凝聚力的工作团队比那些不具较强凝聚力的团队的效率要高得多。例如,凯勒(Keller)1986年研究了美国研究和发展组织中的工作团队。这些团队都是围绕着特殊的研究项目成立的,不同团队的凝聚力差异很大。凝聚力高的团队在完成任务时表现得总是出色得多。

1. 凝聚力高的团队的特征

(1)团队内的沟通渠道比较畅通,信息交流频繁,大家觉得沟通是工作中的一部分,不会存在什么障碍。

(2)团队成员的参与意识较强,人际关系和谐,成员间不会有压抑的感觉。

(3)团队成员有强烈的归属感,并为成为团队的一分子觉得骄傲,愿意告诉他人自己是这个团队中的一分子,跳槽的现象相对较少。

(4)团队成员间会彼此关心、互相尊重。

(5)团队成员有较强的事业心和责任感,愿意承担团队的任务,集体主义精神盛行。

(6)团队为成员的成长与发展、自我价值的实现提供了便利的条件。领导者、团队周围的环境、其他的成员都愿意为自身及他人的发展付出。

2. 提升团队凝聚力

有关团队凝聚力的研究发现了几种可以增强团队凝聚力的重要因素。麦克凯南(Mckenna,1994)列出了其中的七项(见表8-3)。然而,这并不意味着这些因素对所有的团队凝聚力都同样有效,也不意味着从管理人员的角度看,这些都是急需的。

表8-3 决定团队凝聚力的因素

相似的态度和目标	这通常意味着人们喜欢自己的团队
一起度过的时间	这提供了寻找共同的兴趣和观点的机会
独立	这可以使人们感到该团队是特殊的,并且不同于其他团队
威胁	这些威胁强调了相互依赖的重要性,并且可以使团队得到巩固——尽管并不总是能达到这种效果
规模	小型团队往往比大型团队更具有凝聚力,部分原因在于这可以使团队成员之间进行更多的相互交往
严格的加入条件	使新成员在加入一个特殊的团队之前,必须克服许多障碍,这可以增强新成员与团队之间的共识,如果不这样就将产生认知方面的不和谐
奖励	以团队而不是以个人表现为基础的奖励,可以在成员之间产生一种以团队为核心的合作观念

 特别提示

麦克凯南的研究告诉我们凝聚力的高低受众多因素的影响:

(1)从外部看,当团队遇到威胁时,无论团队内部曾经发生过或正在发生什么问题、困难、矛盾,这时团队成员会暂时放弃前嫌,一致应对外来威胁。通常外来威胁越高,造成的影响越大、压力越大,团队所表现出的凝聚力也会越强。当然如果团队成员感到团队根本没有办法应付外来威胁和压力时,就不愿意再去努力了。

举一个简单的例子:某超市在过去没有竞争对手的时候经营得还不错,能够为社区做一些贡献,但有一天沃尔玛进来了,在它旁边开了一个两万多平方米的连锁超市,这时员工会觉得这是一个强大的敌人,很难去应付,他们可能会放弃努力。

(2)从内部看有这样一些因素影响凝聚力的高低:

①团队领导人的风格、类型。领导是团队行为的一种导向和核心,采取什么样的领导方式直接影响凝聚力的高低。在民主的领导方式之下团队成员愿意表达自己的意见和参与决策,这时积极性高,凝聚力比较强;而在专制、独裁、武断的领导方式下,下属参与的机会比较少,员工的满意度相应比较低,牢骚满腹,会后私下攻

击性的言论也相应增多,凝聚力也会较低;但在放任型的领导方式下,团队成员就像一盘散沙,人心涣散,谈不上集体主义,也谈不上团队的规则,这时更谈不上凝聚力。

②团队的规模。规模越大越容易造成团队成员间的沟通受阻,意见分歧的可能性也会增大;大规模的团队人员之间的接触相应较少,关系也不顺畅,容易人浮于事、互相扯皮、不负责任、办事拖拉;团队的规模越大产生小团队的可能性就越大,"小山头、小派系"这时可能就会出现。通常团队的人数在10个到15个人之间较好。

③团队的目标。团队目标如果跟个人的目标一致,有吸引力、号召力,这时团队成员就愿意合作完成任务,凝聚力会增强;反过来如果个人目标和团队目标不关联,个人的想法是多挣钱,团队的目标是获得荣誉,这时合作就会少,感情趋于冷淡,凝聚力也就降低。

④奖励方式或激励机制。个人奖励和集体奖励具有不同的作用。集体奖励会增强旅游企业团队的凝聚力,会使成员意识到个人的利益和荣誉与所在团队不可分割;个人奖励可能会导致团队成员间的竞争,在旅游企业团队内部形成一种压力,可能会使协作、凝聚弱化。建议两者都要考虑,承认团队的贡献,也要承认个人成绩。一些酒店的营销部门常按个人业绩提成,导致团队内部竞争,影响团队协作甚至整个酒店的形象。

⑤旅游企业团队以往实现目标的状况。如果团队过去就一贯有好的表现,能按团队的既定目标运行,团队成员就会觉得这是一个英雄的团队,为在这样的团队中感到光荣,所以就会激发团队成员做得更好。通常,成功的企业比不成功的企业更容易吸引优秀的员工加入。

(三)合作气氛的营造

旅游企业团队精神的精髓在于"合作"。旅游企业团队合作受到团队目标和团队所属环境的影响,只有在团队成员都具有与目标相关的知识、技能,及与别人合作的意愿的基础上,团队合作才有可能成功。

成功的团队合作随处可见,无论是一支球队、一个企业、一个研发团队还是一个部队,成员之间的密切合作对于团队的成功都是至关重要的,没有哪个成功的团队不需要合作。

1. 信任的作用

信任是合作的基础和前提,互信才能增强团队合作。

(1)互信让大家把焦点集中于工作而不是其他议题上。在一个旅游企业团队中,如果大家缺乏信任,人们的注意力就不可能放在目标上,而会转移到人际关系方面,关注怎样平息个人间的矛盾,怎样做才不会得罪其他人。防卫心理增加,小团队利益和个人利益会代替团队利益。

（2）互信能够促进沟通和协调。相互信任才能彼此交心，信任是团队成员之间沟通协调的基础。缺乏信任的团队，成员之间表现出很强的戒备心理，当面恭维，背后拆台，谁都不会明确指出团队和个人存在的问题。

（3）互信能产生相互支持的能量。相互支持是很多旅游企业团队成功的关键法宝，在互信的情形下团队成员会迸发出一种平时没有的能量，面对各种障碍而产生必胜的团体信念。

比如，某个团队成员生病了，他的工作没人去做，其他人马上就会主动补位，如果旅游企业团队中有这样一种互相支援的气氛，团队成员就不会感到孤立无援，会以更大的信心投入到团队工作中去。

2. 培养互信气氛的要素

（1）诚实。要想赢得别人的信任，首先要诚实、正直、廉洁、不欺骗、不夸大。这涉及做人的道理。真正成功的人不是靠技巧成功，而是靠内在的品德修养成功。科维在《与成功有约》中讲，真正的成功是品德成功。

（2）公开。愿意与他人共享信息，哪怕是错误的信息。

（3）一致。个人的行为表现要坚持一致，从而在团队中塑造个人的良好形象。

（4）尊重。以一种有尊严、光明正大的态度待人。

这四个方面互为一体。互信的品质非常脆弱，上述四点中只要其中任何一点丧失，互信关系就不复存在，甚至会受到毁灭性打击。

3. 如何培养团队合作意识

（1）旅游企业团队领导者首先要带头鼓励合作而不是竞争。美国肯尼迪曾说，前进的最佳方式是与别人一道前进。很多管理者热衷于竞争，忌妒他人的业绩和才能，恐惧下属的成就超过自己，而事实上没有一个领导者会因为自己的下属优秀、做得好而吃尽苦头。成功的领导者总是力求通过合作来消除分歧，达成共识，建立一种互信的领导模式。

（2）制定合作的规则、规范。一个旅游企业团队中如果某个人总是付出，而另外一个人总是获取，就显示出某种不公平。这种情形下不可能有真诚的合作。要想有效地推动合作，旅游企业的领导者必须订立一个普遍认同的合作规范，采取一种公平的管理原则。

（3）建立长久的互动关系。旅游企业的领导者要持续地创造一些能使团队成员融为一体的机会。比如一起培训、一起搞竞赛、举行团队的会议、激励的活动等。

（4）要强调长远的利益。旅游企业的领导者要使团队成员拥有共同的未来前景，让大家相信团队可以成功，使人们自觉地不去计较眼前的得失，而是主动合作达成愿望。

信任是赢得合作的一个法则，也是人际关系的中心议题。只有信任下属的领导才能够通过授权而实现工作的高效。

4. 团队士气的提升

团队精神的第四个方面是团队士气。拿破仑曾说过,一支军队的实力四分之三靠的是士气。它的含义可以延伸到现代企业管理,为团队目标而奋斗的精神状态对旅游企业团队的业绩非常重要。

(1) 影响士气的因素主要有以下方面:

① 对团队目标是否认同。如果团队成员赞同、拥护团队的目标,他们会觉得自己的要求和愿望在目标中有所体现,士气就会高涨。

② 利益分配是否合理。每个人做事都与利益有关系,只有在公平、合理、同工同酬、论功行赏的情形下,人们的积极性才会提升,士气才会高昂。

③ 团队成员对工作所产生的满足感。个人对工作非常热爱、感兴趣,而且工作也适合个人的能力与特长,士气就高。应该根据员工的智力、才能、兴趣及技术特长来安排工作,把适当的人在适当的时间放在适当的位置上。

如果个人的能力超出了工作的要求,他就会觉得不满足,觉得没劲,反过来如果个人的能力不及工作要求,也会影响团队的工作。这两种情况都将影响团队的士气。

④ 优秀的领导者。领导者是否优秀,直接影响团队的士气。领导者作风民主、广开言路、乐于接纳意见、办事公道、遇事能同大家商量、善于体谅和关怀下属,团队士气会非常高昂;而独断专行、压抑成员想法和意见的领导,则会降低团队成员的士气。

⑤ 人际关系的和谐程度。旅游企业团队内部人际关系和谐,互相赞许、认同、信任、体谅,通力合作,凝聚力就会很强,很少出现冲突。而"窝里斗"的群体不会有高昂的士气。

⑥ 良好的信息沟通。领导和下属、下属和下属等同事之间的沟通如果受阻,就会引起职工或团队成员的不满情绪。

(2) 鼓舞士气的意义。士气是增强旅游企业活力和内部团结的一个重要因素。一个旅游企业能否有效地实现自己的目标,在很大程度上取决于员工的士气。曼谷东方大酒店之所以连续几次被评为世界最佳酒店,靠的就是科学精神和高昂的士气。

高昂的士气是员工集体精神的高度体现。管理心理学家克瑞奇与克列契菲尔德认为,一个士气高昂的团体通常具有以下特征:

① 团体的团结是来自内部的凝聚力,不是来自外部的压力;

② 团体内的成员没有分裂和对立的倾向;

③ 团体内部具有处理内部冲突与适应外部变化的能力;

④ 团体成员之间有强烈的认同感;

⑤团体成员都了解团体的奋斗目标;
⑥团体成员对团体目标和团体领导抱支持的态度;
⑦团体成员承认团体的存在价值,并具有维护团体继续存在的意向。
可见,团体中的士气体现出凝聚力、战斗力等高度的团队意识。

(3)士气与工作效率的相互关系:

①士气高,工作效率低。如果旅游企业的管理者只关心员工的需要、团队成员间的关系,而不注意工作,不注意目标,员工心理满意的程度可能会提升,但组织目标的完成却不一定理想。以人(员工)为本的领导者可能会面临士气高涨而效率低下的情况。

②士气高,工作效率也高。旅游企业的组织目标和员工的需要共同得到重视,这是一种比较理想的状况。

③士气低,工作效率高。比如泰勒所采取的科学管理方式,团队成员基本上没有参与的机会,这时工作效率确实高,但人们的士气较低。这种情况不会太长久,很难让士气很低的队伍有持续高绩效的表现。

一般来说,管理分为对人的管理和对工作的管理。如果偏重工作和目标而忽视人的心理因素就会出现片面追求高效率的做法,很难长久维持;但一味关注于人,虽然士气高涨,但工作效率低,久而久之也会影响旅游企业员工积极性的发挥。

(4)鼓舞士气的方法有:

①确立共同的价值观。美国管理学家华特生在《企业与信念》一书中谈道:"任何一个组织要想生存、成功,首先必须拥有一套完整的信念,作为一切政策和行动的最高准则;其次,遵守这些信念,处在千变万化的世界里,要迎接挑战,就必须准备自我求变,而唯一不变的就是信念。换句话说,组织的成功,主要是与它的基本哲学、团队精神和动机有关。信念的重要性远远超过技术、经济资源、组织结构、创新和时效。"他所说的"一套完整的信念"就是价值观。共同价值观是旅游企业组织内各相关团体成员在认同和支持企业价值观的基础上形成的,它是决定企业职工态度和行为的心理基础。对一个现代旅游企业而言,共同的价值观不仅是鼓舞士气的原动力,而且是企业生存的根本保证。共同的价值观已和上面提到的企业文化建设密切关联。在旅游企业中,为使职工有高昂的士气,管理者必须统一思想,要通过企业文化建设开展共同价值观的思想培育。只有全体职工确立了共同的价值观,企业员工才能步调一致、士气高昂地为目标实现而奋斗。

②培养员工对工作的满足感。只有当职工热爱本职工作,对自己的工作岗位感到满足时,才能产生工作的乐趣,士气才能得到鼓舞。旅游企业应尽可能做到人尽其才,人尽其能。研究表明,职工对工作的满足感,主要体现在工作的技术含量和提升机会等方面。因为技术岗位被认为有发展前途,因此,有的旅游企业为稳定一线服务职工,提出"吃罢青春饭,再吃技能饭"的号召。组织他们利用业余时间

学习专业技术,这样能稳定军心、鼓舞士气。有提升机会,既能满足员工上进心的需要,也能使每个员工对工作产生满足感,要使他们感到企业的关心和支持,感觉到在组织的关怀下能够有提高的机会和改变现状的可能性。

③领导作风的民主化。旅游企业团体内的领导作风直接影响士气。上面提到的高昂士气特征中,就有成员对领导的态度问题。只有当各级领导注意自身形象建设、不断改进领导作风、平易近人、实行民主协商、尊重职工的人格并听取职工的意见和建议,职工的士气才能得到鼓舞。古人云:"士为知己者死。"领导能成为属下职工的知己,在职工中具有很高的威信,职工的工作主动性、积极性就能自觉地调动起来。因此,高昂的士气是正确领导的结果。有的企业领导埋怨职工素质差、觉悟低、缺乏工作的集体精神、士气涣散,却没有想到应从领导自身思想和领导行为方面进行调整。

④协调成员之间的关系。旅游企业团体应努力促进成员之间的心理相容,使他们互相信任、互相帮助、求同存异、团结协作,这是团体内部士气高昂的重要特征。

⑤合理的经济报酬。广大职工为了谋求改善生活而勤奋工作,需要获得相应的经济报酬。合理的收入分配对鼓舞士气是至关重要的。很多旅游企业的职工由于企业效益好,个人收入稳中有升,感到生活有改善的可能,积极性也相应得到提高。有的旅游企业职工收入虽然不菲,但分配方式不合理(如平均主义,干好干坏一个样,或某些职工待遇上的特殊化),也会在心理上产生不平衡,从而影响工作。因此,合理的经济报酬历来是重要的激励因素。

⑥平等的沟通方式。沟通也就是意见交流。旅游企业员工之间、上下级之间如能经常畅所欲言,能彼此坦诚相待,对团体气氛和凝聚力的增强将起到巨大推动作用。不平等的沟通常见于下级对上级反映的意见和建议得不到领导的重视,造成下级对上级提意见有顾虑,因而沟通受到阻碍。这势必影响团结,影响士气的发挥。

⑦改善工作环境和工作条件。工作环境和条件直接影响职工的身心健康。工作环境宽敞明亮,较少污染,会对职工身心产生积极的影响。关心职工的工作环境,提供必要的工作条件,是鼓舞士气必不可少的物理环境和物质条件。

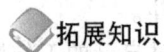 拓展知识

平安保险公司的礼仪

平安保险是我国第一家股份制保险公司,在国人保险意识还比较淡薄的情况下,股份制的保险公司面临的困难可想而知,但他们创立了"靠文化起家、靠文化展

业、靠文化经营、靠文化腾飞"的模式,也创立了令人瞩目的平安速度,成为发展势头最猛的企业之一。

平安保险认为规范的礼仪礼貌建立了和谐的内外关系,提升了平安人的文化层次。员工自费订报刊,营销保险产品时,先送报刊,介绍平安文化,让客户接受平安理念和礼仪,在接受文化、认同平安品格的基础上接受产品。

在平安,早上7点,在董事长兼首席执行官马明哲的带领下,5位高层领导站在总公司大楼门前,开始早迎仪式。一声洪亮的"早上好"伴随着标准化的鞠躬动作,震动了迈进平安保险大楼的每一位员工。

他们规范化的晨会也形成了一道亮丽的风景线。每天早上8:30,平安保险公司在全国300个城市的220 000名员工都以合唱公司的"司歌"开始他们一天的工作:"四海之内,心手相牵。衷心祝福,中国平安。"司歌结束后,仪式开始。各机构分成几个小组,每个小组成员向带队的老师行45°的鞠躬礼。而后,员工们陈述公司的服务宗旨,领导进行讲评。10:30,平安的员工们开始上街发展业务,通常很晚才能结束工作。

通过晨会,诵读公司训导,使"平安精神"时刻铭记在每个员工心中,通过晨会强化员工社会责任感和工作责任心,起到团结、沟通、振作士气、增强凝聚力的作用。

(资料来源:肖余春.组织行为学.北京:中国发展出版社,2006:344.)

第三节　旅游企业团队的沟通技巧

团队不同于群体,群体是指处于同一地方的一群人,而团队是指一群具有共同目标的人。团队始于群体,但团队能够达到更高的质量水平。同样,旅游企业中的团队沟通也不同于一般的群体沟通。群体沟通指的是组织中两个及两个以上相互作用、相互依赖的个体,为了达到基于其各自目的的群体特定目标而组成的集合体,并在此集合体中进行交流的过程。团队沟通是指两名或两名以上的能够共同承担领导职能的成员为了完成预先设定的共同目标,在特定的环境中所进行的相互交流、相互促进的过程。本节主要从团队的角度来探讨旅游企业中常用的几种沟通技巧。

一、沟通概述

沟通的定义有较多的说法。康青在《管理沟通》(2006)一书中提出,沟通是人们通过语言和非语言方式传递并理解信息、知识的过程,是人们了解他人思想、情感、见解和价值观的一种双向的途径。

在沟通过程中,心理因素无论是对信息发出者还是接收者都会产生重要影响,因此,沟通的动机与目的也直接影响着信息发出者与接收者的行为方式。人们对沟通的理解和认识各种各样,但往往缺乏对沟通含义的完整认识。最为普遍的错误观点有三种:一是"沟通不是太难的事,我们不是每天都在沟通吗?";二是"我告诉他了,所以我已和他沟通了";三是"只有我想要沟通时,才会有沟通"。

事实上,一个完整的沟通应该涵盖五个方面:想说的、实际说的、听到的、理解的和反馈的;一个完整的沟通过程应该包括六个环节:信息源(发出者)、编码、渠道、接收者、解码、反馈,伴随这个过程的还有一个干扰源(噪声)。因此,欲达到有效的沟通必须充分考虑七个基本要素:信息发送者、听众、目标、环境、信息、渠道及反馈。

沟通过程可能是顺畅的,也可能会出现障碍。影响沟通效率的这些障碍,既可能产生于心理,也可能源于不良的沟通环境。沟通中的障碍主要包括:一方面是信息发出者的障碍,如目的不明、表达模糊、选择失误和形式不当等;另一方面是信息接收者的障碍,如过度加工、知觉偏差、心理障碍和思想差异等。

 特别提示

沟通的基础是自我沟通,自我沟通需要通过实践和反思,目的在于认识自我。沟通的目的是取得对方的理解与支持。沟通成功的标志是信息接收者愿意按信息发送者的意图采取相应的行动。尽管存在各种各样的沟通障碍,但现实中的沟通并非令人失望。只要认识到这些沟通障碍,是能够找到克服这些障碍的策略的。常见的有效沟通策略有:使用恰当的沟通节奏;考虑接收者的观点和立场;充分利用反馈机制;以行动强化语言;避免一味说教。

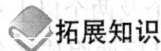 拓展知识

职场男女沟通小窍门

女性应该如何在职场与男性有更佳的沟通:
只在男同事要求时提出劝告,而且最好是私下为之。
说话要肯定而有自信,同时提高音量。
避免太长谈论问题,着重如何解决问题。
避免漫无边际地闲聊,直接切入中心。
不要太在意批评。
男性如何在职场与女同事有更佳的沟通:
女同事对你说话时要全神贯注地聆听。

犯错误时道歉。

不要打断女同事说话,或是替她们把话说完,或是贬低她们的构想。

举例时不要总是提运动和战争。

聆听,聆听,再聆听。

(资料来源:肖余春.组织行为学.北京:中国发展出版社,2006:188.)

二、言语沟通技巧

从信息发出方角度来说,要掌握以下言语沟通技巧:

(1)要有勇气开口。要敢于成为信息的发送者,这对存在信心不足的人来说是最难做到的。

(2)态度诚恳。使对方乐于成为信息的接收者。

(3)创造良好的气氛。一个良好的开头很重要,可以通过自我介绍、提供背景、赠送名片和握手等方式消除陌生感,寻找共同语言,形成良好的气氛。

(4)提高自己的表达能力。最典型的提高方法是演讲,演讲的类型有劝说型、告知型、交流型、比较型、分析型、激励型和娱乐型等,演讲的目的一般是四种:传递信息、说服听众、激励听众和娱乐听众。例如劝说型的演讲,要善于从对方的角度看问题并积极地进行劝说,做到晓之以理、动之以情、诱之以利。提高自己的表达能力当然需要提高自己的文学修养和逻辑思维能力等,但最重要的是要提高看人说话的能力,尤其是要善于"说好话",即善于用对方乐于听又容易听得懂的语言。例如,"您真棒、对不起、别客气、谢谢、您好、再见、欢迎再来"等旅游服务用语在对客沟通中就很重要。

(5)注重双向沟通。要达到沟通的效果,就要注重反馈,提倡双向沟通。善于体察别人,鼓励他人不清楚就问,注意倾听反馈意见。

总之,言语沟通的言不在于多,达意则灵,要符合特定的交往环境,应因人、因地、因时、因事制宜地进行沟通。

三、倾听技巧

所谓倾听,就是用耳听,用眼观察,用嘴提问,用脑思考,用心灵感受。换句话说,倾听是对信息进行积极主动地搜寻的行为。有人曾经调查企业管理者一周的工作,发现在"读、写、参与说、听"的时间安排中,"听"的时间达到33%,居于首位。可见积极倾听在管理沟通中的主导地位。擅长倾听的管理者往往通过倾听上级、同事、下属以及与顾客的交谈中获得有价值的、最新的信息,进而对这些信息进行思考和评价。

学会沟通,重要的是要学会倾听。作为信息的接收方要注意以下一些倾听

技巧:

(1)听清内容,排除干扰。倾听要全身心投入;要集中精力,抓住要点;要集中思想,积极思考,理解含义;要保持开放式姿势,适当做记录以示诚意与重视,使倾听在一个宽松的氛围中进行,让对方觉得可自由发表意见。这是有效倾听的重要保证。

(2)换位思考,沉默是金。在倾听过程中,要设身处地地对待对方,多站在对方的角度看问题,要善于做换位思考,只有这样才能增强相互理解。不要轻易插嘴,因为如果你开口说话,你就不能倾听。有时适度保持沉默,静静地听对方倾诉是有效倾听的最好方式。切忌自己滔滔不绝,反客为主。保持耐心,控制情绪,生气的人常误解对方的意思。

(3)有效反馈,有效提问。有效反馈是有效倾听的体现。反馈的形式有语言的和非语言的,正式的和非正式的。常见的反馈类型有评价、分析、提问、复述和忽略等。有效提问是有效倾听的一种重要方式。通过有效提问能使我们掌握精髓并学以致用。

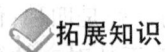
拓展知识

你能听懂言外之意吗?

细心的姑娘如果听到自己的女伴常把某个男人的名字挂在嘴边,就知道她心里爱上了谁。

如果一个人三句离不开一个"我"字,开口"我如何如何",闭口"我怎样怎样",这种人大凡是自私自利者,甚至还可能精神上有毛病。有人曾做过统计,精神病患者大约12字当中就有一个"我"字,比正常人要多3倍。

用词的感情色彩,展示一个人的心理。如果一个人开口"当然"、"肯定",闭口"绝对"、"一定",除非他对事情了如指掌,十分有把握,否则就是一个武断的人。反之他用了一连串的"也许"、"可能"、"大概"则表明他对事情缺乏自信,或者就是一个优柔寡断的人。

四、非语言沟通技巧

非语言沟通指的是除语言沟通以外的各种人际沟通方式,它包括形体语言、副语言、空间利用、时间安排以及沟通的物理环境等(见表8-4)。有人认为有效沟通等于"55%表情+38%声音+7%言语"。

表8-4 非语言沟通的基本类型

基本类型	解析和例子
身体动作	手势、脸部、表情、眼神、触摸手臂以及身体其他部位的动作等
个人身体特征	体形、体格、姿势、体味、气味、高度、体重、头发颜色及肤色等
副语言	音质、音量、语速、语调、大笑或打哈欠等
空间利用	人们利用和理解空间的方式,包括座位的布置、谈话的距离等
时间安排	迟到或早到、让他人等候、文化差异对时间的不同理解等
物理环境	大楼及房间的构造、家具和其他摆式、内部装潢、整洁度、光线及噪声等

(资料来源:康青.管理沟通.北京:中国人民大学出版社,2006:234.)

例如在旅游工作中,面部表情的眼神和微笑就很重要。微笑能助人以镇定,能赢得思考时间和信赖,也是美的象征。要善于同他人共享空间的默契,这是一种领悟,一种沟通与理解的最佳境界。要善于使用声调的技巧,如客人来时的一种喜悦心情,别时的一种惜别之情,让客人感受到你的亲切和热情。

五、人际冲突中的沟通技巧

(一)人际冲突的概念

一般而言,人际冲突可以描述为个体在达到目标的过程中觉察或经历挫折的情形,是人与人之间在认识、行为、态度及价值观等方面存在着分歧。我们可以通过管理学上一个经典例子"囚徒困境"来理解冲突的含义。

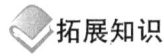拓展知识

嫌疑人的选择与结局

两名嫌疑人被分别关押起来,当地的检察官知道他们犯有某种罪,却没有足够的证据判定他们有罪。在检察官面前,这两名嫌疑人必须做出选择:要么招供,要么不招供。现在的情况是:如果他俩谁都不招供的话,将被指控为犯有类似小偷小摸或非法拥有枪支等罪,这样,他们两人所受到的惩处不会太重。如果他俩都招供的话,那么他们都将依法受到严惩。如果一个人招供,另一个人不招供,招供者轻判,不招供者重判。这两名嫌疑人作案前曾商定,都守口如瓶,这样他们可以得到最少的量刑。但是,被捕后,他俩左思右想,却越想越不踏实:万一对方招供了,自己不招供不就会被重判了吗?于是,最终结果是:两人都招供了,并都被判6年监禁。

表 8-5　嫌疑人的选择与结局

甲的选择	乙的选择	甲的结局	乙的结局
招供	招供	判 6 年监禁	判 6 年监禁
招供	否认	判 1 年监禁	判 10 年监禁
否认	招供	判 10 年监禁	判 1 年监禁
否认	否认	判 3 年监禁	判 3 年监禁

(二)人际冲突的原因

人际冲突产生的原因通常是人们对于同一个问题存在着不同的看法。另外，人们在为实现自己的目标而奋斗时，往往会因触犯他人利益而产生冲突。近来关于管理者的一项调查表明，工作中产生冲突的主要原因有：误解、个性差异、观念差异、工作方式、方法的差异、缺乏合作精神、工作中的失败、追求目标的差异、欠佳的绩效表现、对有限资源的争夺、文化及价值观的差异、工作职责方面的问题和没有很好地执行有关规章制度。这项调查还表明，许多管理者将工作时间的 1/4 用于处理各种矛盾与冲突。然而，在上述的诸多原因中，真正造成种种人际冲突的根本原因莫过于我们的观念。

(三)人际冲突中的沟通策略

不同的人际冲突处理风格会使冲突或者激化，或者减弱，或者维持现状，或者得以避免(见表 8-6)。当然，没有任何一个过程、一套技巧、一种知识可以将个体及组织从冲突的现实中解放出来，知识、敏感程度、技巧以及冲突各方的价值观直接影响到冲突结果。

表 8-6　人际冲突中的沟通策略

冲突激化策略实例	目 的
"你的态度不端正。" "你工作时不能这么懒散。"	对个人或问题进行评价。
"我认为你不想完成工作，6 个月前你就一直不愿给我们生产线增加编制，现在仍然和以前一样。"	将冲突现状扩展，与以前未解决的争论联系起来。
"我可不想让周围的人都与我作对，要么你现在把机器修好，要么你走人。"	通过控制冲突结果来威胁对方。
"我不愿和王先生一起实施这个计划，换李先生或张先生都可以，就是不要王先生。"	特意限制他人的选择。
"我本应该和你们一道来讨论这个计划，但现在我必须去总公司。"	为了特殊的原因而打破以前的约定。

续表

避免冲突的策略实例	目的
"王先生获得了这份工作,我知道你很沮丧,但总垂头丧气是没有用的,你觉得好点时我们再谈。"(上司在下属没有得到升迁或表扬时)	拖延冲突的处理时间。
"我知道你认为你的老板不公平,但我们有公开的政策,如果你有什么不满的话,可以提出申诉,只有遵循这一程序后,我才会处理这个问题。"(高层管理者面对不满的员工时)	使用正式的规定、等级制度或其他方式控制过程来限制冲突方的行为。
"这不是一个问题,你不必这么激动,我想肯定没有任何问题。"	否认冲突的存在。
"我知道在晚班增加两个人很重要,你非常需要他们,但我相信你能维持目前的生产水平,你们小组协作能力强,相信你们将继续做好这一工作。"	承认一部分问题,但忽略更重要的问题,使冲突问题变得模糊。
维持冲突的策略	目的
"我想,我不会把事情弄糟的。在经理会议上我总是支持你,即使我认为不太恰当,也会继续支持你。"(两名经理在董事会议前碰头)	保持长期关系的规则。
"我相信我们都能同意这一点:这个预算的水平与我们的期望值相当。如果你考虑你的兼职秘书的费用问题,我也会重新考虑我的旅行计划。"	论及意见一致的方面和可以让步的方面。
减少冲突的策略	目的
"目前,改变整个计算机系统是我们最主要的工作。我想,现在我们就应该考虑派一个人去接受新系统的维护培训。"	确认面上的管理问题,建议从具体问题入手。
"李先生虽然承诺在本月中旬发货,但看来很困难。如果他实在来不及按时发货,应该提前通知我们。他只要能在本月底前发货,我们就不与他计较了。"	描述行为和结果,避免冲突。
"我想在配备秘书之前就雇用另一名财务主管,也许不合适,我会考虑配备一名兼职秘书。"	从原来的位置让步。

(资料来源:康青.管理沟通.北京:中国人民大学出版社,2006:204-205.)

案例分享8-1　全陪支配小费

这是一个来自墨西哥的旅游团,行程长达半个月,领队是个"不懂事"的人。为了方便,他甚至把支付各站地陪、司机及酒店行李员的小费也如数交给全陪小翁。

小翁接过了数目不少的小费,心里也有了"小九九":小费由自己来分发,就多了一个指挥地陪、司机等的砝码,同时,还可以增加自己的收入。因为分给各站地陪、司机小费的多少,只有天知、地知、司机知、地陪知。因此,一路下来,小翁不仅"酌情"克扣了部分理应给地陪、司机的小费,而且对饭店行李员,更是一个子儿也不给。余额如数纳入了小翁的腰包。

俗话说"多行不义必自毙",当小翁把旅游团送走回到社里时,旅行社已经接到了好几个地方接待社的投诉电话,在证实了情况之后,小翁受到停团三个月的严肃处理。

思考题

1. 本案例中小翁承担的是什么角色?这种角色在"小费"问题上的要求是什么?
2. 试从人际吸引的角度分析小翁的性格与行为。

案例分享 8-2
阿瑟·罗克为八名跳槽专家筹资

1956年,诺贝尔奖得主威廉·肖克利把八位世界一流的工程师和科学家集中到帕洛阿尔托,组成了他先驱性的半导体公司的智囊团。八个人都是各自领域的杰出人物,其中包括:具有数字天分的工业工程师尤金·克莱纳,活泼敏捷的物理学家罗伯特·诺伊斯,获得物理学和化学博士学位的加利福尼亚人戈登·穆尔。但肖克利反复无常的管理风格很快失去了吸引力。而这八个人已经非常熟悉,建立了融洽的工作关系,于是他们决定找一个能雇用整个团队的新雇主。

31岁的阿瑟·罗克是纽约市的一位证券分析师,专门研究新兴的电子行业。因为克莱纳的一个亲戚是罗克供职的投资公司海登—斯通公司的客户,罗克无意间得知了这八人团队的事情。罗克认为,八人继续共事的最好办法就是创办自己的公司,研制尚未成熟的半导体部件,而不是为某家大公司效力。但有一个小问题:资金。罗克回忆说:"当时根本不可能开办一家公司,因为没有机制,也没有风险资本。"

罗克临时想出了一个办法,提出了一项意义深远又简单的筹资计划。新公司唯一的资产就是八个人共有的专业知识,他们每人将得到新公司10%的股份,剩下的20%归海登—斯通公司。接着罗克将找一家实力雄厚的技术公司,向它借150万美元的启动资本,供其开发第一批产品,同时答应出资的公司以后有权买下新公司的全部股份。

但是要找到这样一家愿意出钱的公司很不容易。1957年,罗克找到的第36家公司终于同意出资,它就是纽约的费尔柴尔德照相器材公司。于是,费尔柴尔德半导体公司诞生了。罗伯特·诺伊斯后来这样说:"像我这样的人本来一直以为,这辈子就是替别人打工了,但我们突然明白了,我们也可以在新办的公司里拥有一些股份,这是一个重要的新发现,也是一个重要的动力。"两年以后,费尔柴尔德照相器材公司行使了收购权,买下了新公司,八位专家每人得到约25万美元。

罗克当时并不知道,他无意间开创了一种创办公司的全新形式,以及加快新技术开发和创造巨大的个人财富的神奇方案。仅凭这一个灵感,罗克就为硅谷的兴起创造了基本条件:风险资本,认股权,以及后来发展成为英特尔公司的小型新企业。

(资料来源:肖余春.组织行为学.北京:中国发展出版社,2006:132.)

思考题

1. 本案例中的成功之处表现在哪些方面?
2. 试用团队建设的理论方法加以分析。

心理测验 8 – 1

贝尔宾团队角色问卷调查表

本调查共有7个问题。针对每个问题,请将10分的总分分布在你认为能精确描述你在工作中的行为的选项(a~h)上,每一选项分数的多少根据每一选项多大程度反映了你自己的工作行为而定。一个极端的例子是10分可能分布在每一问题的所有选项中,你也可以将其中一个选定为10分。

将你对选项分配的分数填在答案纸上。每一道题没有标准答案。这个问卷调查能帮助你了解你在团队中的角色。

1. 我相信我所能对我的工作团队做出的贡献:
   ( )a. 我能迅速了解并利用新的情况。
   ( )b. 我能与团队中各种不同的人员友好相处。
   ( )c. 提出创意是我天生的一个优点。
   ( )d. 当我发现有对团队做出贡献的员工,我能提拔重用他们。
   ( )e. 讲究个人效率是我最重要的能力。
   ( )f. 如果最后会取得有价值的结果,我愿意面对暂时的不受欢迎。

(   )g. 我常常能够认识到对工作有实际意义的东西。
(   )h. 我能不带偏见地对可能的行动方案提供充分的理由。

2. 在团队中工作如果我有缺点,它可能是:
(   )a. 除非会议组织得当,会议内容很好贯彻,否则我会感到不安。
(   )b. 我倾向于对那些有正确观点(虽没有经过严格讨论)的员工宽容。
(   )c. 一旦我工作的团队卷入新思维,我倾向于说长道短。
(   )d. 我现在的状况使我很难轻松而热情地融入我的同事中。
(   )e. 碰到需要马上处理的事情我有时显得有些独裁。
(   )f. 也许是我对团队气氛过分敏感,我发现自己很难充当领头人。
(   )g. 我常常很在乎自己的创意,以致对正在发生的问题疏于考虑。
(   )h. 我的同事认为我常常对可能导致出现问题的细节和可能性做不必要的担忧。

3. 当在一个团队项目中时:
(   )a. 我有不靠压力而影响同事的能力。
(   )b. 我的警惕使我避免犯无心的错误和疏漏。
(   )c. 我急切要求采取行动确保我们不浪费时间而忽略了主要目标。
(   )d. 我期望贡献有创造性的东西。
(   )e. 为了共同的利益,我总是支持有益的建议。
(   )f. 我渴望在新的创意和开发中寻求最新的决策。
(   )g. 我相信我的判断能力能帮助作出正确的决策。
(   )h. 我能让人放心地确保将重要的工作组织得井井有条。

4. 在团队里,我特有(典型)的工作态度是:
(   )a. 我非常愿意更好地了解我的同事。
(   )b. 我愿意质疑别人的观点或独自坚持少数人的意见。
(   )c. 我常常使用一连串的辩论驳倒不合理的提议。
(   )d. 一旦计划付诸实践,我有能力使工作开展起来。
(   )e. 我具有避免出现明显意外及解决意外的倾向。
(   )f. 我对承担的工作有一点儿注意完美的倾向。
(   )g. 我有利用团队以外的关系资源的倾向。
(   )h. 一旦需要作出决定,对我感兴趣的观点,我会很快作出决定。

5. 我能从团队中获得满足是因为:
(   )a. 我能享受分析形势以及考虑所有可能的选择。
(   )b. 我对发现解决问题的实用方法有兴趣。
(   )c. 我喜欢我能培养良好的影响力。
(   )d. 我对作出决策有很强的影响力。

(   )e. 我能碰到许多能提供新创意的同事。
(   )f. 我能使同事在必需的行动方案上达成一致。
(   )g. 在我投入全部精力的工作中,我感到如鱼得水。
(   )h. 我喜欢发现新的领域并发挥我的想象力。

6. 在有限的时间里,面对陌生的人群,如果我突然面临一个困难的任务:
(   )a. 在找到解决办法之前,我宁愿躲在角落里设计打破僵局的方案。
(   )b. 我愿意与提出了最好解决方案的同事共同应对难题。
(   )c. 我将通过建立使个人能力最大限度发挥的机制降低任务的难度。
(   )d. 我天生对紧急事件的敏感能确保我们会按时完成任务。
(   )e. 我相信自己能保持冷静并深持辨别是非的能力。
(   )f. 不管压力多大都不会影响我的决心。
(   )g. 如果团队工作没有进展,我准备做出积极的表率。
(   )h. 我将围绕一种解决方案发起讨论,以鼓励产生新思维,推动问题的解决。

7. 关于我在团队工作中碰到的问题:
(   )a. 对阻碍问题解决的人,我会有不耐烦的情绪表现。
(   )b. 其他人会因为我过分强调分析和不够直观而批评。
(   )c. 我决心确保工作有序地开展并促使问题得以解决。
(   )d. 我很厌烦这类问题,我经常依靠一两个有活力的成员给我启发。
(   )e. 除非目标明确,否则我很难着手解决。
(   )f. 对我想起的复杂的解决方案,我有时不善于解释清楚。
(   )g. 对我自己不能完成的,我会意识到求助于别人。
(   )h. 当碰到严重的反对意见时,我不愿意向别人解释我的解决办法。

对贝尔宾问卷调查表的解释如下:
团队角色有以下 8 种:
CO——协调者   ME——监督及评价者
SH——塑造者   PL——培养者
CF——完成者   RI——资源调查者
IM——执行者   TW——团队工作者
完成问卷调查表后,你将有每一团队角色的分数。

答题卡

将每一选项分配的分数填在表 8-7 的方框内,检查每一行的分数之和是否为 10 分。

表 8-7

1a	1b	1c	1d	1e	1f	1g	1h
2a	2b	2c	2d	2e	2f	2g	2h
3a	3b	3c	3d	3e	3f	3g	3h
4a	4b	4c	4d	4e	4f	4g	4h
5a	5b	5c	5d	5e	5f	5g	5h
6a	6b	6c	6d	6e	6f	6g	6h
7a	7b	7c	7d	7e	7f	7g	7h

然后将上面每一方格的分数对应填入下面表 8-8 的方格内。将每一列的分数加起来得出 8 种风格中每一种风格的分数。

表 8-8

CO	SH	CF	IM	ME	PL	RI	TW
1d	1f	1e	1g	1h	1c	1a	1b
2b	2e	2h	2a	2d	2g	2c	2f
3a	3c	3b	3h	3g	3d	3f	3e
4h	4b	4f	4d	4c	4e	4g	4a
5f	5d	5g	5b	5a	5h	5e	5c
6e	6g	6g	6f	6e	6a	6h	6b
7g	7a	7c	7e	7b	7f	7d	7h

比较你的得分,如表 8-9 所示。

表 8-9

	CO	SH	CF	IM	ME	PL	RI	TW
很低	0~3	0~3	0~1	0~5	0~2	0~1	0~2	0~3
低	4~5	4~6	2~3	6~8	3~4	2~3	3	4~5
中等	6~9	7~14	4~8	9~12	5~9	4~7	4~7	6~10

续表

	CO	SH	CF	IM	ME	PL	RI	TW
高	10~13	15~18	9~10	13~15	10~11	8~9	8~9	11~13
很高	14+	19+	11+	16+	12+	10+	10+	14+

根据上面表 8-9 的标准,比较你在团队中每一类的得分(按列累加的分数),记住你团队角色每一类行为的得分是高、中,还是低,填入表 8-10 中,两组最高的分数符合你主要的团队角色类型。

表 8-10

很高	高	中等	低	很低

解释如表 8-11 所示。

表 8-11 团队角色特征解释

角色 \ 特征	主要优点	主要缺点	团队功能
CO—协调者	沉稳,自信,自控力强,好的主持人,目标清楚,明确、宽容、授权,非权力影响,和事佬,求助	缺乏创造力,有时会被认为善于利用别人,过多地下放权力以致失去控制,缺乏原则	控制向目标前进,确保每个成员潜力得到发挥,擅长将不同的观点、技能和风格放在一起
ME—监督及评价者	理性,冷静,逻辑分析,好判断和争辩,善思考,不冲动,能看到各种机遇,有判断力	缺乏灵感,枯燥乏味,呆板,无激情,过于批判,不能调动他人的积极性	协助团队分析问题,评估建议和想法,权衡作出决策
SH—塑造者	有潜力,能适应压力,以结果为导向,有影响力,行动表率,阻碍和反对意见,独立,固执	急躁,爱发火,缺乏耐心,敌对,伤人感情	影响甚至左右团队的目标和工作方法,促进团队按时完成任务,有魄力作出判断
PL—培养者	有创意,爱幻想,理想化,灵活,富于创造性,擅长非程序决策,想象力丰富,独立思考,直观,好奇,个人主义,非正统,聪明,有点子	有时脱离现实,不太注意繁文缛节,有时会孤芳自赏或被孤立,喜新厌旧	发展新的想法和战略,寻找解决问题的方法

续表

角色＼特征	主要优点	主要缺点	团队功能
CF—完成者	讲效率和秩序,认真,警惕,完美主义,避免错误和缺点,按时交付,守时,踏实	为小事担心,好钻牛角尖,不愿承担责任,反应迟钝	使团队免于错误和遗漏,搜寻需要特别注意的工作,保持团队的紧迫性,促使团队按时完成任务
RI—资源调查者	热情,好奇,表达能力强,探索机遇,发展新的关系,关注动态,重视利用团队外的关系资源	过于乐观,喜新厌旧	探索和汇报想法,发展组织外资源和保持与外界的联系和磋商
IM—执行者	实际,实用,保守,有条理,固执,有组织能力,勤奋刻苦,守纪律,稳定	缺乏灵活性,对新观点、想法反应不积极,缺乏创造性和随意性,刻板	将概念和计划转化为实际工作程序,系统有效地执行大家一致的意见,按需要和要求工作
TW—团队工作者	温柔,敏感,合作,善于交往,聆听,感觉敏锐,友好,支持,理解,合作,有时服从和妥协,避免摩擦,提倡团队精神	有时过分妥协而失去原则,容易受到他人影响	支持和鼓励团队成员,提高沟通技巧,培养团队精神,是塑造者角色的重要伙伴

进一步讨论：对于一个项目团队,在项目进展过程中的不同阶段,哪些角色比较适合在此阶段发挥作用,哪些角色不太适合。讨论后填入表 8-12 中。

表 8-12

项目阶段	比较适合的团队角色	比较不适合的团队角色
方向和需求		
想法和决策		
计 划		
联 系		
组织实施		
跟踪(进)		

心理测验 8-2
倾听商数测试

如果你想知道自己是否具有良好的倾听技巧,那么可以通过了解自己的倾听商数(listening quotient,LQ)来测定。在表 8-13 中,根据你的真实态度和行为,圈出右边列出的最接近你倾听习惯的数字,然后把这些你所选的数字加起来,与评分标准相比较,你就可以知道自己的倾听能力。如果你的倾听能力不够完善,那么你应该接受有关技能的教育和训练。

表 8-13

序号	态度和行为	几乎都是	常常	偶尔	很少	几乎从不
1	你喜欢听别人说话吗?	5	4	3	2	1
2	你会鼓励别人说话吗?	5	4	3	2	1
3	你不喜欢的人在说话时,你也注意听吗?	5	4	3	2	1
4	无论当事人是男还是女,年老还是年轻,美丽还是丑陋,你同样都注意听吗?	5	4	3	2	1
5	朋友、熟人、陌生人在说话时,你同样都注意听吗?	5	4	3	2	1
6	你是否目中无人或心不在焉?	5	4	3	2	1
7	你是否注视当事人?	5	4	3	2	1
8	你是否忽略了足以使你分心的事物?	5	4	3	2	1
9	你是否微笑、点头以及使用不同的方法鼓励他人说话?	5	4	3	2	1
10	你是否深入考虑当事人所说的话?	5	4	3	2	1
11	你是否试着指出当事人所说的意思?	5	4	3	2	1
12	你是否试着指出当事人为何说出那些话?	5	4	3	2	1
13	你是否让当事人说完他所要说的话?	5	4	3	2	1
14	当事人在犹豫时,你是否鼓励他继续说下去?	5	4	3	2	1
15	你是否重述当事人所说的话,弄清楚后再发问?	5	4	3	2	1
16	在当事人讲完之前,你是否避免批评他的意见?	5	4	3	2	1
17	无论当事人的态度与用词如何,你都注意听吗?	5	4	3	2	1
18	若你预先知道当事人要说什么,你也注意听吗?	5	4	3	2	1
19	你是否询问当事人有关他所用字词的意思?	5	4	3	2	1
20	为了要请当事人更完整地解释他的意见,你是否询问他?	5	4	3	2	1

评分标准:90~100,你是一个优秀的倾听者;
　　　　80~89,你是一个很好的倾听者;
　　　　65~79,你是一个勇于改进、良好的倾听者;
　　　　50~64,在倾听方面,你确实需要训练;
　　　　50以下,需要加强注意力的训练。

（资料来源:肖余春.组织行为学.北京:中国发展出版社,2006:114-117.）

思考与练习

1. 团队与群体是如何区别的?
2. 旅游企业团队建设应从哪些心理层面进行?
3. 作为信息的发出方应注意哪些方面的沟通技巧?
4. 造成人际冲突的原因有哪些?
5. 单独或与他人合作完成一份人际交往活动策划书。
6. 首先回忆一下最近你与一位重要人物的交谈中,你的非语言沟通行为是怎样的?

列举出哪些是对谈话有利的,哪些是不利的,然后在小组中进行交流。

对谈话有利的	对谈话不利的

第9章

旅游企业员工的心理及保健

引 言

健康是人类的基本需求之一,是每个人所渴望的。然而,长期以来人们往往较多地关注于身体方面的健康,而忽视了心理方面的健康。只有快乐的人生,才会体验到快乐的工作并做好本职工作。尤其对从事旅游这样的服务性行业的人员来说,懂得必要的心理健康方面的理论方法,具有重要的现实意义。

本章将为你介绍旅游企业员工动机激励的理论方法、职业枯竭与 EAP,以及心理健康标准与职业选择等有趣的问题。

学习目标

1. 根据动机理论模型,能合理发挥激励在管理中的作用。
2. 根据压力源原理,能有效防范职业枯竭现象发生。
3. 根据心理健康标准,能运用员工心理保健的一些方法。

第一节 旅游企业员工的动机与激励

在前面的章节里,我们从旅游者的角度研究了部分动机理论,这些理论方法同样适用于旅游企业内的员工。本节将从员工角度进一步研究动机理论及激励策略。

一、员工动机的基本理论

动机是推动、引导、维持个体行为的内部生理、心理因素的总和。动机对员工的绩效来说是关键变量之一,因为绩效＝能力×动机。一个才华横溢的人如果没有较强的工作动机,以及相应的工作环境和机会,他也会一事无成。

由于动机过程的复杂性,许多心理学家和管理学家从不同角度提出了多种动机理论模型,以下介绍其中的几种。

(一) 双因素理论

1. 双因素理论的含义

双因素理论是由美国心理学家赫茨伯格(F. Herzberg)提出的一种激励理论模型,他以把态度作为工作动机而著名。他通过对一些会计师、工程师的调查和访谈中发现,引起工作满意的因素有成就、工作挑战性、责任感、成长、晋升、认可等;引起工作不满意的因素有工资、监督、工作条件、公司政策、额外福利等。他把引起工作满意的因素称为激励因素,而把引起工作不满意的因素称为保健因素,并认为只有激励因素能起激励作用,简称为双因素理论。赫茨伯格的研究结果表明了员工对工作内部因素的日益重视。所以,他的最大贡献是区分了工作的内部动机和外部动机,并激发了人们研究内部动机的兴趣。

激励因素又称满意因素,是影响人的工作积极性的主要内在因素,如对工作的成就、责任感、兴趣、认可、发展等感到满意,能激励职工的士气、热情和积极性,能经常提高人的工作效率,好比经常进行体育锻炼,可以改变人的身体素质,增进人体健康一样。保健因素又称维持因素,这类因素对人的行为没有激励作用,只起到保持人的积极性、维持工作现状的作用,如工资待遇、住房、安全和福利等因素,有之,不能提高人的积极性;没有,则会影响、降低工作积极性。如同医疗保健,只能保持人体健康,预防疾病发生,却不能增强人的体质。

2. 双因素理论的基本要点

(1) 双因素理论修正了认为满意的对立面是不满意的传统观点。赫茨伯格认为,满意的对立面应该是没有满意,即激励因素使"没有满意"→"满意";不满意的对立面应该是没有不满意,即保健因素使"不满意"→"没有不满意"。

(2) 不是所有的需要得到满足都能激励起人们的积极性,只有那些称为激励因素的需要得到满足,才能极大地调动起人们的积极性。

(3) 不具备保健因素时,将引起许多不满,但具备时并不一定会调动强烈的积极性。

(4) 激励因素是以工作为核心的,也就是说与工作本身、个人的工作成效、工作责任感、通过工作本身获得晋升等有直接关系;保健因素则是本身的工作以外的,而且更多的是与工作外部环境有关联的。

(二) 期望理论

美国管理学家维克多·弗鲁姆(Victor Vroom)全面诠释了诱因对行为的拉动过程。期望理论认为,动机强度取决于绩效、期望值和工具性。

期望模型:

个人努力→个人成绩(绩效)→组织奖励(报酬)→个人需要

在期望模式中的四个因素,需要兼顾三个方面的关系:

(1) 努力与绩效的关系(绩效)。这两者的关系取决于个体对目标的期望值。

期望值又取决于目标是否合适个人的认识、态度、信仰等个性倾向,以及个人的社会地位、别人对他的期望等社会因素。即由目标本身和个人的主客观条件决定。

(2)绩效与奖励的关系(期望值)。人们总是期望在达到预期的成绩后,能够得到适当的合理奖励,如奖金、晋升、表扬等。组织的目标如果没有相应的有效的物质和精神奖励来强化,时间一长,积极性就会消失。

(3)奖励与个人需要的关系(工具性)。奖励什么要适合各种人的不同需要,要考虑效果。要采取多种形式的奖励,满足各种需要,最大限度地挖掘人的潜力,最有效地提高工作效果。

期望理论完整地描述了员工动机的详细过程,尽管存在局限性,仍然得到了广泛的支持和赞赏。

(三)公平理论

公平理论(Equity Theory)由斯达西·亚当斯提出,这一理论认为员工首先思考自己所得与付出的比率,然后将自己的所得与付出与他人的所得与付出进行比较(见表9-1)。

表9-1 斯达西·亚当斯的公平理论

觉察到与实际比较	员工的评价
$Ia/Oa < Ib/Ob$	不公平(报酬过低)
$Ia/Oa < Ib/Ob$	公平
$Ia/Oa < Ib/Ob$	不公平(报酬过高)

就旅游企业而言,如果员工感觉到自己付出与所得的比率与他人相同,则有公平感;如果感到二者的比率不相同,则产生不公平感。也就是说,他们会认为自己的所得过低或过高。这种不公平感出现后,旅游企业的员工们就会试图去纠正它。

在公平理论中,旅游企业员工所选择的与自己进行比较的参照对象,是一个重要变量。我们可以将其划分为三种参照类型,即"他人"、"制度"和"自我"。

"他人"包括同一旅游企业中从事相似工作的人,还包括朋友、邻居及同行。"制度"指旅游企业中的薪酬政策以及制度的运作。对于旅游企业的薪酬政策,不仅包括明文的规定,还包括一些隐含的不成文的规定。旅游企业中有关薪酬分配的惯例,是这一范畴中主要的决定因素。"自我"是指员工自己在工作中付出与所得的比率。它反映了员工个人的过去经历及交往活动,受到员工过去的工作标准及家庭负担的影响。

当员工因薪酬低于其所付出的努力而感到不公平时,往往会采取以下几种

做法:
(1)通过减少努力或绩效来降低其I(投入);
(2)寻求增加薪酬来试图提高O(结果);
(3)采取某种行为使得他人的I或O发生变化(如,可能想办法说服他人增加投入,为自己的薪金增加而更加努力工作);
(4)扭曲自己对I/O比率的知觉,说服自己,相信自己的I/O已经等于他人的I/O;
(5)选择另外一个参照对象进行比较;
(6)辞去工作。

上面列举了被给付超低薪金者6种可能的反应,第1种和第6种反应比较常见。研究发现,支付超低薪金与缺勤、人员流动及工作努力程度下降联系紧密。而支付超高薪金一般则被认为公平,员工感到满意,或者虽有些不满意,但远不如支付低薪金那样感到不满意。原来,人们对不公平的反应依赖于比较的来源;当不公平的知觉是建立在外部比较的基础之上时,人们更倾向于辞掉自己的工作。当不公平的感觉是建立在内部比较的基础之上时,人们更倾向于继续留下来工作,但减少他们的投入,如不愿意帮助他人处理问题,缺少主动性,在工作时间内干私活等。

二、员工激励的方式与途径

需要是获得满足的来源,需要可以分为外在需要和内在需要,以这两种不同的需要为源泉的激励,也同样可以分为外在性激励和内在性激励。

(一)外在性激励

外在性激励是当事者自身无法控制的,是组织用掌握和分配的资源来调动员工的积极性。按组织掌握的资源的性质,外在性激励可以分为物质性激励和社会感情激励。

物质性激励,通常指以工资、奖金及各种福利等物质性资源来调动员工的积极性。物质性资源是客观的,可以感知和测量,同时它也是消耗性的,因此成本比较高。

社会感情激励,通常指用荣誉、友谊、信任、认可、表扬、尊重等社会情感性的资源来调动员工的积极性。与物质性激励相比,这类激励满足了人们更高层次的需要。社会情感资源通常在社交性、感情性交往中获得,即非经济交往中获得。

(二)内在性激励

通过工作本身所能提供的某些因素来调动员工的工作积极性称为内在性激励。一位企业家曾说过:工作的报酬就是工作的本身。内在性激励按其激励因素的性质,又可以分为工作活动本身的激励和工作任务完成的激励。

工作活动本身的激励,靠工作活动本身所蕴藏的因素来满足人的内在需要,如工作的趣味性、挑战性、培养性、让人进步成长、增强自信心与自尊、工作活动提供的交往机会等。

工作任务完成的激励。这种激励指人们在工作任务完成时感受到的满足感,包括成就感、自豪感、贡献感、轻松感,还有自己潜能得到充分发挥后的舒畅感和得意感。

 特别提示

内在性激励是一种真正的工作激励,对于受激励者,工作不再是获得外在性奖励的工具,而是真正的激励源泉,不管环境会如何变化。此种激励成本低廉,管理者可以通过科学合理的设计、寻求人与工作的最佳匹配等方式充分挖掘这种有效的激励手段。

表9-2 外在性激励与内在性激励的比较

项目	满足需要的源泉	满足需要的类型	作用时间	所需成本	工作对受激励者的意义
外在性激励	组织奖酬	物质需要	随奖酬的消失而消失	高	工具性
		社会情感需要	较为持久	低	
内在性激励	工作过程及结果	个人及社会情感需要	较为持久	低	激励性

(资料来源:肖余春.组织行为学.北京:中国发展出版社,2006:107-108.)

(三)管理激励

美国管理学家贝雷尔森(Berelson)和斯坦尼尔(Steiner)曾说过:"一切内心要争取的条件、希望、愿望、动力等都构成了对人的激励,它是人类活动的一种内心状态"。激励也是一种精神力量或状态,它对人的行为产生激发、推动、加强的作用,并且指导和引导行为指向目标。管理者可以通过一系列管理手段,使激励的作用得以充分发挥。

旅游企业激励员工的几种常用的管理手段:一是为员工设置合适的目标;二是建立公平合理的薪酬体系,尽可能采用结构工资制;三是进行科学的工作设计。

第二节　旅游企业员工压力的来源与缓解

压力是指所有对人们的心理、生理健康状态的干扰。它给人以一种焦虑、紧张和重压的感觉。适当的压力能够提高工作效率,产生满意感,在事业上有所成就和回报。但过大的压力却会导致效率低下,工作绩效欠佳,而且对身心健康产生负面影响。在现实的工作和生活中,要平衡这两者并非易事,也经常会被较多的人们所忽视。据中国科学院心理研究所"社会转型期不同职业群体主要社会应激与心理健康"项目的调查显示,20～30岁人群感到压力最大,31～40岁的人群次之。该调查认为"人生压力的普遍加剧已成为不容忽视的社会危机"。

一、员工压力的来源

央视《东方时空》栏目(2006年12月19日)介绍了"人们受到的来自压力的状况"(见图9-1)。工作中的种种变化,如新技术的引入、工作目标的更改,都可能导致压力。压力还会相互感染,即任何由于压力而导致工作差强人意的员工都可能给下属、同事、上司增加压力。所谓压力源,是指导致压力反应的情境、刺激、活动等。压力源的形式多种多样,以下分析其中较为普遍的几种。

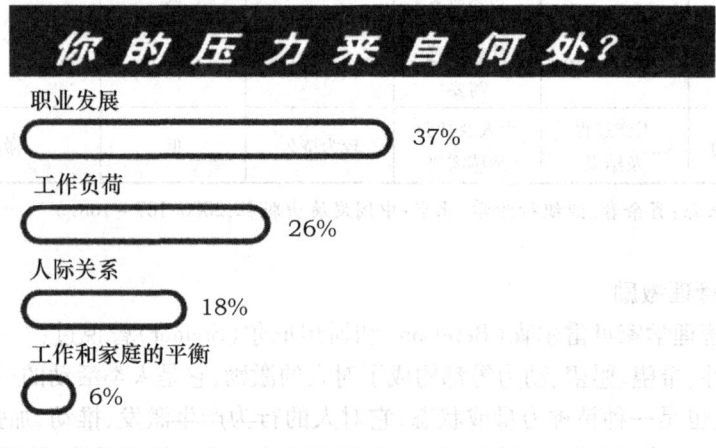

图9-1　压力来自何处

(一)环境压力源

环境的不确定性会影响旅游企业组织结构的设计,进而影响员工的压力水平。旅游行业是对环境有极高敏感度的行业,旅游企业面临的市场环境变化莫测,社会的不稳定性、政治的不稳定性、经济紧缩或衰退以及新技术的革新等环境变化,都会使员工为自己的安全保障而倍感压力。

(二) 组织压力源

旅游企业中的许多因素都会引发员工的压力感。以下从其中的几个方面进行压力分析。

1. 组织结构

组织结构主要与组织文化有关,在等级森严的组织中,严格的规章制度和标准化管理模式代表的是一种封闭式文化。在这类组织中,成员缺乏参与决策的机会,也相对会导致成员感受到更多的约束和压力。研究表明,在控制感上,参与决策以及自主权的多少与工作压力相关。提高成员的决策参与度将有效减少工作压力,提高工作质量。更高的决策参与度将使成员更加明确工作目的,这将有效减少不确定性带来的工作压力。

组织的公正性,如绩效评价方面存在的工具有效性、分配公平性和程序公平性都会对工作压力产生影响。

2. 领导者的风格

一般来说,组织中从基层到高层的管理者如果采用的是命令式或任务导向型的管理风格,就容易导致成员的紧张、恐惧和焦虑情绪。由于管理者对成员控制过于严格,并经常严厉批评和指责那些达不到工作要求的成员,会使这些成员时时刻刻处于压力的包围之中而无法自拔。这种压力对组织的发展具有明显的消极作用,长此以往如果这种压力都得不到正常的宣泄,就容易导致个别成员走极端。

3. 组织中的人际关系

人际交往产生的人与人之间的关系是组织中的主要压力来源。良好的人际关系可以促进个人和组织目标的实现,而不良的人际关系就会使成员产生相当的压力。这对于那些社交需要较高的员工来说,更是如此。例如,在一个充满压力的环境中,和一个有信心、有能力、可依赖的工作伙伴在一起,会使周围的其他人也和他表现得一样自信,如果他缺席的话,就容易使其他同事产生急躁不安感,而降低处理压力的能力。又如,员工在组织中受重视的程度,也会影响员工的工作压力,那些得不到重视的员工容易导致压力,但那些过于受到关注的明星型人物也容易导致压力。

研究表明,在工作中缺乏支持和资源也会导致工作压力,上级、同事的支持,以及组织支持感知都会对工作压力产生影响。

4. 社会关系网络

组织中的成员会充分利用社会关系网络来获得各种信息。有些人消息灵通,八面玲珑,表现出明显的优势,而有些人则孤陋寡闻、信息匮乏,表现出明显的劣势,渐渐地这些人就会产生较多的孤独感和自卑感。

(三) 工作压力源

工作压力源一般包括工作负荷、角色冲突和工作特性等方面。

1. 工作负荷

工作负荷表现在：工作数量要求、工作复杂性要求和工作时间要求等方面。从工作数量要求来看，需要在一定时间内完成的工作任务量，是否超过了员工的承受能力范围；从工作复杂性要求来看，工作任务的复杂性与高技能要求需要投入的精力，是否超出员工力所能及的范围；从工作时间要求来看，是否超过了合理的时间范围。

工作时间过长是造成职业枯竭的重要原因。所谓的职业枯竭就是由于巨大的工作压力最后导致情绪暴躁、愤世嫉俗，以及工作效率低下。有数据显示情绪消耗与工作效能的变化关系，一周的工作时间从37个小时到62.5个小时，随着一周的工作时间不断延长，情绪越来越激烈，脾气越来越大，而工作效率却越来越低。它的临界点是60个小时，也就是说如果每天工作达到12个小时就危险了，就有可能面临职业枯竭。而且职业枯竭有着一个非常显著的特点，一旦出现了职业枯竭的情况，在医学上就认为是"难以干预"。所谓"难以干预"就是很难用正常的办法让你回复到原来的工作效能之中，让你的工作能力彻底丧失。

2. 角色冲突

在一个缺乏沟通的组织环境中，组织成员经常会由于对工作目标、工作预期、上司对自己的评价等问题存在不确定感而感到茫然，即角色冲突。角色冲突会使人感到无所适从，或即使使出浑身解数仍然无法令人满意。角色预期不清楚，员工不知道该做些什么时，就会产生模糊感，角色模糊常会使员工产生不安与困惑。管理者经常遇到的一些角色冲突会导致角色压力，从而直接导致工作压力的上升（见表9-3）。

表9-3　管理者所面临的几种典型的角色压力

1. 角色模糊	工作责任不明确
2. 角色转换	管理者在一个场景下是领导，在另一个场景下是下属
3. 预期出错	主管对上司的预期出错，不知道期望是什么
4. 不现实的期望	管理者被要求做不可能的事，比如没有足够的资源，没有足够的时间等
5. 困难的抉择	管理者被要求作出对下属不利的抉择，例如解雇或降职
6. 失败	预期效果没有达到
7. 下属的失败	下属令管理者失望
8. 超负荷的工作	在同一时间处理三个紧急事件

（资料来源：康青. 管理沟通. 北京：中国人民大学出版社，2006：297.）

3. 工作特性

有些工作从其特性和环境来看，会直接导致工作压力。例如，对于一个餐饮连锁企业来说，一味地追求顾客的特殊需要而不考虑企业员工的实际工作情况，往往会制定出一些几乎无法达到的标准。在旅游企业中，工作任务的性质差异会因为个体偏好的不同而导致工作压力。对于一部分员工来说，他们习惯于从事常规性工作，不喜欢或惧怕具有挑战性的工作；对于另一部分员工而言，却愿意接受风险性或难度比较大的工作以体现自身价值，平淡的工作会让他们感觉枯燥，从而失去对工作的热情；而对多数员工来说，一份好的工作应该是既要丰富多彩又要保持适度的挑战性。

(四) 个体压力源

个体特征因素不如工作特征因素变量对工作压力的关联度大，这也表明工作压力更是一个社会现象，而不仅仅是个人问题。由于每个人的个性、经历和能力不同，员工对待工作压力的态度以及他们处理工作压力的方式不同。这取决于多种因素，包括对环境的感知、过去的经验、压力与绩效的关系、个性差异、生活经历和沟通能力等。

员工的年龄、性别、婚姻状况、教育程度等人口统计学变量被证明与工作压力有关。近期国内的一项研究表明：工作压力与年龄呈现负相关的趋势；中国文化背景下，女性职员的职业枯竭程度要高于男性；在教育程度上，本科学历的职员职业枯竭程度高。美国一项涉及婚姻状况的研究表明：未婚者的枯竭得分更高，而单身者的枯竭比离婚者高。

一些涉及个性特征的研究表明，低自尊、外控型、神经质、A 型性格、感觉型以及逃避型应激策略的人表现出较高的职业枯竭。季尔拉 (Zellar) 等 (2001) 的研究考察了五大个性中的外向性、合群相容性维度和神经质，得到个性特征主要通过影响情绪性社会支持感知而影响职业枯竭的状况：外向性得分高的人更易受到情绪性社会支持；合群相容性则与非工作相关内容、正向内容以及换位思考式谈话内容相关；而神经质可预测负性主题的谈话内容。

(五) 职业发展压力源

在图 9-1 所示的调查数据中，职业发展以 37% 的得票率排在首位。这也说明，当今人们更多地不是为了工作而工作，而是在为考虑生存而工作的同时，更多地关注到目前所从事的工作是否有利于个人的职业发展。这也成为上述压力源中最为本质的东西，尤其对处于成长期的年轻职员来说更为重要，这也是促使年轻人出现频繁跳槽现象的主要原因。选择一种自己所喜欢的职业，寻找一份自己称心的工作，都与职业发展相关联。

技术职称晋升、职位提升、进修机会和荣誉等与职业发展相关的诸多因素，正被更多的人所关注。组织给予适度的竞争压力，有利于员工的职业发展，但给予了过度的竞争压力或职业发展机会缺失,就会给员工造成巨大压力。这对知识密集度高的组织,如大学、医院、研究所等职业发展对员工产生的压力会更大。旅游行业的人才流动性较好,存在较多的职业发展机会的同时,也存在较多的竞争压力。所以企业应该重视员工的职业生涯设计工作。

二、员工职业枯竭的识别

(一)职业枯竭的概念

职业枯竭也称"工作倦怠"、"职业倦怠",它是与工作相关的一系列症状,通常认为是工作中的慢性情绪和人际压力的延迟反映。

职业枯竭研究专家马斯拉屈(Maslach)和杰克逊(Jackson)最早用三维模型对职业枯竭概念进行了操作定义,他们认为职业枯竭是一种心理上的综合征,主要有三个方面的表现:情绪衰竭、人格解体以及个人成就感丧失。其中情绪衰竭是这一系列症状的主要方面,它指一种过度付出感和情感资源的耗竭感。人格解体是指对他人消极、过分隔离、愤世嫉俗以及冷淡的态度和情绪。而自我成就感丧失是指自我效能感的降低,以及倾向于在工作方面对自己作出消极评价。虽然其他学者也提出一些操作定义,但关于职业枯竭的三维模型在国际上得到了广泛的认可和检验。随着研究的深入,这一概念的范围也逐步被修正扩大适用于更广的职业范围,修正后的概念包括三个维度:衰竭、工作怠慢以及专业自我效能降低。其中衰竭被定义为心理资源的损耗,工作怠慢是指对自己的工作不关心和距离感,即工作懈怠。

 特别提示

与职业枯竭相对应的概念就是组织承诺。组织承诺在组织行为学中指的是组织成员的一种工作态度,是组织成员对特定的组织及其目标的认同,并且希望维持组织成员身份的一种心理现象。具体而言,组织承诺是指员工对自己所在企业在思想上、感情上和心理上的认同和投入,愿意承担作为企业的一员所涉及的各项责任和义务,并以主人翁的责任感和事业心努力工作。

(二)职业枯竭危害

据有关调查,在全球导致员工丧失劳动能力的十大主要原因中,有5个是心理问题。中国企业中20%的员工受到心理问题的困扰。工作压力过大、人际关系困难、家庭或婚姻生活失败、缺乏自信心等种种心理问题,困扰着越来越多的员工,引发了众多生理疾病,导致生活质量降低,甚至引发异常行为。员工心理困扰导致缺勤率和离职率增加,士气、效率和服务质量下降,造成安全隐患,影响组织的绩效,损害企业形象。正是由于上述压力所导致的各种影响(如疾病、吸毒、酗酒、偏激行为)造成了许多社会问题,给公共服务部门增添了各种负担。

我们看到现代职场人在使用各种方式给自己减压。确实,压力太大了,就像高压锅一样,如果没有减压阀,最终就会爆炸。有学者认为,职业枯竭压力造成的危害已经非常令人担忧,我们把这种压力的危害分成了四种:第一种最严重,有很多人猝死就是因为压力,直接原因就是职业枯竭;第二种就是使人得病,病了便什么也做不了了;第三种就是让职业寿命缩短,实际上是发生了枯竭,不想再工作;第四种是使工作技巧下降。

(三)职业枯竭的识别

由工作特性和个体特性等综合因素造成的表现在心理和生理上的职业枯竭,是有一个形成过程的。事实上,冰冻三尺,非一日之寒。如果我们能够在职业枯竭产生危害之前就予以识别,遏制其发展,就可以防患于未然,大大减少人力、物力、财力的损失,避免对个体、群体、组织及社会造成无可挽回的影响。

康青在《管理沟通》(2006)一书中介绍了观察症状和测定压力两种方法,来识别职业枯竭的性质和程度。

观察症状。并非单独一个症状就能鉴定职业枯竭的存在,因为不管有无职业枯竭人们同样可能患有心脏疾病,同样可能饮酒过量,但职业枯竭承受者的一个共同特征就是"多种症状并发"。这些症状包括生理、情绪、行为和工作表现等方面。

测定压力。职业枯竭的程度可以通过一定的压力因素测量法加以测定。测定的对象不同(个体或团体),需要选择的方法也有所不同。常见的方法有:环境压力程度法、组织压力程度法和个体压力程度法。

最为简单易用的方法,还是采用专家们设计的一系列压力测量表。当然,在使用量表的同时,如果再结合上述的环境、组织和个体各方面的数据情况,加以综合分析后得到的结果将会更加可靠。

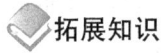拓展知识

职业压力应该怎样舒缓

尹琳是一家民营公司的销售经理,7年来业绩一直不错,但近两年,她感觉外部竞争越来越激烈,本公司家族式管理体制越来越落后,于是她感到做得很辛苦,尽管工作量没有增加,但却感觉工作压力越来越大,一种说不清道不明的职业恐惧长时间地困扰着她,使她原本驾轻就熟的工作倍感沉重。她采用的减压办法是到处出差,但是效果并不好。

咨询师白玲分析,尹琳的职业压力主要来自内心的恐惧:她担心自己的老板和企业失去原有的竞争能力;担心企业失去奋斗了多年才占据的行业地位;担心自己失去理想的方向和动力。减压首先要真实地面对内心世界,你需要看一看你担心失去什么:工作? 职位? 领导的重视? 发展的机会? 家人的信任? 稳定感? 你还需要看一看你可能失去的对你意味着什么:是暂时还是长期的,是根本的还是局部的,是可以承受的还是无法承受的。白玲介绍,目前有关职业压力的咨询量越来越多,特别是在职业经理人人群中,职业压力问题普遍存在;而在大部分企业中,舒缓职业压力的心理服务还是空白。

据北京师范大学心理学院人力资源与管理心理研究所张西超介绍,中国经理人的职业心理压力比较突出的来源包括:业绩要求、管理工作、学习发展、沟通、工作与生活协调等。

一些在华跨国公司较早地开始关注职业压力与心理方面的问题。通用电气、IBM、思科、朗讯、可口可乐、三星等公司纷纷邀请培训师在企业广泛开展了此类培训。国内企业中只有联想、中国建设银行、太平洋保险公司等少数企业刚刚开始在中高层实施相关培训。目前,能够为企业提供心理服务的机构只有屈指可数的几家。心理服务主要包括两个方面:心理培训和EAP。

白玲提出职业压力感的个人自救方案是:第一,看清楚职业压力源来自哪里。第二,重新打量自己的职业规划,看是否具有一定的风险防范措施。很多人追求发展机会的时候会忽视其存在的巨大风险,而某些风险正好是自己的"软肋";第三,和不安全感"相处",降低职业损耗。职业压力将是现代人不得不面临的一个问题,面临职业压力的时候,你可以强迫自己看清楚最坏的可能局面并勇敢地接受。安全感来自内在的实力,而实力是逐步积累的。

(资料来源:华夏心理网,2004 - 11 - 08。)

三、员工帮助计划的实施

有效地应对工作压力和预防职业枯竭的发生,对于个人与组织都有非常重要的意义。"员工帮助计划"是目前被国内外企业普遍认可的模式。

(一)EAP 的含义

员工帮助计划(Employee Assisstance Program,EAP)是由组织(如企业、政府部门、军队等)为其成员设置的一项系统的、长期的援助和福利计划。通过专业人员对组织成员的诊断、建议和对组织成员及其家属的专业指导、培训和咨询,旨在帮助解决组织成员及其家属的心理和行为问题,以维护组织成员的心理健康,提高其工作绩效,并改善组织管理。EAP是职业压力与心理问题的整体解决方案,包括职业压力与心理的调查分析、组织管理建议、宣传教育、心理培训和心理咨询四级服务模式。EAP 也是人力资源(HR)部门应对快速发展和变革带来不稳定因素的有效助手,它能够帮助企业更好地应对业务重组、并购、裁员等组织变革和心理危机。

(二) EAP 的历史

根据易普斯企业咨询服务中心的调查:西方企业把员工帮助计划(EAP)作为建立员工心理支持和干预系统、帮助员工解决变革中各种心理问题,以及应对由此引发的危机事件的一种有效途径,并且取得了广泛认可。

EAP 最早起源于 20 世纪初的美国。当时,美国的一些企业注意到员工的酗酒、吸毒和其他一些药物滥用问题影响到员工和企业的绩效。这时的人们已经开始把这些问题看成是疾病,而不是精神或道德问题,于是其中有的企业建立了一些项目,聘请专家帮助员工解决这些个人问题。这就是员工帮助计划的开始。

自 20 世纪 80 年代以来,EAP 得到了蓬勃的发展,不仅在美国,而且在英国、加拿大等其他欧美发达国家都有长足的发展和广泛的应用。《财富》500 强中,有 90% 以上的企业建立了 EAP 项目,以处理裁员期间的沟通压力、心理恐慌和被裁员工的应激状态。EAP 从组织和员工个人两方面为企业带来收益:组织方面即降低企业运营成本,提高生产效率;员工个人方面即提高个人工作与生活质量,促进心理健康。EAP 能改善员工的职业心理健康状况,给企业带来巨大的收益。

如今,EAP 已经发展成一种综合性的服务,其内容包括压力管理、职业心理健康、裁员心理危机、灾难性事件、职业生涯发展、健康生活方式、法律纠纷、理财问题、饮食习惯、减肥等各个方面,全面帮助员工解决个人问题。解决这些问题的核心目的在于使员工在纷繁复杂的个人问题中得到解脱,管理和减轻员工的压力,维护其心理健康。

据统计,目前在美国有 1/4 以上的企业员工常年享受着 EAP 服务,大多数员工超过 500 人的企业目前已有 EAP,员工人数在 100~490 人的企业 70% 以上也有 EAP,并且这个数字正在不断增加。

拓展知识

联想集团的 EAP 项目

2001 年 3 月,联想建立了国内第一个完整意义上的 EAP 项目。该项目首先采用问卷、访谈等方法调查了企业员工的心理状况,包括:工作压力、心理健康、工作满意度、自我接纳、人际关系等内容。通过调查,组织对员工的心理有了全面深入的了解,也发现企业经营管理中存在的一些问题。针对这些问题,项目组再提出相关的组织管理建议,并开展大量的宣传和培训活动,宣传心理健康知识,增强对心理问题的关注;提供单独的咨询服务,开展各种专题的小组咨询,如:压力小组、工

作与生活协调小组、成长小组等，还开通了电话咨询。此外，还专门针对管理者进行了培训，帮助管理者改变管理风格，从"命令、惩戒"式管理转向"建设性帮助和支持员工解决问题"的管理风格。项目还建立了良好的反馈机制，定期将培训、咨询中发现的与组织管理相关的问题反馈给管理者，以帮助改进管理绩效。联想的员工帮助计划在中国EAP发展史上具有重大的意义。

(三) EAP的实施

有专家指出，在中国企业迈向国际化的征途上和充分市场化的进程中，员工心理支持和干预系统的建立已迫在眉睫，而员工帮助计划给我们提供了更多可以借鉴的模式和经验。当然，中国的EAP不应当也不可能像国外一样，仅仅只是解决具体的个人问题，而是应当从组织的视野更加全面地思考和设计，从企业心理状况的调查研究入手，重视对员工的宣传教育及有针对性的心理培训，重视对组织管理改进的建议，而心理咨询和治疗则是最后的、被动的步骤。中国企业的EAP模式必须是全面的，应当包括发现、预防和解决问题的整个过程，要制订出适合中国企业和社会具体情况的整体解决方案，要能够真正解决企业的心理和个人问题，成为企业管理至关重要的辅助手段或组成部分。

在实施EAP时，国内外优秀企业的做法是：

第一，进行专业的员工职业心理健康问题评估。由专业人员采用专业的心理健康评估方法评估员工心理生活质量现状，以及导致问题产生的原因。

第二，搞好职业心理健康宣传。利用海报、自助卡、健康知识讲座等多种形式树立员工对心理健康的正确认识，鼓励员工遇到心理困扰问题时积极寻求帮助。

第三，对工作环境的设计与改善。一方面，改善工作硬环境——物理环境；另一方面，通过组织结构变革、领导力培训、团队建设、工作轮换、员工生涯规划等手段改善工作的软环境，在企业内部建立支持性的工作环境，丰富员工的工作内容，指明员工的发展方向，消除问题的诱因。

第四，开展员工和管理者培训。通过压力管理、挫折应对、保持积极情绪、咨询式的管理者等一系列培训，帮助员工掌握提高心理素质的基本方法，增强对心理问题的抵抗力。管理者掌握员工心理管理的技术，能在员工出现心理困扰问题时，很快找到适当的解决方法。

第五，组织多种形式的员工心理咨询。对于受心理问题困扰的员工，提供咨询热线、网上咨询、团体辅导、个人面询等丰富的形式，充分解决员工心理困扰问题。

对EAP的反馈检验分为两个方面：硬性指标和软性指标。硬性指标包括：生产率、销售额、产品质量、总产值、缺勤率、管理时间、员工赔偿、招聘及培训费用等；软性指标包括：人际冲突、沟通关系、员工士气、工作满意度、员工忠诚度、组织气氛等。

通过改善员工的职业心理健康状况,EAP能给企业带来巨大的经济效益,美国的一项研究表明,企业为EAP投入1美元,可为企业节省运营成本5美元到16美元。

第三节　旅游企业员工的健康标准与心理保健

旅游行业是生产健康快乐产品的行业,旅游企业员工是否具有健康的身心和快乐的情绪将直接决定企业服务产品的质量。本章的第一、二节从管理心理学的角度分别研究了员工动机激励和员工压力缓解方面的问题,本节将从心理卫生角度进一步研究员工心理健康问题。

一、员工的健康标准

现代化的指标不仅有经济指标、科技指标,还有其他指标,如制度的现代化、人的思想观念的现代化、人的精神状态的现代化等。现代化首先是人的现代化,那才是最本质的东西。长期以来,我们的员工培训过于强调了为经济服务的一面,而忽视了为人本身服务的一面,即重视了技能标准而忽视了健康标准。

(一)健康及标准

长期以来,"没有病痛和不适,就是健康"这种"无病即健康"的传统观念一直为许多人所持有,并影响到医疗保健和卫生策略的建设。随着社会文明程度的不断提高,健康已不断地被赋予了新的含义。

1948年,世界卫生组织(WHO)成立时,在宪章中把健康定义为:"健康乃是一种生理、心理和社会适应的完满(well-being)状态,而不仅仅是没有疾病和虚弱的状态。"接着,又具体提出了健康的标准是,除了众所周知的没有病理改变和机能障碍外,还应该具有:

(1)有充沛的精力,能从容不迫地负担日常工作和生活,而不感到疲劳和紧张;
(2)积极乐观,勇敢承担责任,心胸开阔;
(3)精神饱满,情绪稳定,善于休息,睡眠良好;
(4)自我控制能力强,善于排除干扰;
(5)应变能力强,能适应外界环境的变化;
(6)体重得当,身材匀称;
(7)眼睛炯炯有神,善于观察;
(8)牙齿清洁,无空洞,无痛感,无出血现象;
(9)头发光泽,无头屑;
(10)肌肉和皮肤富有弹性,步态轻松自如。

1989年,联合国世界卫生组织又对健康下了新的定义,即"健康不仅是没有疾病,而且包括躯体健康、心理健康、社会适应良好和道德健康。"当个体在这几方面都健全时,才算是真正的健康者。

现代健康标准应包括四个层次:

(1)生理健康:这是健康的基础,指人体结构完整,生理功能正常;

(2)心理健康:具有同情心与爱心,情绪稳定,具有责任心和自信心,热爱生活,和睦相处,善于交往,有较强的社会适应能力,知足常乐;

(3)道德健康:最高标准是无私奉献,最低标准是不损害他人。不健康标准是损人利己或损人不利己;

(4)社会适应健康:是指不同时间内在不同岗位上时各种角色的适应情况。适应良好是指能胜任各种角色,适应不良是指缺乏角色意识(如在单位是好工作人员,在家不一定是好父亲或好母亲)。

(二)心理健康及标准

虽然心理健康与生理健康一样,都是健康不可分割的部分,但是心理健康的标准并不像生理健康那样具体、明确。心理健康与否、正常与否的界限是相对的,正常与异常是一个连续体的两端,它们之间没有绝对的分界线。

1946年,第三届国际心理卫生大会为心理健康下的定义:"所谓心理健康是指在身体、智能以及情感上与他人的心理健康不矛盾的范围内,将个人心境发展成最佳状态。"还具体指出心理健康的标志:

(1)身体、智力、情绪十分调和;

(2)适应环境,人际关系中彼此能谦让;

(3)有幸福感;

(4)在工作和职业中能充分发挥自己的能力,过有效的生活。

美国心理学家马斯洛(A. Maslow)和密特尔曼(Mittelman)提出10条被认为是经典的心理健康标准:

(1)有充分的自我安全感;

(2)能充分了解自己,并能恰当估价自己的能力;

(3)生活的理想切合实际;

(4)不脱离周围现实环境;

(5)能保持人格的完整与和谐;

(6)善于从经验中学习;

(7)能保持良好的人际关系;

(8)能适度地宣泄情绪和控制情绪;

(9)在符合团体要求的前提下,能有限度地发挥个性;

(10)在不违背社会规范的前提下,能适当地满足个人的基本要求。

二、员工的心理保健

(一) 完善自我意识

自我意识是人对自己以及自己与周围世界关系的认识,是人的意识发展的高级阶段。自我意识是人格的重要组成部分,在人格中起着调节和控制作用。从表现形式上看,自我认识、自我体验和自我调节,这三种表现形式的有机结合和完整统一,就成为一个人的自我意识。

一般来说,自我意识能积极统一的,则往往心情舒畅,目标明确,努力进取,容易成功;自我意识消极统一的,无论是自我否定型还是自我扩张型,都不会为实现理想自我而踏实地努力,因此理想自我最终都难以实现,很难有所作为;自我意识无法统一的,则往往内心苦闷,心事重重,无所适从。

完善自我意识,就是提高独立感、自尊心、自信心、好胜心等心理素质,消除自卑、自负、自我中心、从众心理和逆反心理等不健康的心理因素。完善自我意识应该从正确认识自我、积极接纳自我和有效调节自我入手。健全自我的过程,也是一个塑造自我、超越自我的过程。

(二) 培养优良情绪

情绪是由特殊的主观体验、独特的生理基础和外部表现形式三个要素构成的。情绪是否优良可以通过情商(EQ)得以表现。旅游企业员工需要有较好的情商,良好的情商表现为:自我激励,百折不挠;控制冲动,延迟享受;调适情绪,不让焦虑烦恼干扰理性思维;善解人意,充满希望。

智商(IQ)可以帮你找到工作,而情商可以帮你获得提升。

情绪测量常用的评定量表有:汉密尔顿抑郁评定表(HAMD)、汉密尔顿焦虑评定表(HAMA)、自我评定的 Zung 抑郁自评量表(SDS)和 Zung 焦虑评定表(SAS)。

要学会克服不良的情绪,学会保持良好的情绪。只要我们有一双善于发现快乐的眼睛、一颗感受快乐的心灵,养成快乐的习惯,快乐就会伴随我们一生。

(三) 锻炼意志品质

如果说情绪会明显地影响人的健康的话,那么意志将直接制约人的成功。

不良的意志品质一般表现为:缺乏主见、固执己见、感情用事、优柔寡断、惰性心理、网络依恋、缺乏恒心和胆怯软弱等。锻炼意志品质的途径有:树立理想,确立目标;自我修养,自我激励;优化个性,体育锻炼;改进认知,改善情绪;克服缺陷,养成习惯。

(四) 塑造健全人格

人格主要由个性倾向性、个性心理特征和自我意识三个部分组成。塑造健全人格首先就是要做气质的主人,即了解自己和他人的气质,善于调节和利用气质;其次是克服性格缺陷,培养良好的行为习惯,如克服鲁莽、急躁、悲观、害羞、猜疑、狭隘、拖拉等不良性格特征。

(五)讲究人际交往心理卫生

旅游行业是与人打交道的行业,讲究人际交往心理卫生十分重要。人与人交往是一个互动、互利、互助、互惠的过程,若要取得很好的交往效果,除了遵循一般的人际交往规律外,交往双方还必须遵循一定的交往原则:真诚原则、尊重原则、平等原则、宽容原则和角色互换原则等。要克服交往平淡、不善交往、不敢交往、不易交往、不当交往、不良交往和不愿交往等人际交往障碍。要学会人际交往的心理调适,增强人际魅力。有人说得好:"一个女人只有通过一种方式才能是美丽的,但是她可以通过10万种方式使自己变得可爱。""人不是因为美丽而可爱,而是因为可爱而美丽。"

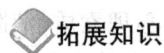 拓展知识

心理保健十法

1. 返老还童法:常回忆童年趣事,拜访青少年时的朋友,这样故地重游,旧事重提,仿佛你又回到童稚时代。

2. 精神胜利法:要不服输,保持旺盛精力,遇到挫折失败不灰心丧气,从精神上到行动上要战胜它。

3. 腾云驾雾法:读书、看电影、看电视或听人讲话,要专心致志并随之腾云驾雾似的将思维扩展开去。

4. 异想天开法:极力把自己想象成是实践者,摆脱观赏者的地位,做主人,莫做客人。

5. 投机取巧法:每天要尽量省时、省力、节约,想出新的办法解决各类问题。

6. 贪得无厌法:对知识的获取永远不要满足,每天的计划要排满,使自己的生活充实丰富。

7. 到处伸手法:广交朋友,乐为大家办好事,做一个社交家、外交家。

8. 众采博集法:要有广泛的兴趣,喜欢钓鱼、养花、书法、绘画以及收藏各种物品等。

9. 平心静气法:遇到不愉快、生气的事,不要发脾气或急于行事,先平心静气10分钟。

10. 见异思迁法:对新鲜的、奇特的、未知的事,要喜欢它、接近它、研究它、掌握它。

三、员工的心理治疗

心理疾病应该重在预防,即平时要加强心理保健,但如果得了心理疾病就要及时治疗。

(一) 心理疾病的概念

心理疾病又称精神疾病,是一类以精神活动失调或紊乱为主要表现的疾病。它包括精神病、神经症、人格障碍、性变态以及精神发育迟滞等。

人们经常将神经病与精神病的概念混淆在一起,事实上这是两类不同的疾病,都是心理疾病中的一种。神经病是神经系统的疾病,是由于感染、中毒、外伤、肿瘤、血管病变、退行性病变或先天发育异常等原因引起的神经系统(包括脑、脊髓和周围神经)及其附属结构(如脑膜、脑血管、肌肉等)疾病。大多数神经病都有神经组织形态的病理性改变。常见的神经病有脑血管疾病、癫痫、中风、脑瘤、坐骨神经痛等。精神病是心理疾病中最严重的一类,它是精神功能受损程度已达到自知力严重缺失,不能应付日常生活要求或保持对现实恰当的接触。

目前,心理疾病在我国疾病的排名中占了首位。从20世纪50年代到90年代初,我国重型精神病率从1.3%~2.5%上升到了12%。最近的10年,重型精神病率呈现出加速上升的趋势,被称为"文明病",如网络型的心理障碍等。现代化像一把双刃剑,在带来文明的同时,也带来了目前国民心态的某些不良现象,如功利化、物欲化、冷漠化、个人化、粗俗化和无责任化等。

(二) 心理疾病的治疗

其实,心理疾病也是一种病,和许多躯体疾病一样危害着人的健康。心理疾病患者同样需要得到人们的理解和关爱,人们应以科学的态度对待心理疾病及其患者。

全社会都要关爱心理疾病患者,要加强心理卫生的宣传及普及工作,使更多的人"消除偏见,勇于关爱"。科学对待心理疾病,包括正确认识心理疾病、正确对待自己的心理疾病、正确对待周围的心理疾病患者。掌握科学的知识,采取健康的态度,将利己利人。如何科学对待心理疾病患者,也是个体和社会文明程度的反映。

当然,心理疾病需要及时发现、及时治疗,需要专家的指导与干预。

四、员工的职业选择

职业选择是人生的重大课题,事关人的潜能开发和自我实现,是幸福生活的重要组成部分。人们在选择适合自己的职业时,在对自己的生涯做规划时,既要考虑自己所学的专业和社会需求,也要对自己的兴趣、价值观、气质、个性和能力及其相宜的职业有充分的了解,这样才能做出适合自己的职业选择。生涯发展理论认为,重要的不是选择最好的职业,而是选择最适合自己的职业。

人们可以通过心理测试(专家提供的一系列心理量表),了解到自己的兴趣、气质、个性和能力等方面的条件。在此基础上,再参考以下几个方面就可以初步了解到自己所适合的职业。

(一)兴趣与职业

兴趣是人才的起点,人若能从事与自己兴趣相符的职业,就会有许多满足和乐趣,而若从事与自己兴趣不符的职业,则会增添许多苦闷与烦恼。

拓展知识

有人根据《加拿大职业分类词典》整理成的材料,可供选择职业时参考。

兴趣类型(1):愿与事物打交道。这类人喜欢同具体事物打交道,而不喜欢与人打交道。相应的职业诸如制图设计、工程技术、建筑、机器制造、会计等。

兴趣类型(2):愿与人接触。这类人喜欢与人交往,对销售、采访、传送信息一类的活动感兴趣。相应的职业如记者、推销员、导游、服务员、教师、公务员等。

兴趣类型(3):愿做有规律的工作。这类人喜欢常规的、有规则的活动,习惯于在预选安排好的程序下工作。相应的职业如邮件分类、图书管理、档案管理、办公室工作、打字、统计等。

兴趣类型(4):愿做领导和组织工作。这类人喜欢掌握一些事情,希望受到众人尊敬和获得声望,他们在企事业单位中起着重要作用。相应的职业如行政人员、企业管理干部、学校辅导员等。

兴趣类型(5):喜欢从事社会福利和助人工作。这类人乐意帮助别人,他们试图改善他人的状况,帮助他人排忧解难。相应的职业如律师、咨询师、科技推广人员、医生、护士等。

兴趣类型(6):喜欢研究人的行为。这类人对人的行为举止和心理状态感兴趣,喜欢谈论人的问题。相应的职业大都是研究人、管理人的工作,如心理学、政治学、人类学等研究工作以及教育、管理工作。

兴趣类型(7):喜欢从事科学技术事业。这类人对分析的、推理的、测试的活动感兴趣,擅长于理论分析,喜欢独立地解决问题,也喜欢通过试验作出新发明。相应的职业如生物、化学、工程学、物理学、地质学等工作。

兴趣类型(8):喜欢抽象的创造性工作。这类人对需要想象力和创造力的工作感兴趣,大都喜欢独立地工作,对自己的学识和才能颇为自信。乐于解决抽象的问题,而且急于了解周围的世界。相应的职业大都是科学的研究工作和实验室工作,如社会调查、经济分析、各类科学研究工作、化验、新产品开发等。

兴趣类型(9):喜欢操作机器的技术工作。这类人对运用一定的技术、操作各种机械、制造新产品或完成其他任务感兴趣。他们喜欢使用工具,特别是喜欢大型的、马力强的先进的机器;喜欢具体的东西,而不喜欢抽象的东西。相应的职业如飞行员、驾驶员、机械制造、建筑、石油、煤炭开采等。

兴趣类型(10):喜欢具体的工作。这类人喜欢很快看到自己的劳动成果,愿从事制作看得见、摸得着的产品的工作,并从完成的产品中得到满足。相应的职业如室内装修、园林、美容、理发、手工制作、机械维修、厨师等。

 特别提示

需要说明的是,一个人对某一特定职业感兴趣,并不意味着他能干好这一工作,因为还有其他一些因素需要考虑。但如果某人对某种职业不感兴趣,那么干好这种工作的希望就小了。

(二)气质与职业

气质无好坏、善恶之分,每一种气质都有其积极的一面,也有其消极的一面。气质本身并不能决定一个人职业成就和社会贡献的大小,每一种职业领域都可以找到各种不同气质类型的代表,同一气质的人在不同的职业部门都能作出突出的贡献。有人研究,俄国著名文学家普希金、赫尔岑、克雷洛夫、果戈理分别属胆汁质、多血质、黏液质和抑郁质,但他们在文学领域都取得了杰出成就。

然而,应该承认气质会影响活动的性质和效率,某些气质特征能为一个人从事某种职业活动提供有利条件。以下介绍气质四种类型与职业的关系。

1. 胆汁质

胆汁质的人精力充沛,态度直爽,能以极大的热情投入工作,但易暴躁,在精力殆尽时便失去信心。他们喜欢不断有新活动,喜欢热闹。对他们来说,工作不断变换、环境不断变化并不成为压力。所以,他们可以成为出色的导游、推销员、节目主持人、演讲者、外事接待人员、演员、监督员等。他们适应于喧闹、嘈杂的工作环境,而对于需要坐冷板凳、细心检查的工作则难以胜任,或容易烦躁。

2. 多血质

多血质的人情绪丰富,工作能力较强,容易适应新的环境,但注意力不稳定,兴趣容易转移。对他们来说,适宜的工作有外交工作、管理工作、公关人员、驾驶员、医生、律师、运动员、冒险家、新闻记者、演员、军官、士兵、侦探员、干警等,但他们不适宜做过细的工作,单调机械的工作也难以胜任。

3. 黏液质

黏液质的人容易养成自制、镇静、安静、不急躁的品质但也容易对周围事物冷淡,不够灵活。外科医生、法官、管理人员、保育员、话务员、会计、播音员、调解员等是他们适应的工作。变化快,需要灵活的工作易使他们感到压力。

4. 抑郁质

抑郁质的人工作忍受能力不足,容易感到疲劳,容易产生慌张失措的情绪,但情感比较细腻,做事审慎小心,观察力敏锐,善于察觉别人不易察觉的微小事物。对他们来说,胆汁质气质适宜的工作他们几乎都无法承担,胆汁质无法胜任的工作他们倒恰到好处。如研究人员、机要秘书、图书管理人员、化验员、雕刻工作者、校对、打字、排版、检察员、登录员、保管员都是他们理想的工作。

(三)个性与职业

个性特征对于未来的事业的影响也很大。

拓展知识

下面是根据霍兰德的职业理论,把人的个性类型及其相宜的职业选择作分析,可供职业选择时参考。

1. 现实型人

习惯于寻求现实的奋斗目标,喜欢做具体的工作,既喜欢操作工具和机器,又喜欢和人交往,容易适应客观环境。对于现实型的人,可从事各种技能性工作和一般性社会工作。

2. 社会型人

对社会现象、人际关系感兴趣,习惯于利用人与人之间的关系,一般情况下,比较随和,容易和他人相处。对于社会型人,可从事社会工作,如公关、咨询、调解、社会福利、教育和组织管理等方面的工作。

3. 智慧型人

习惯于利用智慧、词、符号和概念等进行工作,适合于具有抽象思维和创造能力的工作环境及任务。对于智慧型人,可从事科研设计和写作、教育等方面的工作。

4. 常规型人

习惯选择传统的社会承认的工作目标及任务,通常适合于对许多信息、问题进行综合处理。对于常规型人,可从事各类行政工作及统计管理等方面的工作。

5. 事业型人

习惯于选择那些具有开拓性、冒险性的工作任务,通常具有敏捷的头脑,渴望用自己的观点说服他人。对于事业型人,可从事政治、外交、企业管理等方面的工作。

6. 艺术型人

习惯于运用感情、想象来欣赏、理解或创造。一般来说,他们都具有较好的天赋。对于艺术型人,可以从事文学、艺术、美术、音乐等方面的工作。

表9-4 霍兰德的人格类型与职业范例

类 型	人格特点	职业范例
现实型:喜欢从事技术活动、体力活动	腼腆、诚实、有耐心、情绪稳定、顺从、实际	机械操作师、装配工、农民
研究型:喜欢思考、从事组织和理解的脑力活动	善于分析、创新、喜探索、善于独立思考	生物学家、经济学家、数学家、新闻撰稿人
社会型:喜交往、乐于助人	喜社交,友善,合群,善解人意	社会工作者、教师、咨询人员、临床心理学家
传统型:照章办事,喜从事有条有理、任务明确的活动	服从、讲究效率、缺乏想象力、缺乏灵活性	会计、公司部门经理、银行出纳、档案保管员
企业型:喜欢说服别人、影响别人、获取权力	自信、进取、精力充沛、盛气凌人	律师、房地产经纪人、公关专业人员、小型商场经理
艺术型:喜欢模糊的、无秩序的活动,有创造性的表达能力	富于想象力、无序、杂乱、理想化、情绪化、不实际	画家、音乐家、作家、室内装饰家

(四)能力与职业

职业能力是人从事某些职业所具有的能力,职业能力的高低将直接影响成就的大小、事业的成败。

不同的职业有不同的能力要求。比如教师职业,以往强调教师的品德、知识水平和教育水平,而今发现,想要成为一名称职的教师,还需要一些特殊的能力,如语言表达能力,组织能力,与学生、家长、同事、领导各方面沟通、相处的能力,有幽默感、感染力,等等。有些人不能成为一名合格的教师,因为他不具备教师所应具备的能力,但他却能成为一名出色的科研人员或管理人员。有些人则反之。

知识多、学历高不一定能力强。如大学生应正确评价自己的能力,切不能把学习成绩作为评价能力高低的唯一尺度。

总之,人们尽量选择与自己的兴趣、专长、个性、能力相匹配的职业,是至关重要的,因为只有这样才能人尽其才,才能愉快地工作,不会因无法适应而自卑焦虑,也不会因无法施展才干而苦闷、消沉。此外,你若对某一职业有兴趣,那就要早些有意识地培养相应的能力,调整、完善自己的个性以适应职业发展的需要,为事业打下良好的基础。

马克思说过:"在选择职业时,我们应遵循的主要指针是人类的幸福和自身的完美。"不仅职业选择如此,乃至整个生涯规划,都应如此。这也正是员工心理健康教育所致力的最终目标。

案例分享9-1

章雷鸣糟糕的一天

章雷鸣住在杭州市西湖区,上班地点在下沙园区。他每天早上6:00必须起床,但今天晚了半个小时,所以根本就没有时间吃早饭。他也早已忘了要给妻子买生日礼物,最后当要开车去上班时,他想起轮胎没气了,但充气的地方要到7:30才开门。更糟糕的是路上严重交通堵塞,又一次耽搁了他。在公司,章雷鸣今天有很多事要做,他约见了一名新客户,而且这笔生意谈成与否对公司开拓新加坡市场至关重要。章雷鸣8:52才到达办公室,他只有8分钟时间来阅读那位新加坡客户的资料。8分钟远远不够,他最终花了15分钟。当他奔向五楼的会议室时,又绊了一跤,把脚踝扭了。事实上他已经没有时间来考虑会不会是旧伤复发。当章雷鸣一瘸一拐踏入会议室的门时,在场的每一个人已经等了他至少10分钟了。他感到极度沮丧,因为这是一次向老板展示他有处理大生意能力的绝好机会。尽管老板没说什么,但章雷鸣可以感觉到老板有些不高兴。

接下来的一切都如一开始时一样糟糕。他根本没有时间去买礼物,也没有时间去给轮胎充气,回去还不得不面对失望的妻子。回到家后,他已经精疲力竭了,根本没有胃口,到凌晨两点才睡着。他不断地回想起刚刚经历过的一天……

思考题

1. 请分析章雷鸣面对的压力源。
2. 请你给章雷鸣提几点建议。

心理测验9-1

哪种需要对你最为重要

指导语:把你对下列问题的反应作一个排列,将你认为最为重要或最为真实的反应列为5,其次列为4,依次类推,对你来说最不真实的反应列为1。

1. 总的来说,一项工作对我最为重要的是:
   A. 工资是否足够满足我的需要
   B. 是否提供建立伙伴关系或良好人际关系的机会
   C. 是否拥有良好的福利待遇,且工作安全
   D. 是否给我足够的自由和展示自己的机会
   E. 是否根据我的业绩提供晋升的机会

2. 如果我打算辞去一项工作,很可能是因为:
   A. 这项工作很危险,比如没有足够的工作设备或安全设施很差
   B. 由于企业不景气或筹措资金困难,因而能否继续被聘用是个未知数
   C. 这是个被人瞧不起的职业
   D. 这项工作只能独自一人来做,无法与其他人进行讨论和沟通
   E. 对我来说,这项工作缺乏个人意义

3. 对我来说,工作中最为重要的奖赏是:
   A. 来自于工作本身,即这是一项重要而具有挑战性的工作
   B. 满足人们从事工作的基本原因,如丰厚的工资、宽敞的居室以及其他经济需求
   C. 提供了多种福利待遇,如医疗保险、旅游休养假期、退休保障等
   D. 体现了我的能力,比如我所做的工作得到了承认,我知道自己是本公司或本专业中最优秀的工作者之一
   E. 来自于工作中的人际因素,也就是说,有结交朋友的机会或成为群体中重要一员

4. 我的工作士气受到下面因素的极大干扰:
   A. 前途不可预知
   B. 工作成绩相同,但其他人得到了承认,我却没有
   C. 我的同事对我不友好或怀有敌意
   D. 我感到压抑,无法发展自己
   E. 工作环境很差:没有空调,停车不方便,空间和照明不充足,卫生设施太差

5. 决定是否接受一项提升时,我最为关心的是:
   A. 这是否是一项让人感到自豪的工作,并受人羡慕和尊敬
   B. 接受这项工作对我来说是否是场赌博,我失去的可能比得到的要多
   C. 经济上的待遇是否令人满意
   D. 我是否喜欢那些我将与之共事的新同事,并且能够与他们和睦相处
   E. 我是否可以开拓新领域并做出更有创造性的工作

6. 能发挥我最大潜力的工作是这样的:
   A. 员工之间有种亲情关系,大家相处很愉快
   B. 工作条件(包括设备、原材料以及基础设施)安全可靠
   C. 管理层善解人意,我的工作也很有保障,不太可能被解聘

D. 我可以从个人价值被承认中感受到工作的回报

E. 对我所做的成绩能得到承认

7. 如果我目前职位出现下面情况,我将考虑另换工作:

A. 不能提供安全保障和福利待遇

B. 不能提供学习和发展的机会

C. 我所做的成绩得不到承认

D. 无法提供亲密的人际交往

E. 不能提供充分的经济报酬

8. 令我感到压力最大的工作环境是:

A. 与同事之间有严重的分歧

B. 工作环境很不安全

C. 上司喜怒无常、捉摸不定

D. 不能充分展示自己

E. 没有人认可我的工作质量

9. 我将接受一项新工作,如果

A. 这项工作是对我潜力的考验

B. 这项工作能提供更丰厚的工资和良好的环境

C. 工作有安全保障,且能长期提供多种福利待遇

D. 新工作被其他人尊敬

E. 可能与同事建立良好的人际关系

10. 我将加班工作,如果:

A. 工作具有挑战性

B. 我需要额外收入

C. 我的同事们也加班加点

D. 只有这样才能保住我的工作

E. 公司能承认我的贡献

把你对每个问题的 A、B、C、D 和 E 的选择的相应分数填入图 9-3 的对应项中,然后合计每一列的分数得到每种动机水平的总分(注意:评分表中的字母并不总是按字母顺序排列的)。

结果解释

5 种动机水平如下:

水平 Ⅰ——生理需要

水平 Ⅱ——安全需要

水平 Ⅲ——社会需要

水平 Ⅳ——尊重需要

水平 V——自我实现需要

那些得分最高的需要是你在你的工作中识别出的最重要的需要。得分最低的需要表明已经得到较好的满足或此时你不再强调它的重要性。

问题 1	A	C	B	E	D
问题 2	A	B	D	C	E
问题 3	B	C	E	D	A
问题 4	E	A	C	B	D
问题 5	C	B	D	A	E
问题 6	B	C	A	E	D
问题 7	E	A	D	C	B
问题 8	B	C	A	E	D
问题 9	B	C	E	D	A
问题 10	B	D	C	E	A
总分					
	Ⅰ	Ⅱ	Ⅲ	Ⅳ	Ⅴ

动机水平

图 9-2 动机水平得分

(资料来源:肖余春.组织行为学.北京:中国发展出版社,2006:114-117.)

心理测验 9-2
压力自我评估表

要想战胜压力,第一步要敢于承认压力的存在,能够认识自己所承受的压力是减轻压力的前提。请针对下列陈述,选择一个与你的情况最为贴切的答案,进行自我评估测试。尽可能地客观公正:若回答"从不"则选0,若回答"总是"则选4,以此类推。然后算出总分,参照后面的分析自我评估,借鉴测试答案以明确需要改进的地方。

表9-5 压力自我评估表

有关情形的陈述	从不	有时	经常	总是
1. 一旦工作发生差错就责备自己	1	2	3	4
2. 一直积压问题,然后总想发作	1	2	3	4
3. 全力工作以忘却私人问题	1	2	3	4
4. 向最亲近的人发泄怒气和沮丧	1	2	3	4
5. 遭受压抑时,注意到自身行为有不良变化	1	2	3	4
6. 只看到生活中的消极面,而忽视其积极面	1	2	3	4
7. 环境变化时,感觉不适	1	2	3	4
8. 感觉不到群体中的自我价值	1	2	3	4
9. 上班或出席重要会议时迟到	1	2	3	4
10. 对针对自己的批评反应消极	1	2	3	4
11. 一小时左右不工作就内疚、自责	1	2	3	4
12. 即使没有压力,也感到匆忙	1	2	3	4
13. 没有足够的时间阅读报纸	1	2	3	4
14. 希望即刻得到他人的注意或服务	1	2	3	4
15. 工作和在家时都不爱流露自己的真实感情	1	2	3	4
16. 同时承揽过多的工作	1	2	3	4
17. 拒绝接受同事和上司的劝告	1	2	3	4
18. 忽视自身专业或生活方面的局限性	1	2	3	4
19. 工作占据全部时间,无暇享受兴趣爱好	1	2	3	4
20. 未加周全的思考就处理问题	1	2	3	4
21. 工作太忙,整整一周不能与朋友、同事共进午餐	1	2	3	4
22. 问题棘手时,逃避、拖延	1	2	3	4
23. 感觉行动不果断就会受人利用	1	2	3	4
24. 感到工作过多时,羞于告诉他人	1	2	3	4

续表

有关情形的陈述	从不	有时	经常	总是
25. 避免托付工作给他人	1	2	3	4
26. 尚未分清主次就处理工作	1	2	3	4
27. 对他人的请求和需要总是不加拒绝	1	2	3	4
28. 认为每天必须完成所有的工作	1	2	3	4
29. 认为不能应付自己的工作量	1	2	3	4
30. 因害怕失败而不采取行动	1	2	3	4
31. 往往把工作看得比亲人和家庭生活更重要	1	2	3	4
32. 措施没有即刻见效,便失去耐心	1	2	3	4

分析

当你完成自我评估测试之后,请算出总分,然后根据相应的分数段去评估你受到的压力。无论你的压力程度有多低,总有地方需要改进。明确薄弱点,然后参考本章所论述的相关内容。你会找到实用有效的建议和忠告,用以减轻压力,并且把工作环境中的压力因素缩减到最少。

总分32~64:你能很好地驾驭压力,因为大多数积极性压力能够产生激励作用。所以,应努力在积极性压力和消极性压力之间找寻最佳平衡。

总分65~95:你承受的压力还是适度和安全的,但某些地方需要改进。

总分96~128:你承受的压力太大了,需要寻找策略以减轻压力。

(资料来源:康青.管理沟通.北京:中国人民大学出版社,2006:310-311.)

心理测验9-3

心理卫生自评量表(SCL—90)常用以评定心理卫生状况

以下列出了有些人可能会有的问题,请仔细阅读每一条,然后根据最近一星期自己的实际感觉,选择最符合您的一种情况,填在测验答卷纸(见表9-6)中相应题号的评分栏中。

其中"没有"记1分,"较轻"记2分,"中等"记3分,"较重"记4分,"严重"记5分。

1. 头痛
2. 神经过敏,心中不踏实
3. 头脑中有不必要的想法或字句盘旋
4. 头昏或昏倒
5. 对异性的兴趣减退
6. 对旁人求全责备

7. 感到别人能控制您的思想

8. 责怪别人制造麻烦

9. 健忘

10. 担心自己的衣饰整齐及仪态的端正

11. 容易烦恼和激动

12. 胸痛

13. 害怕空旷的场所或街道

14. 感到自己的精力下降,活动减慢

15. 想结束自己的生命

16. 听到旁人听不到的声音

17. 发抖

18. 感到大多数人都不可信任

19. 胃口不好

20. 容易哭泣

21. 同异性相处时感到害羞,不自在

22. 感到受骗、中了圈套或有人想抓住您

23. 无缘无故地突然感到害怕

24. 自己不能控制地大发脾气

25. 怕单独出门

26. 经常责怪自己

27. 腰痛

28. 感到难以完成任务

29. 感到孤独

30. 感到苦闷

31. 过分担忧

32. 对事物不感兴趣

33. 感到害怕

34. 您的感情容易受到伤害

35. 旁人能知道您的私下想法

36. 感到别人不理解您、不同情您

37. 感到人们对您不友好、不喜欢您

38. 做事必须做得很慢以保证做得正确

39. 心跳得很厉害

40. 恶心或胃部不舒服

41. 感到比不上他人

42. 肌肉酸痛

43. 感到有人在监视您、谈论您

44. 难以入睡
45. 做事必须反复检查
46. 难以作出决定
47. 怕乘电车、公共汽车、地铁或火车之类的
48. 呼吸有困难
49. 一阵阵发冷或发热
50. 因为感到害怕而避开某些东西、场合或活动
51. 脑子变空了
52. 身体发麻或刺痛
53. 喉咙有梗塞感
54. 感到前途没有希望
55. 不能集中注意力
56. 感到身体某一部分软弱无力
57. 感到紧张或容易紧张
58. 感到手或脚发重
59. 想到死亡的事
60. 吃得太多
61. 当别人看着您或谈论您时就感到不自在
62. 有些不属于您自己的想法
63. 有想打人或伤害他人的冲动
64. 醒得太早
65. 必须反复洗手、点数目或触摸某些东西
66. 睡得不稳不深
67. 有想摔坏或破坏东西的冲动
68. 有一些别人没有的想法或念头
69. 感到对别人神经过敏
70. 在商店或电影院等人多的地方感到不自在
71. 感到做任何事情都很困难
72. 一阵阵恐惧和惊慌
73. 感到在公共场合吃东西很不舒服
74. 经常与人争论
75. 单独一人时神经很紧张
76. 感到别人对您的成绩没有作出恰当的评价
77. 即使和别人在一起也感到孤单
78. 感到坐立不安、心神不定
79. 感到自己没有什么价值
80. 感到熟悉的东西变成陌生或不像是真的了

81. 大叫或摔东西
82. 害怕会在公共场合昏倒
83. 感到别人想占您的便宜
84. 为一些有关"性"的想法而苦恼
85. 您认为应该因为自己的过错而受到惩罚
86. 感到要赶快把事情做完
87. 感到自己的身体有严重问题
88. 从未感到和其他人很亲近
89. 感到自己有罪
90. 感到自己的脑子有毛病

表9-6　SCL-90测验答卷

F1		F2		F3		F4		F5		F6	
项目	评分	项目	评分	项目	评分	项目	评分	项目	评分	项目	评分
1		3		6		5		2		11	
4		9		21		14		17		24	
12		10		34		15		23		63	
27		28		36		20		33		67	
40		38		37		22		39		74	
42		45		41		26		57		81	
48		46		61		29		72		合计	
49		51		69		30		78			
52		55		73		31		80			
53		65		合计		32		86			
56		合计				54		合计			
58						71					
合计						79					
						合计					

F7		F8		F9		F10		结果处理		
项目	评分	项目	评分	项目	评分	项目	评分	因子	合计分/项目数	T分
13		8		7		19		F1	/12	
25		18		16		44		F2	/10	
47		43		35		59		F3	/9	
50		68		62		60		F4	/13	
70		76		77		64		F5	/10	
75		83		84		66		F6	/6	
82		合计		85		89		F7	/7	
合计				87		合计		F8	/6	
				88				F9	/10	
				90				F10	/7	
				合计						

其中测验答卷中的 F1、F1……F10 分别代表各因子，即 F1(躯体化)、F2(强迫)、F3(人际敏感)、F4(抑郁)、F5(焦虑)、F6(敌意)、F7(恐怖)、F8(偏执)、F9(精神病性)、F10(附加因子)。

T 分为因子分，为某因子的合计分除以该因子的项目数所得。分析时主要看各因子 T 分。

表 9-7 是 SCL-90 国内正常成人的测验常模。评定时，若某因子的 T 分超过 $\bar{X}+2SD$，则认为该因子项已达中等以上严重程度。

表 9-7 正常成人 SCL-90 的因子分分布

项目	$\bar{X}+2SD$	项目	$\bar{X}+2SD$
躯体化	1.37 + 0.48	敌意	1.46 + 0.55
强迫	1.62 + 0.58	恐怖	1.23 + 0.41
人际敏感	1.65 + 0.61	偏执	1.43 + 0.57
抑郁	1.50 + 0.59	精神病性	1.29 + 0.43
焦虑	1.39 + 0.43		

[资料来源：金华，等.中国神经精神疾病杂志，1986(5):261.]

为了便于判别，根据表 9-7，我们制成了表 9-8。若各因子的合计分小于所列分，则为正常范围；反之，该因子项已达到中等严重程度以上。

表 9-8 正常成人 SCL-90 各因子正常值范围

项目	合计分	项目	合计分
F1 躯体化	<28	F6 敌意	<16
F2 强迫	<28	F7 恐怖	<15
F3 人际敏感	<26	F8 偏执	<16
F4 抑郁	<35	F9 精神病性	<22
F5 焦虑	<23		

(资料来源：马建青.大学生心理卫生.杭州：浙江大学出版社，2003:22-25.)
测试结果仅供参考。

心理测验 9-4

职业选择

从心理学讲，选择一个适合自己的职业，要涉及性格、气质、兴趣、能力、教育状况等许多方面。那么，以下两组20个题，只要在题后回答"是"或"否"，就可以帮你出个好主意。

第一组

(1)就我的性格来说，我喜欢同年轻人而不是同年龄大的人在一起。

(2)我心目中的丈夫或妻子应具有与众不同的见解和活跃的思想。

(3)对于别人求助我的事情，总乐意帮助解决。

(4)我做事情考虑较多的是速度和数量而不在精雕细琢上下工夫。

(5)我喜欢新鲜这个概念，例如新环境、新旅游点、新朋友等。

(6)我讨厌寂寞，希望与大家在一起。

(7)我读书的时候就喜欢语文课。

(8)我喜欢改变某些生活惯例，以使自己有一些充裕的时间。

(9)我不喜欢那些零散、琐碎的事情。

(10)我进入招聘职员经理室，经理抬头瞅了我一眼，说声"请坐"，然后就埋头阅读他的文件不再理我。可我一看旁边并没有座位。这时我没站在那里等，而是悄悄搬来个椅子坐下等经理说话。

第二组

(11)我读书的时候很喜欢数学课。

(12)我看了一场电影、戏剧后，喜欢独自思考其内容，而不喜欢与人一起谈论。

(13)我书写整齐清楚，很少写错别字。

(14)不喜欢读长篇小说，喜欢读议论文、小品文或散文。

(15)业余时间我爱做智力测验、智力游戏一类题目。

(16)墙上的画挂歪了，我看着不舒服，总要想法将它扶正。

(17)收录机、电视机出了故障，我喜爱自己动手摆弄、修理。

(18)做事情愿做得精益求精。

(19)我对一般服装的评价是看它的设计而不大关心是否流行。

(20)我对经济开支能控制，很少有"月初松、月底空"的现象。

评分方法：

1.从第一题起依次答题。然后算出两组各有几个"是"。

2.比较两组答案：第一组中答"是"比第二组多为A；第二组中答"是"比第一组多为B；如果两组回答"是"相等为C。

评析与赠言

A．你最大长处是思想活跃，善与人交往。你喜欢把自己的想法让别人去实现，或者与大家共同去实现，适合你的职业是记者、演员、导游、推销员、采购员、服务员、节目主持人、人事干部、广告宣传人员等。

B．你具有耐心、谨慎、刻苦钻研的品质，是个稳重的人。适宜于选择编辑、律师、医生、技术人员、工程师、会计师、科学工作等职业。

C. 你具备 AB 两类型人的长处,不仅能独立思考,也能维持、处理良好的人际关系。供你选择的职业包括教师、教练、护士、秘书、美容师、理发师、公务员、心理咨询员、各类管理人员等。

(资料来源:华夏心理网,http://www.psychcn.com)

 思考与练习

1. 双因素理论的基本观点是什么? 对管理工作有什么启示?
2. 什么是职业枯竭? 职业枯竭有何危害?
3. 什么是 EAP?
4. 结合你的职业,谈谈你是如何理解心理健康标准的。

主要参考书目

[1] 肖余春.组织行为学.北京:中国发展出版社,2006.
[2] 康青.管理沟通.北京:中国人民大学出版社,2006.
[3] 马建青.大学生心理卫生.杭州:浙江大学出版社,2003.
[4] 孙喜林,荣晓华.旅游心理学.大连:东北财经大学出版社,2002.
[5] 麻益军.记忆的技巧与训练.杭州:浙江人民出版社,2001.
[6] 屠如骥,等.现代旅游心理学.青岛:青岛出版,2001.
[7] 韩永昌.心理学.上海:华东师范大学出版社,1990.
[8] 张锦萌.成语典故中的心理学.郑州:河南教育出版社,1989.
[9] 李祝舜.旅游心理学.北京:机械工业出版社,2005.
[10] 丁昭福,等.心理现象分析百例.北京:农村读物出版社,1986.
[11] 甘朝有.旅游心理学.天津:南开大学出版社,2001.
[12] 刘纯.旅游心理学.北京:科学出版社,2004.
[13] 徐辉.国际旅游业对客服务艺术案例.杭州:浙江科学技术出版社,2008.
[14] 国家旅游局人事劳动教育司.导游知识专题.北京:中国旅游出版社,2004.
[15] 吕勤.旅游心理学.北京:中国人民大学出版社,2001.
[16] 曹日昌.普通心理学.北京:人民教育出版社,1987.
[17] 周晓虹.社会心理学.上海:上海人民出版社,1997.
[18] 伍新春.高等教育心理学.北京:高等教育出版社,1998.
[19] 吴正平,阎纲.旅游心理学.北京:旅游教育出版社,2003.
[20] 阎纲.导游实操多维心理分析案例100.广州:广东旅游出版社,2003.
[21] 蒋一骢.酒店服务180例.上海:东方出版中心,1996.
[22] 李晴,黄继元.旅游心理学.重庆:重庆大学出版社,2003.
[23] 宋晓玲.饭店服务常见案例570则.北京:中国旅游出版社,1996.